红色中国

以邮为媒

中国共产党的传播创新与文化动员 1937—1945

梁　骏◎著

光明日报出版社

图书在版编目（CIP）数据

以邮为媒：中国共产党的传播创新与文化动员：1937—1945 / 梁骏著. -- 北京：光明日报出版社，2025. 2. -- ISBN 978 - 7 - 5194 - 8552 - 8

Ⅰ. D261. 1

中国国家版本馆 CIP 数据核字第 2025LW7650 号

以邮为媒：中国共产党的传播创新与文化动员：1937—1945

YIYOU WEIMEI：ZHONGGUO GONGCHANDANG DE CHUANBO CHUANGXIN YU WENHUA DONGYUAN：1937—1945

著　　者：梁　骏

责任编辑：杨　茹　　　　责任校对：杨　娜　乔宇佳

封面设计：中联华文　　　责任印制：曹　净

出版发行：光明日报出版社

地　　址：北京市西城区永安路 106 号，100050

电　　话：010-63169890（咨询），010-63131930（邮购）

传　　真：010-63131930

网　　址：http：//book. gmw. cn

E - mail：gmrbcbs@ gmw. cn

法律顾问：北京市兰台律师事务所龚柳方律师

印　　刷：三河市华东印刷有限公司

装　　订：三河市华东印刷有限公司

本书如有破损、缺页、装订错误，请与本社联系调换，电话：010-63131930

开　　本：170mm×240mm

字　　数：214 千字　　　印　　张：15. 5

版　　次：2025 年 2 月第 1 版　　　印　　次：2025 年 2 月第 1 次印刷

书　　号：ISBN 978 - 7 - 5194 - 8552 - 8

定　　价：95. 00 元

序言 根据地的“神经”与“血管”

张慧瑜

北京大学新闻与传播学院院长助理、博士生导师、长聘副教授

中国共产党改变了中国，也重塑了中国。如何理解中国共产党团结带领中国人民共同创造的历史伟业，是人文社会领域的学者们需要回答和思考的大问题。20世纪以来，中国在不同历史时期学习西方又批判西方、追求现代又批判现代，在历史浪潮里勘定中国的位置、积累自主性的经验，开辟了独特的现代化道路。

近些年，新闻传播领域也开始重视发掘和阐释基于中国经验的研究，探索中国现代化过程中新闻制度的建构过程以及媒介宣传与革命改革之间的互动关系，显示了从中国经验中总结出普遍性原理的勇气。青年学者梁骏的《以邮为媒：中国共产党的传播创新与文化动员（1937—1945）》一书，通过对抗战时期山东战时邮局的研究，呈现一种有中国特色的信息传播制度，进而阐释中国共产党新闻宣传的政治和社会机制，是一部有中国主体和文化自觉的著作。

根据地的属性：一种流动的社会空间

近些年，在新闻传播领域兴起对信息基础设施的研究，从新闻内容、传播媒介转向对信息网络硬件、软件设施的研究，包括互联网技术、信息网络搭建和传输路径等，这与21世纪以来中国在信息领域的快速发展有

关。本书把这一前沿学术意识从当下转向历史，借助对20世纪40年代战时邮局的传播、宣传机制的研究，回应物资相对匮乏的农村和敌后地区建立信息、物资和情报网络的大问题。这恰好是中国作为第三世界国家在进行现代化发展中始终面临的先天条件的“物质”困境，不是缺资本，就是缺人才，而中国革命的经验正是从无到有，从小到大，从不可能中创造可能，从极端落后和一穷二白中寻找新路。邮政等现代信息网络的发展也是如此，战时邮局就是在农村、非城市区域实现信息的传递和流动。本书在研究方法上将新闻学与传播学结合起来，重点探讨邮政网络的传播机制、组织形态和宣传功能，研究了“邮发合一”制度、邮递员主体的塑造以及新闻参与群众动员等问题，用历史唯物主义的方法在具体的历史环境、物质基础上理解媒介与政治的辩证关系，指出“一元化领导”、群众路线等是在历史中形成的“宣传机制的政治创新”，而中国共产党也是一种具有历史能动性的政党政治。

梁骏把战时邮局描述为一条中共新闻传播的“新路”，之所以“新”，是因为全面抗战爆发之后，原有的建立在城市与城镇之间的中华邮局最先被敌人切断，使得华北地区的邮务处于瘫痪状态，在这种背景下，“战时邮局”应运而生，是在敌后地区、在敌人的分割包围中搭建起的一张信息交流网络。近代以来，在西方的影响之下，从晚清到民国也建立了一套现代邮政体系，以城市为核心，以城市与城市之间的铁路、公路等现代交通网络为基础。在日本从东北到华北蚕食中国的过程中，也是以占领大城市、铁路线等现代设施为重心，使得这种依靠大城市和交通线的邮政网络被中断。因此，中国共产党另辟蹊径，在远离城市的农村、在被交通线分割的广大乡村之间建立信息（情报、物资、信件）交流网络，这就是战时邮局的由来。这种在非现代、非城市的空间中建立革命根据地，通过根据地的建设、游击战和对群众的动员来积聚革命力量，这本身就是中国革命的特殊经验。

1927年“大革命”失败之后，以毛泽东为主要代表的共产党人创建了井冈山根据地，从大城市“被迫”转移到农村地区，开始寻找更符合中国国情的“农村包围城市”的革命道路。正因为无法在大城市效仿苏联进行城市革命，只能在敌人力量薄弱的农村建立革命的“星星之火”，不管是面对国民党，还是全面抗战时期的日本殖民者，在敌人统治的夹缝地带积聚力量成为革命斗争的关键。

根据地有这样三个典型特征，一是，根据地的基本状况是一种非现代、非城市的空间，是经济、社会、文化等都落后的地区。现代化发展形成了以资本、人才、物资等聚集的城市文明，包括交通、大众媒介、现代技术、消费文明等现代性因素都集中在城市，这些城市现代性无法下沉到乡村，反而进一步抽空乡村，造成乡村的落后。如果把城市和连接城市的铁路、公路、信息等现代设施作为一种现代化的禀赋，那么中国共产党领导的农村根据地正是在现代/殖民权力无法触及的乡村地区展开，在技术、资本双重匮乏的情况下通过土地革命、阶级斗争把农村基层化，尽量利用一切可以利用的人和物，把农民动员起来实现自给自足和自力更生，通过走弱资本、低技术的发展之路，来克服现代性禀赋的匮乏，以实现持续的军事斗争和社会发展。

二是，根据地是一种流动化的空间。根据地处于敌人政治、军事权力的缝隙地带，正如根据地的命名经常是几个省或地区的简称，如陕甘宁、晋察冀、晋冀鲁豫根据地等，这意味着根据地在外部压力的夹缝中求生存，是不稳定的空间，边界随着敌人的进攻和骚扰而变化。在“敌强我弱”的总体格局下，根据地不寻求占领固定的空间，而是在流动中实现敌人由强变弱、自我由弱变强的转化，也就是避敌锋芒，发挥自己的优势。因此，根据地是一种像水一样具有高度流动性的空间状态。水的属性是柔软性和持续性，当坚硬的东西打过来时，就四散逃离，当坚硬的东西撤退后，水又流回来，水是以柔克刚，避免硬碰硬，是弱者的智慧和辩证法。根据地也具有水的属性，当敌人强势进攻时就四散逃开，当敌人回撤时，再聚拢回来，看起来很弱势，却无法被真正消灭。这种特性，就反映在军事的游击战上，经历了井冈山时期的根据地斗争，毛泽东总结了“敌进我退，敌驻我扰，敌疲我打，敌退我追”的游击战与根据地建设的经验，“这种战术正如打网，要随时打开，又要随时收拢。打开以争取群众，收拢以应付敌人。三年以来，都是用的这种战术”①。这种“打网”的战术，就是进攻时集中主力，进攻后迅速分散，避免阵地战，力求在运动中歼灭敌人的有生力量，与国民党内战时如此，和武器更为先进、现代化的日军斗争时也是如此。

三是，根据地的意义在于把现代性因素引入农村，从内部改造乡村，实现乡村发展的过程。与封建时代的农民起义军不同，被迫“逼上梁山”建立革命根据地的共产党人，作为一支革命的现代政党，不是躲到山里建立“独立王国”，而是把现代理念植入乡村社会，使得乡村完成现代化。在政治上实行人民民主制度，在经济上进行土地革命，发动群众进行生产建设，通过土地革命改变农村的阶级关系，使得贫农、中农等弱势阶层成为共产党的阶级基础，农村社会也从半封建半殖民状态完成新民主主义革命的改造。在文化上建立以工农兵为主体的革命文化，把农民从落后、愚昧的前现代主体变成有文化、理性的现代主体，推行识字运动、妇女解放、婚姻自由等一系列现代理念。其中，作为现代性基础的信息交通网络就变得非常重要，这也是梁骏以抗战时期的山东根据地为例来呈现战争状态下邮政信息基础设施的发展经验。“党的交通工作是党的神经与血管”②，涉及信息、物资、人员的交流与流通，而“一专多能”的战时邮政是“交通、报刊发行和情报”的复合体系。借助这些信息网络，使得根据地虽然在政治、军事上看起来是弱势状态，但像水一样具有网状的弹性和韧劲。

---

① 毛泽东．毛泽东选集：第一卷［M］．北京：人民出版社，1991：104.

② 山东战时邮政档案．两年来山东战邮工作总结及今后任务［A］．1944-08-15，山东省档案馆（馆藏编号 G021-01-0015-002）．

从“水”到“网”：没有互联网的互联网

用水来比喻根据地，是想强调根据地不是一种固定化的空间，而是流动性的空间。“水”在中国传统政治中是“民”的象征，所谓“民为贵，社稷次之，君为轻”（《孟子》），“水则载舟，水则覆舟”（《荀子》），而在中国共产党的政治话语中，人民群众是汪洋大海，用的也是“水”的意向，这种人民观来自毛泽东的人民战争思想。如果说根据地具有水的弹性和韧性，那么根据地并不是漫无目的、四散逃离的水，而是具有机动性、有张有弛的水，这有赖于把根据地空间从无秩序的水变成一张伸缩自如、纲举目张的网。网的特征是可以随时撒开，又能随时聚拢，这也就是组织人民、动员群众的工作。在这个意义上，中国共产党是把“水”织成“网”的政治力量，依靠社会组织和文化宣传把人民群众变成具有联动性和组织化的网。其中，把“水”变成“网”最有效的机制之一就是通信系统，通信网络使得高度分散、彼此分割的根据地内部以及根据地与根据地之间实现信息、物资和人员的流通。

随着互联网平台社会的出现，人们把互联网作为信息连接和传递的典范，通过终端或中介，可以实现跨区域互联互通。其实，在互联网之前，电视网、广播网、邮政网，同样具有“网络”的性质，是没有互联网的互联网。最早形成的现代信息网络就是邮政网。美国传播学者丹·席勒的《信息资本主义的兴起与扩张：网络与尼克松时代》一书讨论了美国邮政体系的形成过程以及邮政对帝国信息传输的重要性，把邮政网作为互联网在美国兴起的制度传统。而梁骏对根据地“战时邮政”的新闻史著作的研究，看似研究的是历史问题，回应的却是20世纪中国现代化过程信息基础设施的制度经验。对信息网络来说，能够从点到线、从线到网，有这样三个结构性元素：一是信息网络的管理制度和组织机制；二是交通站、邮政网络的搭建方式；三是传递信息的信使（有两类主体邮递员和群众参与邮政工作）。这本书正是把这三个要素作为研究核心，用扎实的档案资料还原历史，为我们展现了战时邮局从无到有、从弱到强的发展过程。

首先，战时邮局实现了“独立的建制化组织”，书中指出战时邮局的组织形态是“党的一元化领导”。山东根据地建立了以邮局为主体，协调部署邮政、交通与发行三个业务统一管理的制度，形成了“以党报党刊的发行为主，交通工作（包括公开和秘密交通）服从发行任务，在组织机构上增设邮务科，进一步进行科学分工，使邮政、交通、发行三个工作都能得到适当合理的发展与配合，从而真正做到了政治与技术的密切结合，促使战时邮局发挥起运输血管的作用”①。这种“一元化领导”是抗战时期为加强党的统一领导，使各根据地党政军民的政治工作、群众工作、经济工作与军事斗争紧密结合而采取的一项重要政策，也是中国共产党的组织优势。在“一元化领导”之下，保证邮政、交通、发行三位一体，同一条邮路具有传递情报、发行报纸、运送物资等多重功能。

其次，是邮政网络的建立。战时邮局主要负责开辟公开的邮线、党内秘线和战时交通线，邮政网络来自秘密交通工作，根据党委的组织系统，建立了交通总站—交通支站—交通站三级交通网络，“普通邮线交通和秘线交通相互配合，全省的交通路线由省到村，已形成蜘蛛网状，各个村庄都有了交通员的足迹”②。在山东根据地最早形成了“邮发合一”的传统，也就是《大众日报》社的发行借助邮政系统来完成，与城市中通过报馆、报童来售卖报纸不同，“邮发合一”是一种非城市环境下实现报纸尽可能下沉、覆盖基层乡村的发行制度。在根据地时期，报纸承担着宣传党的政策和分享不同地方治理经验的功能，因此，报纸能否深入基层是最重要的政治任务。在这个过程中，还需要专业化的邮递员来实现信息和物资的流动。

再次，专业化的邮递员。由于现代技术匮乏，也缺乏资本支撑，再加

① 山东战时邮政档案．两年来山东战邮工作总结及今后任务［A］．1944-08-15，山东省档案馆（馆藏编号 G021-01-0015-002）．

② 山东战时邮政档案．山东战邮工作建设概况［A］．1945-08，山东省档案馆（馆藏编号 G021-01-0019-001）．

上日本殖民中国的外部环境，根据地无法建立铁路、电线等现代通信网络，战时邮局采用的是略微“原始”的信息传输方式，就是以人力为主，也就是主要依靠通讯员来实现信息的传递，梁骏用“移动的‘播种机’”来描述邮递员的主体状态。1940年，山东省根据地曲家屯办了两次邮务干部训练班，培养了专业化的邮递员队伍。对战邮人员的管理，一方面采用“具体分工”“各司其职”的科学化组织，另一方面通过“创模运动”来加强思想政治教育，培养邮递员不怕牺牲的革命精神和不惧困难的乐观主义精神。书中指出，邮递员不是简单把信息、报刊文件投递下去，还承担着宣传工作，通过“检查—回收”制度，及时了解群众阅读报刊后的感受。可以说，战邮人员是多重功能的复合人才，一是开辟交通线路、传达各类文件；二是党政军民上下级的联系；三是护送干部等临时任务；四是在发行报纸的过程中扮演着宣传员、组织员和读报员的角色。

最后，在邮路工作中善于使用群众路线的方法。除了用专业化的、高素质的“邮工”来传递信息，在基层还通过动员和组织群众参与到邮递工作中，这其实隐含着专业主义和去专业主义的矛盾和辩证法。职业化的邮递员与群众结合，既可以提高运输的效率，又让群众参与邮政等公共事务。在干线与支线网络中主要由邮递员来运输，到村庄和基层则发挥群众的积极性，解决了信息传递的“最后一公里”问题，如果邮递员分散到户的话，就会需要大量的人力，而依靠群众路线来解决，可以降低成本，也能培养群众参与社会事务的公民意识。因此，在战时邮局的网络运行中，用专业化邮递员和群众路线来弥补现代化交通工具和通信设施的不足，这种“一元化领导”和群众路线的辩证统一就是战时邮局的政治创新机制。

这几年，我和学生一起办了一个阅读“晋冀鲁豫《人民日报》”的读报小组，从中逐渐形成“基层传播”的概念，意识到党报党刊高度介入基层社会生活，而报纸深入基层恰好需要外部通信网络的支撑。如梁骏在书中所论述的，邮政网络系统把基层与外部、基层与基层相互联系起来。从战时邮局的网络建设经验中可以看出两种政治性：一是依靠政党政治的组织来搭建信息网络，有一级行政机构就有一级交通站，从而实现网络自上而下的全覆盖，这种制度延续到新中国成立之后，包括广播网、电影发行网、电视网等都依靠这种行政化的信息网络，既覆盖城市，又深入乡村，直到4G、5G时代，也是依靠国家力量来实现信息网络的普及。二是信息传输过程塑造了两类政治主体，一是为人民服务的邮递员，二是在基层承担信息传递的人民群众，这是专业化的技术知识分子与群众路线结合的产物，使得信息传输不只是信息的抵达，还包含着信息的宣传、解释和社会治理功能。这些研究都为互通互联的网络时代重新反思技术与政治、宣传与治理等问题提供了历史的维度和鲜活的中国经验。

2023年9月

写于燕园南门

目　录

CONTENTS

第一章

导论：战时邮局与中共新闻传播的新“路”

> 战邮工作是党内交通发行工作更进一步发展的形式，它的基本任务是党的交通发行工作。这个工作自从党产生那日起，它就随之产生了。党依靠它来联系分散在各个地方上的革命组织，也依靠它来与广大群众密切联系着。自此，我们说党的交通工作是党的神经与血管，发行工作是人民精神食粮的供给者……①
>
> 山东省战时邮政总局《两年来山东战邮工作总结及今后任务》
>
> 1944 年 8 月 15 日

第一节　问题提出：从一份电文说起

1942 年，全面抗战已进入关键的相持阶段，时任国民革命军第十八集团军（八路军）总司令的朱德，于 1 月 14 日在全军发出了一则《关于邮务问题的通令》（以下简称《通令》）。作为全军的最高指挥官，新年伊始不去强调军容军纪、行兵布阵等军机要务，反而率先关注看似普通的邮务问题，这一行为本身就显得有些耐人寻味。更值得深思的是，《通令》中甚至明确要求：

① 山东战时邮政档案．两年来山东战邮工作总结及今后任务［A］．1944-08-15，山东省档案馆（馆藏编号 G021-01-0015-002）．

> 遇有紧急敌情时，军政当局应及时通知邮局并尽量予以运输之便利与保护。如因敌情严重，各地邮局无法购得粮米时，当地政府或部队应设法借贷或助济以保证邮政员工之生活。各地区军队视察或局长为保护邮件之安全或开辟邮路之必要，得请求当地驻军或政府给予协调保护。①

显而易见，这样的语气与文字，已然将邮务工作视为军政事务的重要组成部分，邮政员工的生活待遇，也被要求应与军队士兵等而视之。那么，为何朱德会在1942年发出这样一份电文？邮务问题又凭什么与军政要务相提并论？

众所周知，战争绝不只是军事战场上的兵戎相见，更涉及经济消耗、物资供给、新闻宣传、情报交通等方方面面。其中，信息情报的重要性不言而喻。早在19世纪，有着“西方军事理论鼻祖”之称的普鲁士将军、军事史学家克劳塞维茨（Clausewitz）便曾在其传世之作《战争论》中一针见血地指出：“情报是我们所了解的全部材料，是我们一切想法和行动的基础。”② 进入20世纪，传播学者拉斯韦尔（Lasswell）更是通过对一战期间主要参战国的宣传策略及其效果的研究分析，为我们展现了宣传之于战争的重要作用。③

然而，情报信息的准确传达，舆论宣传的及时动员，对彼时的中国军队，尤其是中共领导的敌后武装力量而言，多少显得有些“可望而不可即”。在当时既无法完全掌握现代意义上的传播媒介，又缺少能够迅速完成传递任务的运输工具的情况下，以人为中心，以邮局为组织的邮务工作，自然成了保证信息畅达的关键。正是在这个意义上，朱德的电文也就

---

① 山东战时邮政档案．关于邮务问题的通令［A］．1942-01-14，山东省档案馆（馆藏编号G021-01-0001-001）．

② 克劳塞维茨．战争论：第一卷［M］．中国人民解放军军事科学院，译．北京：解放军出版社，2005：78．

③ 拉斯韦尔．世界大战中的宣传技巧［M］．张洁，田青，译．北京：中国人民大学出版社，2003．

显得合情合理。

事实上，中共自成立伊始，便对邮务工作颇为重视，一直将其视为交通工作的重要组成部分，甚至早在 1925 年便专设交通处以全面统筹这一工作。同年，交通处还制定了一份较为系统的工作文件，强调交通工作的重要性堪比“人身上的血脉流滞”①。1927 年大革命失败后，更是从秘密交通开始，逐渐走上了独立发展的邮务建设之路。1930 年，赣西南特委甚至专门发布了《重视交通工作　建立赤色邮局》的公告，指出中共从既往斗争中得到的教训是“失败于交通不能敏捷要占大多数”，因此需要建立“简便赤色邮政”②。同年 3 月，赣西南赤色邮政总局成立。以此为标志，其他革命根据地的赤色邮政也相继完成建设。已有相关研究表明，至迟到抗战初期，中共已在晋、冀、鲁、豫等根据地，初步建立起相对成熟的邮务网络，基本形成了可以辐射全国的交通系统。③

可是，随着日军的不断侵入，原有的邮务网络和交通系统，已经很难满足各根据地之间及其内部军民的信息流布、报刊传递和物资输送。特别是在山东战略区，因为敌人的封锁扫荡，已逐渐被分割成零散的小块，再加上华北之中华邮局落入敌手，山东党政军民的邮政通信系统几乎处于瘫痪的边缘。有资料表明，日特机关不仅对根据地实行邮件封锁的政策，甚至还利用邮局传送一些不利于抗日的反动邮件，并打入根据地内部，企图破坏抗战活动。④ 而至迟到 1943 年上半年，日军在山东的据点更是已达 3000 余个，其中密度最大的地区，甚至平均每 3~5 里便有一处，平原地

---

① 中共中央办公厅机要交通局．党内交通史料选编（内部读物）：第一辑［G］．北京：中共中央办公厅机要交通局，1987：16.

②《湘赣革命根据地》党史资料征集协作小组．赣西南特委公告（列字第十一号）——重视交通工作　建立赤色邮局［M］//湘赣革命根据地：上．北京：中共党史资料出版社，1991：41.

③ 张欢．革命的“血脉”：中共邮路网络研究（1927—1947）［D］．北京：北京大学，2019：18.

④ 山东省邮电管理局史志办公室．山东邮电史稿［G］．影印本．济南：山东省邮电管理局史志办公室，1982：13.

区则差不多是每5个村庄就有2~3个。①

毫无疑问，在这样的时代背景下，朱德对邮务的关心，实则早已不只是合情合理，更反映出当时迫在眉睫的革命任务。所以，在其电文发出不到1个月，山东省战时工作推行委员会便决定改变既有的通信机制，做出了《关于建立战时邮局的决定》：

> 敌后中华邮局因在敌人劫持统治下，已不复为我抗日人民所用。为便利敌后抗日军民间之相互联系，本会特决定建立各级战时邮局。②

同日，山东省战时邮务总局在沂南县双泉裕子村宣告成立，赵志刚同志担任总局局长。从此，以战时邮局为中心，中共在不断摸索实践中，逐步建立起了一套集“邮政、交通、发行、情报”于一体的战时邮政管理机制，不仅为突破日军的封锁圈开辟出新的交通线路，进而最大程度上保证了战时党报党刊的顺利发行和情报信息的畅达无阻；更在革命的维度上，通过对邮务网络这一运筹性媒介（logistical media）③ 的改造，使之成为推动全党办报、群众路线等理念形成和落地的重要力量，进而拓展了中共早期新闻宣传工作的思路与格局。

乍看起来，山东战时邮局似乎和其他的行政机构类似，只是中共早期众多“国家机器”中的普通一员，故而在既有的研究文献中，多以史学研

---

① 山东省邮电管理局史志办公室．山东战邮回忆资料专辑：第一集［G］．济南：山东省邮电史志编纂委员会办公室，1988：5.

② 山东战时邮政档案．关于建立战时邮局的决定［A］．1942-02-07，山东省档案馆（馆藏编号G021-01-0001-002）．

③ 所谓运筹媒介，是著名传播思想家约翰·彼得斯（John Peters）提出的概念。在彼得斯看来，现代媒介在记录（时间管理）和传输（空间管理）之外，另有综合两者的运筹媒介的角色。简单来说，它可以重塑时空之间的关系，承担信息记录与传输的功能，并通过反馈机制对信息进行处理，是一系列人与技术的系统性整合。可参见PETERS J D. The Oldness of New Media［J］．传播研究与实践，2012，2（1）：181-200；CASE J A. Logistical Media：Fragments from Radar's Prehistory［J］．Canadian Journal of Communication，2013，38（3）：379-395.

究者的概述、梳理为主，侧重其在党史和交通邮政方面的贡献。① 然而，在历史的时空隧道中，往往既需要自其变者而观之，又需要自其不变者而观之，方得圆融之见。当我们转换研究视角，从传播学或是媒介学的角度来看，战时邮局的研究便会像同一光谱下的不同色泽一般，为我们展现出细腻而多元的样态。其不仅会为我们考察中共早期新闻传播的运行机制和宣传逻辑提供一个可供检视的窗口，也为我们思考邮务系统之于传播的关系，提供了一条可以开掘的考察路径。

基于此，笔者认为，如果说山东战时邮局在史学研究的版图上是被长期轻视了，那么在新闻传播学的知识图谱中，它则是几乎被完全遗忘的存在。故而以现有的档案资料为基础，尽可能复原出战时邮局的历史全貌，自然便构成了本书的逻辑起点。其中，以战时邮局为中心的新传播机制，究竟是如何一步步形成的？其外在的具体实践有哪些？又反映出其内部怎样的运作逻辑？更体现出了中共早期什么样的新闻思想？此外，战时邮局所开辟出的传播新路，对于当时的革命抗战起到了什么作用？邮务系统与新闻传播又有着怎样的内在关联，亦激励着笔者从学理层面对其展开深度思考。

第二节　研究综述：邮务、传播与中共早期的新闻传统

如果说，符号控制着我们的想象，那么一个新符号的出现，也可以在某种程度上，重新解放并激活我们新的想象。② 当前提及邮务，我们往往会下意识地认为，这是按照一套标准化流程来组织运行的现代通信物流方

① 可参见张衍霞．山东战时邮政的党报党刊发行［J］．理论学刊，2008（7）：35-38；范连生．论抗战时期山东革命根据地的战邮工作［J］．抗战史料研究，2014（2）：25-37；王士花．抗战时期中共在山东的交通工作［J］．史学月刊，2018（12）：57-63.

② 蔡翔．革命/叙述：中国社会主义文学—文化想象（1949—1966）［M］．北京：北京大学出版社，2010：80.

式。那么什么是“战邮”？难道仅仅是现代意义上的邮务工作在战争时期的表现形式吗？恐怕不能轻易下此结论。有论者早已提醒我们注意，史学研究往往需要建立和历史的对话关系，而非简单的认识关系。[①] 因为只有在不断的对话过程中，才“可以看到彼此难以自我发现的死角，更可以看到彼此不同的眼光和立场”[②]。

应当承认，对大多数人而言，“战邮”一词不说陌生，至少也是不甚熟悉，故而在面对这一“符号”时，多半仍会沿袭根深蒂固的现代邮务观念去处理之，这就不免造成对战时邮务简单化、脸谱化的认识，很难真正发现其独特性以及所发挥的历史作用。值得庆幸的是，近年来已有研究者试图拨开历史的尘埃，开始对山东战时邮务进行初步考察和梳理，想要复原其基本面貌。与此相关的是，在对邮务和传播之关系进行知识探索的过程中，国内外学者也因各自的问题意识与研究旨趣的差异，留下了许多深刻的洞见和不少值得进一步思考的空间。此外，作为抗战时期的临时通讯组织机构，山东战时邮局自成立伊始，便承担着党报党刊的发行传递工作，所以其在具体的实践过程中，又与中共早期的宣传策略和新闻传统有着千丝万缕的关联。因此，下文将从山东战时邮局研究、邮务与传播的接榫以及中共早期新闻传统的再发现这三个维度出发，对涉及该领域的相关研究现状进行扼要综述，以期明确研究问题，厘清理论脉络，丰富学术书写。

一、山东战时邮局研究：何以可能与何以可为

举凡个案研究，通常来说其研究对象多曾在历史长河中产生过比较重要的影响。对山东地区战时邮局而言，作为抗战时期中共的一项创举，其在交通通信战场上发挥的作用，自是其名载史册的根本。所以，翻阅党史

① 汪晖．别求新声：汪晖访谈录［M］．北京：北京大学出版社，2010：64.

② 葛兆光．宅兹中国：重建有关“中国”的历史论述［M］．北京：中华书局，2011：165.

资料不难发现，有关战时邮局的记载实则早已有之。然细究其文本，则多以专题史的资料汇编或档案整理为主，记述重点要么是类似史学编年的大事记编纂①，要么是战邮工作人员的口述回忆辑录②。显而易见，这种扎实的基础研究，既为后来的研究者提供了丰沛的史料资源，又为他们留下了可供继续开掘的广阔天地。

事实上，差不多数十年之前，便有研究者提醒我们注意深入研究战时邮局的可能性和可行性。在一篇名为《山东战邮档案》的小文中，朱瑞英、郭汇安通过对相关战时邮政档案的介绍，于有意无意间指出了以战时邮局为中心的战邮事业，在其独特的运行机制、主要的工作任务、重大的实践贡献等方面，都有着很多可供查阅的资料和相当可观的研究空间。③

如果说朱瑞英、郭汇安的介绍为山东战时邮局的深入研究提供了具体的方向指引，那么张衍霞则顺着这一思路，选择以战时邮局主要的工作任务——党报党刊的发行为突破口，尝试对战时邮局的具体实践进行考察。在对战时邮局这一机构的特点稍加概述之后，张氏不仅通过严谨的考证和通透的论述，将彼时战时邮局党报党刊工作的区域范围、发行特点娓娓道来，更利用确凿的数据对比，指出战时邮局是一种行之有效、科学合理的组织机构，其所创建和总结出的报刊发行流程制度，对于新中国成立后的邮发合一政策，也起到了极大的示范作用。④ 除宏观的考察概述之外，近年来，张氏又从个案研究的角度出发，为我们展示了抗战期间山东战时邮局与《大众日报》发行部的邮发合一机制是如何开展党报党刊的发行，又

① 可参见江西省邮电管理局．华东战时交通通信史料汇编：中央苏区卷［G］．北京：人民邮电出版社，1995；山东省邮电管理局史志办公室．山东邮电史稿［G］．影印本．济南：山东省邮电管理局史志办公室，1982；山东省邮电管理局史志办公室．山东省战时邮务大事记（1937—1949）（征求意见稿）［G］．影印本．济南：山东省邮电管理局史志办公室，1992；山东省邮电管理局．华东战时交通通信史料汇编：山东卷［G］．北京：人民邮电出版社，1995.

② 山东省邮电管理局史志办公室．山东战邮回忆资料专辑：第一集［G］．济南：山东省邮电史志编纂委员会办公室，1988.

③ 朱瑞英，郭汇安．山东战邮档案［J］．中国档案，2002（3）：57.

④ 张衍霞．山东战时邮政的党报党刊发行［J］．理论学刊，2008（7）：35-38.

是怎样进行战时舆论的动员。①

张衍霞的研究无疑启发了范连生，后者甚至直言不讳地提到了张文对其的影响。然而，也恰如他所看到的那样，张氏的论文只是考察了山东战时邮局的冰山一角，其背后所掩藏的历史潜流仍需进一步分析总结。因此，不同于张衍霞的“抓住一点，不及其余”，范连生试图对战时邮局这一组织做出全方位的检视。就笔者目力所及，其《论抗战时期山东革命根据地的战邮工作》一文，恐怕是当下对山东地区战时邮局研究最为全面的考察之作：从战时邮局成立的背景到相关工作的展开，直至取得的重要成绩，范文几乎都做了较为全面的考证梳理，不仅较张衍霞的研究而言是一次极大的补充推进，更是第一次比较完整地将山东战时邮局之全貌呈现给世人。② 与范连生类似，赵建荣也试图对山东战时邮局做出全面周到的考察，虽就研究成果而言，其文比范氏之作稍显简单粗略，但其对战邮创建工作的论述和战邮作用意义的提炼，也不失为整个山东战时邮局的研究增添了新的活力。③

显而易见，上述关于山东地区战时邮局的研究，基本是在历史学的视野下展开，其论述重点在于交代清楚战时邮局“是什么”和“有何用”，但对其具体“怎么做”“做了什么”少有力透纸背的描摹与分析。当然，近来已有研究者开始对此做出尝试。王士花便将关注的重点落在战时邮局的交通工作上，其通过周翔的史料考证，对战邮组织在当时统一交通方面的诸多创举和贡献做了细致的剖析，认为中共在山东以战时邮局为中心，凭借扎实的基层组织工作，动员群众力量“建立并维护着秘密、无形、流动的交通网络，保障了山东各战略区党政军机关及上下级间的信息互通、

① 张衍霞，丁龙嘉．八路军山东纵队在中国敌后抗战中的历史地位述论［J］．东岳论丛，2019，40（5）：57-66.

② 范连生．论抗战时期山东革命根据地的战邮工作［J］．抗战史料研究，2014（2）：25-35.

③ 赵建荣．山东“战邮”的创建、作用及意义［J］．青年记者，2018（34）：85-86.

人员往来和物资运送等，对山东抗战贡献不凡”①。

稍显遗憾的是，或许是研究视角的差异，王士花的论述虽精深严密，但更多的还是以党史或者交通史的眼光来看待这一个案，故而在无形中忽略了战时邮局本身作为一个通讯情报机构，其具体的运作机制、传播逻辑、宣传效果究竟是什么。所以，从传播学的视角对山东地区战时邮局进行再审视，或许会让我们看到不同的历史方向。此外，既有的研究成果还有不少值得推敲和深挖的细节，故而若想在回溯历史之旅的过程中，尽量复原战时邮局的全貌，无疑需要进一步走向历史的深处，将碎片化的史料与大的历史背景结合起来。毕竟，任何科学叙事都需要历史叙事作为合法性的来源，脱离具体的语境、文本，仅仅将问题提炼为简短的结论，往往都会牺牲太多的历史感。

二、邮务与传播的接榫：传播研究的旧命题与新思路

如果说，对山东地区战时邮局历史全貌的渴望，是激励笔者对其进行再检视的逻辑起点，那么以其为核心所体现出的邮务系统之于传播的关联，则是从学理层面吸引笔者进行深思的理论追求。通常来说，人们在研究传播问题或是媒介问题的时候，往往都会将研究重点放在具体的媒介实体（报刊、广播、电视、互联网）及其所承载的文本内容和产生的效果影响之上。在笔者看来，这些可见的“硬物什”自是传播学学者必不可少的研究抓手，但类似于邮务系统这些不易发现的“软环境”，实则也是媒介研究不容忽视的关键要素。借用当代技术史专家白馥兰（Francesca Bray）的话说，“物质性的外围环境和实践”能够“以多种方式形塑日常经验”，并“参与主体性的构成以及权力关系的编织”。②

近年来，无论是国内钻研城市传播的探讨，还是国外以媒介学为思路

① 王士花．抗战时期中共在山东的交通工作［J］．史学月刊，2018（12）：57-63.

② 白馥兰．技术、性别、历史：重新审视帝制中国的大转型［M］．吴秀杰，白岚玲，译．南京：江苏人民出版社，2017：5.

的研究，都开始从单纯的“硬物什”研究，转到颇有几番迷思的“软环境”探讨。从既有的研究成果来看，国内的主流研究多从空间（生产）切入，力图以“关系”为视角，以“城市”“媒介”为尺度，尝试聚合各学科纷繁复杂的研究面向，借以检视传统主流传播研究的核心议题，进而推动传播研究的范式创新。① 值得一提的是，此类研究并非沉溺于理论层面的自说自话，而是试图通过具体的个案分析，让理论连接经验，从而为我们打开了传播研究的另一种可能。②

与国内见微知著的个案探讨有所不同，近年来在西方兴起的媒介学研究，无疑更具抽象的思辨色彩。在当代媒介学的集大成者德布雷（Régis Debray）看来，相比于传播学的研究思路，媒介学的视野更加开阔宽广，并且更加关注“人的组织和技术创新为保证文化传递能力所扮演的角色，从而对媒介的历史的、社会的和文化的效果进行阐释和说明……其目的是考察信息传递中高社会功能（宗教、政治、意识形态和思想态度）和技术结构的关系……其中心是发现技术和文化的互动结构”③。显而易见，作为一种方法论，媒介学研究无疑续接了麦克卢汉（McLuhan）的相关思想。尽管二者因出发点和理论脉络的差异，最终导致对媒介的时空看法各有千秋：麦氏更侧重空间向度，而德布雷更偏倚时间维度。但总体而言，二者的思想都启发了笔者对邮务与传播关系的探讨。

实际上，邮务与传播的关系并非一个新的研究命题，早在二十年前，李彬便在其著作《唐代文明与新闻传播》的开篇，以驿传为焦点考察了唐

① 代表性成果可参见孙玮．作为媒介的外滩：上海现代性的发生与成长［J］．新闻大学，2011（4）：67-77；孙玮．城市传播的研究进路及理论创新［J］．现代传播（中国传媒大学学报），2018，40（12）：29-40；孙玮，黄旦．超越结构功能主义：中国传播学的前世、今生与未来［J］．新闻大学，2012（2）：1-4.

② 可参见陈霖．城市认同叙事的展演空间：以苏州博物馆新馆为例［J］．新闻与传播研究，2016，23（8）：49-66；顾亦周．引向城市共同体的标识？——以苏州市民卡为例［J］．新闻与传播研究，2016，23（8）：109-125；於红梅．数字媒体时代城市文化消费空间及其公共性：以苏州平江路为例［J］．新闻与传播研究，2016，23（8）：30-48.

③ 德布雷．普通媒介学教程［M］．陈卫星，王杨，译．北京：清华大学出版社，2014：8-9.

代的传播网络。① 遗憾的是，李彬的这一开创似乎并未引起学界的广泛重视，多年来鲜有学者深耕这一领域，仅有的研究也大抵顺着李氏的思路，考察封建王朝时期邮驿系统与传播权力和传播网络的关系。② 此外，近年来周永明的电报研究和提倡的“路学”思考，也是为数不多的试图推进这一领域的重要成果。③

西方学界对于邮务与传播的探讨亦有较深的传统。美国哥伦比亚大学新闻学院四大教授之一的理查德·约翰（Richard John），自 20 世纪 90 年代初期便开始对此展开思索。他在先后讨论了邮政与美国安息日文化传统、美国早期共和时代的政治发展以及维多利亚时期英国政治经济的变革关系等一系列文章后，逐渐形成了比较完整的关于邮政系统的媒介传播理论。④ 要言之，理查德·约翰认为，传统对邮政系统的研究多从机构谱系学上展开，这就使得其作为变革推动者的作用往往容易被忽视和掩盖。在他看来，邮政系统是一种行政协调的通信网络，它可以像黏合剂一般，启动彼此心灵之间的巨大联系（great link between minds），并在不同的历史

① 李彬．唐代文明与新闻传播［M］．北京：新华出版社，1999.

② 相关代表性成果可参见张燕清．清代福建邮驿制度考略［J］．福建论坛（人文社会科学版），2001（6）：94-98；吴晓秋．邮驿、王权和道路交通的相互关系：兼论夜郎地区道路交通的开辟和邮亭的始置［J］．贵州社会科学，2007（11）：162-165；吴昱．“置邮传命”与政治运转：清代“邮政”的传统内涵［J］．广东社会科学，2014（4）：124-131.

③ 可参见周永明．中国网络政治的历史考察：电报与清末时政［M］．北京：商务印书馆，2013；周永明．路学：道路、空间与文化［M］．重庆：重庆大学出版社，2016.

④ 具体可参见理查德·约翰教授分别在 1990 年、1997 年和 2010 年发表的三篇代表性学术论文：JOHN R R. Taking Sabbatarianism Seriously：The Postal System，the Sabbath，and the Transformation of American Political Culture［J］．Journal of the Early Republic，1990，10（4）：517-567；JOHN R R. Governmental Institutions as Agents of Change：Rethinking American Political Development in the Early Republic，1787—1835*［J］．Studies in American Political Development，1997，11（2）：347-380；JOHN R R. The Political Economy of Postal Reform in the Victorian Age［J］．Smithsonian Contributions to History and Technology，2010，55（3）：12.

时期，可以使时代的主流思潮深入人心（penetrate into the heart）。[①] 顺着约翰的思路，近年来已有不少研究者开始从邮政服务和国家网络安全的建设[②]、邮局大楼与现代性和公共空间的形成[③]、邮政系统与国家统一的建构[④]、邮政服务与劳工新闻业的关系[⑤]等不同侧面，不断丰富和推进这一领域的研究。

此外，亦有学者富勒（Fuller）在详尽描述邮务组织和邮务技术的基础上，认为邮务或可被视为一种前现代性的媒介，它既可以支持政治家并使得松散的联邦团结整合起来，又可以通过供给各类交通线路的建设，传递报刊、播撒知识，甚至促进了早期广告的发展。[⑥] 而随着 19 世纪中叶美国邮务日益嵌入普通民众的日常生活，其扮演的角色早已不仅仅只是一个连接大众的通信机构，而是以一种现代生活激发者之身份，深刻地影响着美国社会发展的方方面面（如参与式民主和阶级的形成、市场的扩张、交通线路的固定、便士报的分发和大众文化的流行等），成为塑造美国人民集体意识的一种关键媒介。[⑦]

综上所述不难发现，在邮务与传播关系这一旧命题上，中外研究者均在不同方向和程度上有了新的突破，而这无疑也给了笔者新的理论透镜，

---

① JOHN R R. Spreading the News：The American Postal System from Franklin to Morse［M］. Cambridge：Harvard University Press，1995.

② KIELBOWICZ R B. Preserving Universal Postal Service as a Communication Safety Net：A Policy History and Proposal［J］. Seton Hall Legislative Journal，2006，30（2）：383-436.

③ GOLDIE C T. Radio Campanile：Sixties Modernity，the Post Office Tower and Public Space［J］. Journal of Design History，2011，24（3）：207-222.

④ SEGAL Z. Communication and State Construction：The Postal Service in German States，1815—1866［J］. Journal of Interdisciplinary History，2014，44（4）：453-473.

⑤ GRIFFIN W J. News and Views of the Postal Service：Trezzvant W. Anderson and Black Labor Journalism in the New Deal Era［J］. Labor Studies in Working-Class History of the Americas，2018，15（1）：53-65.

⑥ FULLER W E. The American Mail：Enlarger of the Common Life［M］. Chicago：University of Chicago Press，1972.

⑦ HENKIN D M. The Postal Age：The Emergence of Modern Communications in Nineteenth-century［M］. Chicago：University of Chicago Press，2006.

以此检视以战时邮局为中心的邮务系统，在中共战时新闻宣传机制和传播网络的形塑过程中，究竟是如何运作并产生了怎样的影响。当然，简单的拿来主义——把现有（特别是根植于西方历史语境下）的相关理论，直接用以考察山东地区的战时邮务工作，未免过于草率。而且如此削足适履之举恐怕非但难以探明历史的真相，而且也无法在理论层面推进新知的产生。因此，如何在借鉴前辈学人思想的基础上，从具体的历史文本与社会语境出发，找出一种理论与逻辑、历史与现实相统一的观察视角，或许才能真正帮助我们走向历史的深处，并从学理上辨析山东战时邮局与新闻传播的复杂面向。

三、找回“遗失的美好”：中共早期新闻传统的再发现

如上文所言，山东战时邮局作为中共在抗战时期所独创的交通通信机构，其本身所承担的主要工作，如党报党刊的发行、情报信息的传递、战时舆论的动员等，实则都与中共早期的宣传策略和新闻传统息息相关。因此，想要深入探求山东战时邮局的运行机制并尝试理解其内在逻辑，我们必须对中共早期的相关新闻传统有所了解。毕竟唯有“注重历史的思路才可以支持从‘过去’中寻找思想资源的取向”①。

实际上，在中国新闻史的学术书写中，对中共早期新闻传统的描摹早已有之，甚至始终称得上是关注的重点。仅从现有的研究数量上看，无论是通行的学科教材还是各具特色的学术专著，长期以来对这一领域的探讨不可谓不多。但从总体上看，现有的成果还是侧重革命史范式的编年叙事，在内容上多聚焦重大的历史节点或重要的新闻人物、新闻事件，学术表达相对浅显简单，既少有精彩纷呈的史实叙述，也鲜见力透纸背的深度剖析。当然，在任何时代，基础性的研究自是必不可少，但相比于对《大公报》《申报》等民间报刊的大书特书，以及对民国时期名记者们的风采

① 罗志田．权势转移：近代中国的思想与社会［M］．北京：北京师范大学出版社，2014：189.

刻画，还是不免显得有些黯淡失色。

那么，这种学术表达的现状是否一定符合当时历史的真实情况？王汎森教授的自省便很值得我们思考，是不是因为我们对既有的历史书写早已习以为常，所以才会“逐渐失去对所研究问题的新鲜感”①。顺着他的思考，近年来已有不少研究者在所谓“去熟悉化”和“再问题化”的学术脉络中，在党史、社会文化史、思想史等研究领域，尝试提出新问题，引入新方法，确立新范式，借以“回归一种更能契合历史本相和历史事件自身逻辑的学术路径”“进而让一些具有重大学术价值而此前被轻忽甚至遮蔽的学术议题浮现出来”。②

具体落实到新闻传播学领域，亦有不少研究者开始在上述基础性研究的前提下，立足中国新闻学的具体实践，以马克思主义新闻观为指引，重新审视并尝试深度发掘中共早期的新闻传统。其中，尤以对延安时期新闻业的考察为甚，且就研究成果而言，隐约有蔚然成风之势，呈现出宏观与微观并举、理论与实践结合的特点。既有从新闻理论、新闻业务和新闻史这三大维度出发，对延安时期新闻事业的整体考察述评；③ 亦有针对《解

① 王汎森．思想是生活的一种方式：中国近代思想史的再思考［M］．台北：联经出版事业有限公司，2017：399.

② 唐小兵．“新革命史”语境下思想文化史与社会文化史的学术路径［J］．中共党史研究，2018（11）：30-34.

③ 其中，特别是李文的这篇著作，因其前所未有的系统性和清晰度，得到了方汉奇先生的盛赞，称其为“是以往研究中不曾有过的”。李文．陕甘宁边区新闻事业［M］．北京：人民出版社，2017.

放日报》改版的相关讨论；① 还有工农通讯员运动等具体实践的细致描摹；② 以及对群众路线、党性人民性的有机统一，全党办报等新闻思想和办报理念的深度思考。③

特别是李海波的博士论文《“业余路线”：延安时期新闻大众化运动研究》，不仅对延安时期新闻业的学术史研究做了全景式的梳理，更通过引入新闻大众化的视角，对当时的中共新闻理论与实践进行了重新整合与深度分析。在他看来，中国共产党早期的新闻传统深受中国20世纪的革命影响，且在具体的革命实践中，形成了与当代所谓“新闻专业主义”迥然不同的新闻准则和价值追求，他以“业余路线”为名，认为中共这种趋向民主大众的新闻传统，“既是反思当代新闻状况的批判性资源，也是构建中国特色新闻学恰当的历史与逻辑起点”④。

除了延安时期新闻业研究的焕然一新。就时间维度而言，对新中国成

① 代表性成果主要可以参见黄旦，周叶飞．新型记者：主体的改造与重塑——延安《解放日报》改版之再考察［M］//李金铨．报人报国——中国新闻史的另一种读法．香港：香港中文大学出版社，2013：325-354；贾梦梦，周光明．作为话语的“完全党报”：延安《解放日报》改版再解读［J］．国际新闻界，2020，42（5）：153-175；刘继忠，梁运．论延安《解放日报》改版的政治逻辑［J］．新闻与传播研究，2012，19（2）：11-19.

② 代表性成果主要可以参见田中初．黑板报：“全党办报、群众办报”的一种实现方式——以中国革命根据地实践为视界［J］．新闻与传播研究，2008，15（4）：38-44；田中初．知识分子如何与工农群众相结合：以革命根据地时期的工农通讯员为视点［J］．新闻与传播研究，2011（3）：11-20；田中初．鼓励群众成为新闻传播者：革命根据地时期党促进通讯员事业发展的相关实践［J］．新闻记者，2011（7）：34-38；田中初．面向群众传播新闻知识：革命根据地时期工农通讯员期刊扫描［J］．编辑之友，2011（7）：119-122.

③ 代表性成果主要可以参见李海波．党报、列宁主义政党与群众政治参与：延安新闻业群众路线的运作机理分析［J］．国际新闻界，2018，40（3）：19-39；李海波．延安新闻文化与中国特色新闻学知识拓新：社会文化史视野下的延安新闻学［J］．出版发行研究，2018（5）：23-27；李海波．“细腻革命”：延安时期通讯员运动的动员技术分析［J］．出版发行研究，2019（4）：100-105，89；朱清河，王青．延安时期马克思主义新闻传播范式的变与通［J］．陕西师范大学学报（哲学社会科学版），2018，47（3）：155-166；朱清河．延安新闻学研究的现状与可拓展空间［J］．新闻记者，2018（2）：82-89.

④ 李海波．“业余路线”：延安时期新闻大众化运动研究［D］．北京：清华大学，2018：1.

立初期读报组的深描剖析，不仅有益于我们对中共阅读实践的历史多样性和丰富性的理解，更从集体意义的生成机制角度，引发我们思考今天群众参与新闻实践与党报践行群众路线的重大价值。① 此外，谢保杰近来对十七年期间（1949—1966年）识字运动、工农作者（通信员）的培育等议题的关注，也为我们呈现出在新的社会语境中，翻身的工农群众是如何通过社会主义文艺实践，从沉默无声走到思想表达的前台，进而唤醒了一个阶级群体从未有过的生活尊严和社会意识。②

在空间维度上，对晋察冀地区的报纸出版、群众动员和阅读史的考察，不仅与陕甘宁边区的新闻活动遥相呼应，更为我们呈现出中共在战时灵活机动的宣传网络和不俗的传播效果。③ 在对新闻记者群像的刻画上，也有学者开始以左翼报人群体为中心，考察在左翼文化运动下形成的主要新闻团体及主要新闻人物的突出贡献，认为他们本不应被遮蔽于复杂的历史叙事之中，以致成为今天新闻史书写中的缺席之在场者。④

上述种种，无不体现出研究者正以高度的学术自觉与学术自信，试图找回昔日中共新闻传统中那些“遗失的美好”，进而总结提炼出中国新闻学迥异于西方新闻思潮、“专业主义”的运作机理和内在逻辑。当然，诚

---

① 代表性研究成果有沙垚．新中国成立之初农村读报组的历史考察：以关中地区为例［J］．新闻记者，2018（6）：50-57；王晓梅．建国初党报领导下的“读报组”发展探析：以建国初《解放日报》“读报组”发展为基本脉络［J］．新闻与传播研究，2010（6）：15-22，109；詹佳如．集体读报：新中国成立初期的上海读报组研究［J］．新闻与传播研究，2018，25（11）：93-108，128.

② 可参见谢保杰．“识字的政治”：略论建国初期的识字运动与社会主义新文化的建构［J］．汕头大学学报（人文社会科学版），2012（6）：18-20，32；谢保杰．“十七年”时期北京工人写作的历史考察［J］．文艺理论与批评，2017（3）：80-85；谢保杰．“新的文学力量”的培养：以十七年时期草明与鞍山工人作者的成长为例［J］．文艺理论与批评，2018（2）：81-88.

③ 在这一领域，相关研究成果较多，但就笔者目线所及，乔傲龙的博士论文当属其中翘楚。乔傲龙．《晋绥日报》与边区社会文化动员研究［D］．太原：山西大学，2019.

④ 代表性研究成果有段勃．中国最早研究无产阶级新闻学的社团：从中国新闻学研究会到左翼新闻记者联盟［J］．编辑之友，2011（8）：122-125；蒋含平，梁骏．转身之间：职业期许与救亡图存：1930年代的左翼记者群体考察［J］．安徽大学学报（哲学社会科学版），2017，41（3）：78-87.

如有研究者提醒我们注意的那样，那些“遗失的美好”并非指通过酣畅淋漓、立场鲜明的党派宣言表现出来，而是需要重新发掘中国社会主义革命和建设的丰富内涵，通过真正的历史研究展现出来。①

因此，本书也将以上述研究的宗旨为法门，努力“返回国情、返回历史、返回实证”②，对以山东战时邮局为中心的战邮组织与中共新闻传播的内在关系，做出历史与逻辑、理论与现实相统一的述评总结，希望在梳理清楚战时邮局这一个案的基础上，借以丰富和完善中共早期新闻史书写的研究面向和价值追求。

第三节 技术政治：理解山东战邮的关键视角

著名汉学家史景迁曾言，“只要有人追忆，往事就不必如烟”③。但想要以书写对抗遗忘，还需要思想“变得具体可感知才能进入记忆，成为记忆的对象”④。对历史而言，探索深邃幽暗之境仿佛一趟充满悬念的未知旅行，出发之际，即便信心满满却也难免心生悬疑。如若没有一种可供探照的灯塔指引，恐怕上路之后，也多半会在暗礁丛生的汪洋史料中迷失航行。那么，在探索山东地区战时邮局的旅途中，起到探照灯塔作用的到底是什么呢？不妨先看时任山东省军区副政委、山东战时行政委员会主任黎玉在全省战邮会议上的一段讲话：

① 参见应星．“把革命带回来”：社会学新视野的拓展［J］．社会，2016，36（4）：1-39；李彬．把“政治”带回来［J］．新闻大学，2017（4）：1；梁骏．我们需要什么样的新闻学？——对“新闻无学”论争的再思考［J］．编辑之友，2019（2）：75-79.

② 曹锦清教授的这番论断，起初源自其2008年年底在复旦大学社会科学高等研究院里所做的讲座，详可参见曹锦清．如何研究中国［M］．上海：上海人民出版社，2010.

③ 史景迁．前朝梦忆：张岱的浮华与苍凉［M］．温洽溢，译．桂林：广西师范大学出版社，2010：11.

④ 阿斯曼．文化记忆：早期高级文化中的文字、回忆和政治身份［M］．金寿福，黄晓晨，译．北京：北京大学出版社，2015：30.

> 战邮是个什么组织呢？明确肯定地说，它是革命组织的一部分……过去旧邮局虽然对世界交通文化有沟通作用，但基本还是为资产阶级服务的，为老百姓服务只是附带的，它主要是为了资产阶级统治人民、发展工商业以及传播麻痹人民思想的文化而服务的。因之旧邮局是庸俗性的，它不是革命的组织，我们的战邮组织，是今天对付日本帝国主义的一个必要手段。为传播革命的文化政治观点而组织的手段，应认识这是革命组织的一部分，这是在革命工作上和性质上与旧邮局的不同点，不了解这点，就易产生完全模仿旧邮局的想法，思想上也极其模糊……战邮是在战争环境下有斗争性质的政治任务，这就带着重要的秘密性……在保证秘密争取迅速上，技术有它的决定作用……①

这段讲话，发生在1944年山东省第一次大规模的战邮会议上，此时距离山东战时邮局的成立已经两年有余。可以说，黎玉的讲话基本称得上是对山东战邮工作的阶段性总结。从他的讲话中，我们也可以清楚地看到山东战邮的定位及性质：它是革命组织的一部分，是以邮务技术为支撑的带有斗争性质的政治任务。技术与政治的双重属性，既是其得以建立的根本，也是其几经变革却始终不变的底色。从历史的后见之明来看，无论是最初的邮发合一主张，还是后来“邮政、交通、发行”的三位一体格局，直至最后将情报工作纳入其中的四位一体方针，党的一元化领导和群众路线始终贯穿于战时邮局的各项业务调整、机构重组、奖惩政策的制定等技术方案的实施过程中，并深刻影响着其在文化传播与舆论动员中所扮演的角色。因此，从技术政治的视角整体考察山东战邮，应该比较符合当时的历史实际状况。

---

① 山东战时邮政档案．黎政委在省战邮会议上的讲话：战邮建设问题［A］．1944-04-09，山东省档案馆（馆藏编号G021-01-0015-004）．

而从学理的角度来看，选取技术政治（technological politics）[①] 的视角，也有利于我们在当下流行的所谓建制化、专业化的“技术中立论”之外，去审视和开掘山东战时邮局的独特意涵。实际上，关于技术政治的学理性梳理，王洪喆早已有过较为详尽的分析，在其博士论文的导论中，他围绕技术政治与政治经济学、社会史以及作为“文化”的技术之间的关系，渐次回答了“什么是技术政治、什么是关于技术政治的研究，以及如何以技术政治的理论视角考察中国电子信息革命的历史”。这里需要特别指出的是，按照技术政治史专家兰登·温纳（Langdon Winner）的理解，技术政治不能被狭隘解释为服务于国家政治活动的技术应用，更应该从“人类交往中权力和权威的安排，以及在此过程中发生的广义政治”出发，关注“大范围、系统性的技术趋势及其产生的社会条件，同时分析人类社会对技术及其手段的反应和适应方式”。[②] 南开大学历史学教授江沛的近作《技术、政治的合力与五四抗议运动的兴起》便循此思路，对五四运动的发轫与传播进行了再审视。在他看来，正是由于电报、印刷、铁路航运、邮政事业等技术手段的引入或改良，才有力推动了近代民族主义思潮在中国的广泛传播，进而奠定了学潮爆发的基础前提，加之当时诸多政治因素的纵横交织，最终演绎出了对近代中国影响深远的一次社会

① 对于技术政治的讨论，近年来已有不少学者进行了深入思考，其中尤以王洪喆的博士论文和易莲媛的评述最为全面。详见王洪喆．漫长的电子革命：计算机与红色中国的技术政治（1955—1984）［D］．香港：香港中文大学，2014；易莲媛．“群众科学”与新中国技术政治研究述评［J］．开放时代，2019（5）：63-75．此外，王洪喆的几项个案讨论，也对笔者的思路产生了重要影响。比如，王洪喆．中苏控制论革命与社会主义信息传播技术政治的转型：一项基于文献的历史比较［M］//汪晖，王中忱．区域：总第5辑．北京：社会科学文献出版社，2016：279-310；王洪喆．从“赤脚电工”到“电子包公”：中国电子信息产业的技术与劳动政治［J］．开放时代，2015（3）：34-48．然而，无论是将技术政治视为一种方法视野还是历史传统，这些讨论多集中于新中国成立后的“前三十年”，对于新中国成立前的分析并不充分。换言之，中国的技术政治是否有根植于革命时期的历史印记，它是如何一步步形成的？笔者认为，山东战时邮局的研究或许会为我们推进这一领域的研究，提供一个可供检视的窗口。

② WINNER L. Do Artifacts Have Politics?［J］. Daedalus，1980，109（1）：121-136.

运动。①

然而，就本书的研究对象山东战邮而言，恐怕既不能简单沿袭温纳的观点，也不能想当然地认为技术就只是一种行动方式，以它为介质的治理运作可以在日常生活的宏观政治与微观政治之间发挥交互作用。② 从某种程度上来说，本书所谓技术政治恰恰是“狭隘的”，是需要从政党文化和政治运作的角度出发，在一切为了抗战、一切服务革命的历史语境中去理解。③ 这里，笔者将简单概述山东战邮的发展沿革，以期展示出蕴含其中的“技术政治”之独特意味。

1942 年 2 月，《山东省战时邮局建设方案》出炉。这份方案明确指出，山东战时邮局就是“为适应敌后战时环境，反对日寇打击我邮政机关”而特别建立的组织机构，战邮工作人员“由当地党政军民共同配备之，但必须配备政治坚定和健强的干部”，“忠实于民族革命事业”则是他们工作准则中的首要之义。④ 同年 9 月，在山东战时邮局建立半年之后，“邮政、交通、发行”三位一体的思路开始萌芽，《大众日报》发行部纳入战时邮局的管理之中，这是因为“《大众日报》是建设山东抗日根据地的指针。是展开对敌斗争的锐利武器，也是抗日人民的喉舌。因此各级邮局对于《大

---

① 江沛．传媒、政争、工商业与五四运动的形成［J］．中共党史研究，2019（9）：52-67.

② 白馥兰．技术、性别、历史：重新审视帝制中国的大转型［M］．吴秀杰，白岚玲，译．南京：江苏人民出版社，2017：4-5.

③ 近年来，不少学者开始撰文，反思既有革命史研究所存在的宏观政治史与微观社会史的分割、革命历史的连续性断裂、成败意识背后的目的论等问题；亦有学者认为，自 20 世纪 80 年代以来，所谓现代化范式的历史书写，以一种去政治化的政治之方式，忽略或遮蔽了中国社会与西方社会迥然不同的历史底色。在笔者看来，应星呼吁的“把革命带回来”、李彬希冀的“把政治带回来”和景跃进倡导的“把政党带回来”，堪称这一批判性反思的三部曲。详见应星．“把革命带回来”：社会学新视野的拓展［J］．社会，2016，36（4）：1-39；李彬．把“政治”带回来［J］．新闻大学，2017（4）：1；景跃进．将政党带进来：国家与社会关系范畴的反思与重构［J］．探索与争鸣，2019（8）：85-100. 此外汪晖．别求新声：汪晖访谈录［M］．北京：北京大学出版社，2010；应星．新革命史：问题与方法［J］．妇女研究论丛，2017（5）：5-8. 亦对笔者的思路有着较深的影响。

④ 山东战时邮政档案．山东省战时邮局建设方案［A］．1942-02，山东省档案馆（馆藏编号 G004-01-0009-002）.

众日报》的发行，应以最大的努力来保证准确迅速送到读者手中，发挥其对抗战和建设的指导作用”①。等到了1943年3月，中共山东分局更是做出了《关于党政交通发行工作统一领导决定》，要求“确实执行领导上的一元化……将所有根据地内党政交通发行工作彻底实行统一管理统一领导”②。

可以看到，不管是目的任务还是组织手段，无论是人员要求还是管理方式，山东战时邮局技术与政治相结合的思路，都是在革命实践的摸索过程中渐次清晰，直至最后形成政治领导上的一元化管理和技术操作中的三位一体组织。对当事人来说，技术政治的思路或可视为“自身目标和价值的一种表达方式”③；而对旁观者来说，则可被理解为战邮组织的显著特点，也正是有着这样的思路，才塑造出了其独特的个性及历史发展。

所以，综上所述，“技术政治”成为探照本书的关键视角，既符合历史现实，又具有理论逻辑。

第四节　问题、意义、史料方法及思路安排

问题的再确认：以技术政治的视角作为观照山东地区战时邮局的灯塔指引，本书想要探究的问题，就变得逐渐清晰，具体言之，大致有三。

其一，山东地区战时邮局的设立究竟因何而起？为什么说它的成立开辟了中共新闻传播的新路？新在哪里？路在何方？

其二，进一步走向历史深处，山东地区战时邮局的主要任务和运作机

---

① 山东战时邮政档案．关于发行与交通工作的决定［A］. 1942-09-11，山东省档案馆（馆藏编号G021-01-0001-005）.

② 山东战时邮政档案．关于党政交通发行工作统一领导决定［A］. 1943-03-20，山东省档案馆（馆藏编号G021-01-0002-001）.

③ 白馥兰．技术、性别、历史：重新审视帝制中国的大转型［M］. 吴秀杰，白岚玲，译．南京：江苏人民出版社，2017：13.

制是什么？其具体的实践又对战时的舆论动员乃至革命的发展产生了哪些影响？又有助于我们发掘出哪些未曾被重视的中共优良新闻传统和精神价值？

其三，再进一步追问，在当时的历史语境中，对以山东地区战时邮局为中心的邮务系统的考察，与新闻传播和中国革命之间，到底有着怎样千丝万缕的联系？如果上升到学理层面的探讨，我们又该在新闻传播学的研究中，怎样审视邮务系统这一尚未引起广泛重视的领域？

研究意义的明晰：无须多言，研究意义总是与研究目的密不可分，根据前文所述，本书之意义其实也已呼之欲出。

首先，从学科史研究的角度而言，对山东战时邮局的考察尚不充分，因此对其进行深描和分析，不仅有助于中共战时新闻传播机制的探讨，更有益于丰富中国新闻史研究的知识图谱。

其次，从学术史书写的层面而言，与这一时期对《大公报》《申报》及相关名记者群的多元研究相比，战时中共新闻传播的考察则显得较为简单刻板，目前多以勾勒历史轨迹、概述历史成就为主，故而本书希望在深度还原历史的基础上，探求战时中共新闻传播的内在机理、优良传统和精神价值，借以书写中共新闻传播史研究的新篇章。

最后，从学理层面的探讨而言，既有的新闻传播史研究，多以可见的媒介实体（报纸、广播、电视、网络）为主，且集中于它们信息传播的载体功能，即围绕其承载的文本内容展开研究，而以邮务系统为代表的传播“软环境”之变化，似乎尚未得到充分讨论。因此，以本书的研究对象为个案，或可为探讨邮务与传播的内在关联，提供一个极佳的检视窗口。

关于史料的说明。作为一项史论研究，对于史料的选取及使用，显然需要做一番说明。大致来说，本书所选用的史料，基本由以下三个部分构成。

其一是山东省档案馆馆藏的一批极为珍贵的山东战邮档案，形成时间为 1942—1949 年。这一一手档案资料共计 1798 卷，内容涉及山东战邮的方方面面：既有宏观的机构调整文件、干部任免通知、运行方案设计，也有微观的人物侧影、工作细则、培训资料、邮资制定……如此丰沛的一手史料，自然是本书的研究基础。

其二是官方记载的重要档案汇编或是战邮人员的回忆辑录。主要包括山东省档案馆、山东社会科学院历史研究所联合编著的《山东革命历史档案资料选编》，山东省地方史志编纂委员会编著的《山东省志·邮电志》（全两册），山东省邮电管理局史志办公室编著的《山东邮电史稿》和三册《山东战邮回忆资料专辑》，人民邮电出版社出版的《华东战时交通通信史料汇编（山东卷）》，等等。重要档案的汇编对本书有很强的参考价值，它可以使得笔者在处理碎片化的一手史料时，更加具有针对性，亦可以从对比印证中，找到可能存在的问题。战邮人员的回忆辑录，这是了解当时战邮人员生活状况和情感体悟的重要素材，也有助于我们对山东战时邮政的整体把握。

其三则是部分留存至今、相对零散的报刊或图片资料。比如，一些当时的邮政地图、战邮人员的工作手册、战邮邮票等。它们可以从不同侧面，并在具体的个案分析上起到重要的参考作用。譬如，在分析因为战时邮局的建立，而使得邮政路线和传播网络改变时，不同时期的地图就变得至关重要。又如，在呈现战邮人员的工作状态时，他们的工作手册和部分图片则又是必不可少的。

当然，没有史料寸步难行，但有了史料也需谨言慎行。例如，笔者在考察战时邮局的运作机制，特别是战邮人员的工作生活时，除官方的档案文件以外，很大程度上需要参考涉事人群的日记书信或是回忆文章。但从史学研究的角度而言，这些资料多少都会有些主观的情感投射在其中。因此，本书在处理这一部分时，将秉持“孤证不立”的原则，尽最大可能确保史料的可信度，至于春秋笔法的反思评论、议论抒情等个体情绪化的表达文本，则将其放置在大的历史背景下加以甄别审读。爬梳史料需要耐心，解读史料则更考验研究者的学识、心智和眼光。要言之，本书想要揭开山东战时邮局的神秘面纱，丰沛的学养、开阔的视野、审慎的眼光、批判的意识，四者缺一不可。

关于方法的使用：作为一项新闻史论的研究，爬梳与解读史料自不必说，当是本书得以展开的基础。因此，在方法的选择和使用上，本书还是以传统的文本分析法为主，以期通过对相关档案文献的文本分析，复原出战时邮局这一中共在抗战期间所创立的通信情报机构，究竟是如何一步步创立并形成了自身怎样的新传播机制，其对中共的新闻传播乃至抗战期间的革命动员和新中国成立后的邮政发行方案又起到了怎样的影响。

与此同时，本书在部分章节论述邮路的开辟、传播网络的重塑等新传播机制的实践时，不免会涉及一些地理学、历史学的理论知识，故而本书也将借鉴历史地理学的方法对此进行分析。总体而言，所谓历史地理学的研究方法，主要是指在研究中“重视人地关系，把人地关系看作是一个相互作用和相互影响的过程，注意人地关系在时空二维上的发展变化”①。笔者既有心复原战时邮局的传播网络图谱，借助历史地理学这块“他山之石”，或许可以起到“攻玉之效”。

除上述两种研究方法之外，本书在处理具体的研究问题时，还会突出以下方面。

首先是典型个案的分析。比如，在展示战邮人员的日常生活和学习工作时，显然不可能面面俱到，因此通过个案的形式呈现，或许可以更加生动形象地描摹出当时战邮人员的集体群像和精神风貌。又如，在讨论战邮的动员作用时，通过对典型报刊、口号、事件等的深度分析，应能管窥当时其所谓“文化炸弹”的威力之所在。

其次是比较（类比）的视野。山东战时邮局之所以特殊且重要，就因为它是在中国20世纪革命的进程中不断摸索出来的，因而也必须将其放置于当时的历史脉络中去考察。粗疏来看，这条历史线索既包括当时战争

① 王社教．作为研究方法的历史地理学［J］．陕西师范大学学报（哲学社会科学版），2010（6）：39.

环境、国际局势等外部因素的变化，也包含着中共早期新闻思想、政党文化等内部因素的变迁。同时，战邮作为中共独创的一种情报通信机制，还应该将其与民国时期的中华邮政、国民党的宣发机制，乃至西方宣传观念的发轫与流变等进行横向比较。唯有以时间为经，以空间为维，在古今中外的纵横交错中，方能凸显山东战时邮局的独特意涵。

最后，还必须提及的是，在整体的方法论上，本书试图将研究对象同时建构为一种视野，偏向于从中国社会内部出发，即不是以简单的西方理论、方法、准则去比附、考量、判断山东战时邮局的运行机制、作用影响等，而是努力回到20世纪中国独特的革命历史语境中，考察其产生的历史根源，剖析其何以发展的内在逻辑，以及对中国的革命和建设究竟产生了多么深远且巨大的影响。借用汪晖的话说，就是将"研究的对象从对象的位置上解放出来，并使之成为支撑我思考和探索的源泉"①。

这样的一种方法论视野，一方面可以避免用简单的"拿来主义"，去简化理论与实践之间的复杂关系；另一方面，它可以为我们提供广阔的自我反思与自我理解的空间。比如，山东战时邮局在党的"一元化"领导下所独创的"邮政、交通、发行"三位一体的运行机制，鼓励广大群众自发参与新闻活动，革新传播方式，消除职业壁垒，进而推动全党办报的落地、舆论动员的产生等行为，若以所谓西方新闻专业主义的观点，或是欧美对邮政之现代性作用的态度来理解，恐怕远不能对此做出恰如其分的解释，甚至还可能将其批评为一种前现代的极权式宣发机制，以此彰显所谓现代新闻传播机制的科学性与唯一性。有学者便不无忧虑地指出，"这样不假批判地将历史与思想纳入当代知识的框架之内，不但扭曲了历史图景，而且丧失了反省我们自身状况的机会"②。

章节思路安排。本书以抗战时期中国共产党所创的通信情报机构战

① 汪晖．别求新声：汪晖访谈录［M］．北京：北京大学出版社，2010：255.
② 李海波．"业余路线"：延安时期新闻大众化运动研究［D］．北京：清华大学，2018：16.

时邮局为研究对象，试图借助史料文献，复原出这一机构的形成过程、运作机制及历史作用，并以此个案为契机，一方面继续发掘中国共产党在革命实践中的优良新闻传统；另一方面则希望围绕邮务系统的考察，再通过与历史学、地理学等学科的交流互济，进而丰富中国新闻传播史的研究格局和路径。基于此，本书并不打算以传统编年的叙述方式对战时邮局进行深描，而是将其置于当时具体的历史语境中，通过全方位、多角度的考察，揭示其在社会历史发展中的重要作用，以及在学科史书写和学理探讨层面可能带来的重要影响。具体来看，大致可将全书分为下述六个章节。

第一章导论部分，主要交代研究对象和研究问题的缘起，即“山东战时邮局”研究何以必要又何以重要。在这一章中，笔者试图结合相关研究成果，从学术史书写、学科史研究和学理探讨这三个层面回答这一问题。此外，本章还将就本书的写作思路、章节安排做简要说明，并对资料来源、方法选取予以解释阐明。

第二章进入正文部分的书写，本章主要试图通过相关史料文献，梳理出在当时的历史语境中，山东地区的政治环境经历了怎样的转变，以及在这一过程中红色信息的传播遇到了什么样的危机，以此复原山东战时邮局成立的历史背景，并探究中共在山东地区开辟新闻传播之新路的主要原因。

第三章以山东战时邮局主要工作的变化为线索，通过对其组织机构、运行方案和奖惩政策的考察分析，意在展现其从“邮发合一”到“邮、交、发”三位一体，再至最后“邮、交、发、情”四位一体的通信情报机构的过程。同时，总结出在这一过程中，山东战时邮局形成了怎样的新传播机制。

第四章则将关注重点从对传播机制的研究转移到对人的考察上来，试图描摹出战邮交通员学习、工作和日常生活的历史图景，并对相关典型运动及英雄人物予以分析研究，进而反映出战邮交通员作为移动的“播种机"，对战时新闻传播事业做出的重要贡献。

第五章旨在通过对战时邮局在组织文化传播与革命动员上的具体分析，揭示出战时邮局的历史作用与影响。此外，作为战时邮局所独创的"邮发合一"政策，究竟与新中国成立后的报刊发行事业和邮政建设路线有着怎样的关系，也是本章试图探索的关键问题。

第六章结论是对全书历史梳理和理论分析的总结，并希望以此为契机，进一步总结战时中共新闻传播的运作机理和内在逻辑，从而在学术史书写、学科史研究和学理探讨这三个层面，对邮路传播以及中国革命之间的关系予以再检视。

第二章

危局新政：官办邮路的失效与战时邮局的浮现

敌后中华邮局因在敌人劫持统治下，已不复为我抗日人民所用。为便利敌后抗日军民间之相互联系，本会特决定建立各级战时邮局。战时邮局之性质系敌后战时环境下的临时组织，与我中华邮局是相互依补的并非对立的。战时邮局应尽量协助敌后之中华邮局脱离敌人之劫持，迅速恢复其各原有机构为抗战服务……①

山东省战时工作推行委员会《关于建立战时邮局的决定》

1942 年 2 月 7 日

1942 年 2 月 7 日，山东省战时工作推行委员会正式下文，决定在山东地区成立临时性质的邮务组织——战时邮局。从《关于建立战时邮局的决定》的内容来看，中华邮局落入敌手是促成其成立的直接原因。那么，一系列问题接踵而来：中华邮局在当时是个什么样的机构？它和中共的信息传播有着怎样的关系？为什么它被敌人劫持，中共就要建立各级战时邮局？建立战时邮局是深思熟虑后的结果，还是仓促之下的应对之策？带着这样的疑问，本章试图通过对近代邮政事业发展史和山东地区政治环境的简要梳理，找出当时中共的红色信息在山东地区到底遇到了怎样的传播危机，进而尝试勾勒出战时邮局成立的历史背景，并探究中共开辟新闻传播之新路的主要原因。

① 山东战时邮政档案．关于建立战时邮局的决定［A］．1942-02-07，山东省档案馆（馆藏编号 G021-01-0001-002）．

第一节 一波三折：命途多舛的中国邮政

对近现代的中国社会而言，邮政或许称得上是“熟悉的陌生者”。说它熟悉，实在是因为它几乎涉及了近现代中国社会的方方面面，“凡书信之往来，银洋之汇兑，书报之传递，莫不赖是以为枢机”①。说它陌生，也确实因为现代意义上的邮政事业，直到晚清才兼具雏形，且在清末民初那个所谓“三千年之未有大变局”中几经流转：从组织形式到功能作用，再至最为关键的权责归属，邮政事业的颠沛恍若近代中国社会发展的一个缩影。接下来，笔者将先对中国邮政的历史变迁做一简要梳理，以期渐次回答上文导读中所提出的若干问题。

一、从“置邮传命”到“裕国富民”：近代中国邮政的艰难转型

说起来，中国的邮政事业可谓延绵千年，历史悠久。春秋战国时期，便出现了专门传递文书的中转站，当时名为“邮传”，孔子曰“德之流行，速于置邮而传命”② 就是一鲜明例证。始皇帝实现一统后，通过对全国范围内的驰道改造，以及在兴修水利、开凿河渠等一系列交通工程上的举措，为后世邮驿的发展奠定了坚实的物质基础。汉承秦制，及至武帝，更因多次遣人出使西域，其邮驿系统甚至一度延伸至中亚。虽东汉末年因战事频繁，大一统的邮驿组织不复存在，但经过隋唐的政权交替，特别是大唐盛世的出现，中国古代的邮驿系统可谓达到了封建王朝的第一个高峰。③据统计，在618年至907年间，大唐帝国共设驿站1639所，且分为“陆

---

① 谢彬．中国邮电航空史［M］．上海：上海中华书局，1928：1.

② 参见《孟子·公孙丑上》。

③ 除驿站数量和形式上的增多，以及邮驿功能的丰富以外，唐代在邮驿通信方面还出现了用以侦察敌情的工具“地听”、新闻学者耳熟能详的官报《邸报》，以及类似今天汇兑一样的“飞钱”。

驿”“水驿”“水陆兼办”三种形式，紧急公文三百里，亦可朝发夕至。此外，这一时期邮驿的功能也不断拓展，除负责通信之外，还“担负着接待外宾，为宾客和来往官吏提供食宿和车马等任务”①。

宋代在盛唐的基础上，增设了办理紧急公文的急递铺，其驿员改由兵卒担任，规定“每日飞驰四百里”②，如遇“金字牌”③，更限“昼夜飞驰五百里，直至终点”。时人曾形容这种方式“光明炫目，过如飞电，望之者无不避路”④。到了元代，因太祖成吉思汗治下的版图疆域不断扩张，不少驿使最初需要在沿途的民间帐篷内食宿。这种局面直到元太宗窝阔台即位后才有所好转，固定的邮路和驿馆开始建立。值得一提的是，蒙语将邮驿音译为“站赤”，后世所常用的“驿站”即出于此。另外，元朝的邮驿分为“站赤”和“急递铺”两种，仅在中国范围内，便有“站赤”近1500处，“急递铺”更是多达上万处，而且除分设水、陆驿站之外，在辽东地区甚至还特别建立了狗站，“每年冬季，用狗拖雪橇，运送公文和人员”⑤。不同于前朝的屡有创新，及至明、清两代，驿站基本沿袭旧制。尽管到了乾隆时期，已经开始用“邮政”一词来“概括与驿事相关之政令训示”，但究其实质，其仍是以“‘置邮传命’为根本宗旨，同时具有传递政令舆情、维系朝政运转、宣上德以敦教化、整饬吏治等多种重要的政治功能”。⑥

综上所述不难发现，自汉唐以降乃至明清，中国封建时期的“邮政”系统，多侧重于其对帝国政体运转的政治功能，而非我们近代意义上所理解的“裕国便民”之用。仅就笔者目力所及，直到太平天国时期，洪仁玕

---

① 邮电史编辑室．中国近代邮电史［M］．北京：人民邮电出版社，1984：2.

② 邮电史编辑室．中国近代邮电史［M］．北京：人民邮电出版社，1984：2.

③ 宋代曾按轻重缓急，将需要传递的文书分为三档，其中以“金字牌”为最紧急，由皇帝御前下发，铺兵手举“金字牌”，可夜持火把，令行人避让，兼程急近，接力传送。

④ 邮电史编辑室．中国近代邮电史［M］．北京：人民邮电出版社，1984：2.

⑤ 邮电史编辑室．中国近代邮电史［M］．北京：人民邮电出版社，1984：2-3.

⑥ 吴昱．“置邮传命”与政治运转：清代“邮政”的传统内涵［J］．广东社会科学，2014（4）：124-131.

在《资政新篇》里的若干想法，可能才是中国第一个近代邮政建设的方案。洪仁玕认为：

> 兴车马之利，以利便轻捷为妙，倘有能造如外邦火轮车，一日夜能行七八千里者，准其自专其利，限满准他人仿做，若彼愿公于世，亦禀准遵行，免生别弊。先于二十一省，通二十一条大路，以为全国之脉络，通则国家无病焉……
>
> 二十里立一书信馆，愿为者请饷而设，以为四方耳目之便，不致上下梗塞，君民不通也。信资计文书轻重，每二十里该钱若干而收。其书要在某处交递者，车上车下，各先束成一捆，至即互相交讫，不能停车俄顷。因用火用气用风之力大猛也。虽三四千里之遥，亦可朝发夕至……
>
> 兴邮亭以通朝廷文书，书信馆以通各色家信，新闻馆以报时事常变……邮亭由国而立，余准富民纳饷，禀明而设……①

显而易见，洪仁玕提出的这套邮政建设方案，已经超出封建王朝对邮驿组织传统“置邮传命”的看法与期待，更接近我们今天所理解的“裕国便民”之现代邮政理念。可惜的是，到了晚清时期，不仅洪仁玕的现代蓝图没有付诸实践，就连过去全国性的邮驿系统也随着国门洞开和内部的不作为，日益扭曲和没落。其中，尤以“客邮”的入侵、“民信局”的设立和“古驿站”的腐败为甚。

先看“客邮”，所谓“客邮”乃指列强在中国领土上开办的邮政机构。这一邮政机构最初随鸦片贸易而来，多为便利走私鸦片而服务。1834年，时任英国对华商务监督的律劳卑（William John Napier）在广州开办了一个直属英国邮政总局领导的“英国邮局”，这是目前已知在中国境内最早的“客邮”局。随着鸦片战争的失败，《南京条约》的签订，英国更是

① 程演生．李秀成致陆得顺谆谕［M］//太平天国史料．北京：北京大学出版部，1926：39-40.

肆无忌惮，开始以“香港为基地，五口为前哨，在中国领土上任意开办英国邮局”①。美国人马士（Hosea Ballou Morse）便曾有过这样的记载，“香港已成鸦片的主要集散地……飞速的轮船带着抢先的消息，从加尔各答开到新加坡和香港，再从香港开到上海。它们还有为某一集团专设的邮政便利来运送邮件的准备，而且惯于把除自己原主信件以外的邮件，扣押 24、36、48 小时，或更多的时间……”② 对此，就连英国海军上将开帕尔（Keppel）都曾因自己的信件被扣押，而破口大骂：“匿名的鸦片快艇，从孟买来，只带来船主人的信件，畜生！”③

除“客邮”之外，帝国主义列强还纵容其租界内部的工部局或者部分投机商、冒险家开办所谓“书信馆”④。然而颇为讽刺的是，名曰“书信馆”，几乎不涉书报通信事，其主要目的是推销邮票！到了 19 世纪末，更是为了骗钱，无所不用其极地大搞邮票投机生意，比如，增加邮票品种、制造各种“变体”邮票等，终引发了中外集邮者的公愤。他们自发成立起一个叫作“取缔投机邮票协会”的组织，专门用来揭露各地“书信馆”的骗钱行为。可以看到，“书信馆”与“客邮”虽然形式有别（一个暗偷、一个明劫），但实质无二，均是帝国主义列强侵占我国主权的典型表现。1920 年，时任美国驻华公使的查尔斯·克莱恩（Charles R. Crane）在一份向美国政府提交的外交报告中，就毫不讳言地指出，各国曾在中国设置的客邮，“大要为政治原因……但客邮之设立，并未得到中国之允许，或竟忽视中国之意而不顾……此种设置实侵犯中国主权……”⑤。据不完全

① 邮电史编辑室．中国近代邮电史［M］．北京：人民邮电出版社，1984：15.

② 邮电史编辑室．中国近代邮电史［M］．北京：人民邮电出版社，1984：15.

③ 马士．中华帝国对外关系史［M］．张汇文，等译．北京：生活·读书·新知三联书店，1957：387//转引自邮电史编辑室．中国近代邮电史［G］．北京：人民邮电出版社，1984：15.

④ 根据《中国近代邮电史》记载，1863 年上海租界工部局董事会组织的“上海工部局书信馆”，是目前已知最早出现的“书信馆”，虽然它也是为了推销邮票借以大发横财，但好歹还依靠轮船代运或委托其他机构捎转，多少办过一点通信工作。

⑤ 交通铁道部交通史编纂委员会．交通史邮政编：第四册［M］．南京：交通铁道部交通史编纂委员会，1930：13339.

统计，自1870年至1918年不到50年的时间里，外国在中国设立的“客邮”数量，竟然多达344处。各阶段的统计情况详见表2-1①。

表2-1 外国在中国设立“客邮”统计表 **单位：处**

国家	1870	1897	1906	1913	1918
英国	2	8	14	14	20
法国	1	2	14	13	21
美国	1	1	1	1	4
帝俄		5	5	18	119
德国		2	14	12	40
日本		7	17	129	140
总计	4	25	65	187	344

再看“民信局”，不同于由外及内的“客邮”入侵，“民信局”的产生完全是明清两代民间自发的组织行为。据史料记载，“民信局”的兴起，源于明代永乐年间东南沿海的资本主义萌芽，到了清朝同光时期，大小“民信局”的数量已逾数千家之巨。及至清末民初，更由于中外商业的勃兴，使得“民信局”不仅在各处通商口岸星罗棋布，甚至将触角延伸到了西北内陆、东北三省等地，成为中国社会商务通信的一道亮丽风景线。当时，其主营业务除包含收寄包裹信件、发行报纸之外，部分大型民信局还兼营运送商品金银、兑换钱钞。毫无疑问，在传统的邮驿组织不怎么承担民间交通通信的情况下，“民信局”的出现自然有助于缓解民间通信的压力，加之其服务周到，处处为顾客着想（注重实效、上门收取件等），特别是保证“所交之信包因承寄民局之疏忽而致遗失者，民局即照所开之数赔偿”这一点，更是为其赢得了顾客们的信任。②

① 表2-1数据转引自邮电史编辑室．中国近代邮电史［M］．北京：人民邮电出版社，1984：17．据原文所载，该表是根据《交通史邮政编》和《客邮外史》所载的资料统计而成，总体而言应具有一定的可信度。

② 楼祖诒．中国邮驿发达史［M］．北京：中华书局，1940：345．

当然，恰如有研究者分析的那样，“民信局”作为民间的自发组织，自然也难免会有这样那样的问题，如“组织分散、本小利微，在全国不能形成统一的民间通信网”“没有一定的收费标准，也没有统一的邮票，它们的规则是尽可能多收费”等。[①] 更可怕的是，到了20世纪初，随着大清邮政的逐渐统一，部分“民信局”甚至为了保全自身的小集团利益，不惜“率自赴某国邮局，请其挂号按中国邮政办法互相维系”[②]。这就人为造成了官民邮政之间的矛盾，也为后来清政府对“民信局”的限制和排挤埋下了隐患。

简要梳理完了新生的“客邮”和“民信局”，我们最后再来聚焦传统的“驿站”。上文曾提及，到了清末，传承千年的邮驿制度已渐趋没落，那么真实的情状究竟如何？谢彬在其《中国邮电航空史》中的一段记载，或是对这一时期“驿站”衰败的妥当描述：“驿政废弛，边防破坏、驿站军台空存形式，甚至站台无马。至必要时，始雇马充数。”[③] 不仅如此，至19世纪末，驿站不仅传递效率最为低下，贪污腐化之风更是盛行。有资料显示，清廷每年在驿站方面的支出不可谓不多，然这高达300万两白银的专项支出，“并未在通信上花去多少，却被各级大小官吏层层中饱，装入私囊”[④]。早期洋务派代表人物之一冯桂芬，对此可谓深恶痛绝：

> 夫所以不惜巨资而设此驿站者，原以奏牍公文俱归递送，欲使之从速而不至失误也。乃日久弊生，而竟为地方官之利薮，每州县之冲要者，其驿费多或万余金，其次五六千金，其僻静无驿州县，有千余金及六七百金不等。此项费用归入留支项下，州县官得缺时，必先探询驿费之多少，其多者则为之欣然色喜焉！大利既归之州县，故驿所

① 胡婷. 近代中国邮政统一与发展研究（1896—1937）［D］. 芜湖：安徽师范大学历史与社会学院，2006：19.

② 中国近代经济史资料丛刊编辑委员会. 中国海关与邮政［G］. 北京：中华书局，1983：101.

③ 谢彬. 中国邮电航空史［M］. 上海：上海中华书局，1928：14.

④ 邮电史编辑室. 中国近代邮电史［M］. 北京：人民邮电出版社，1984：39.

畜之马，类多老弱病疲。且管理马号者，有幕友，有仆人，于干草料豆等物，又节节克扣。至马夫而克无可克，于是减其饲秣，使不得饱，故驿站之马，类多瘦乏，不能行走……①

从冯桂芬的描述中，我们可以清楚地看到晚清各层官员贪污驿费的丑恶嘴脸，也得以知晓驿站会迅速衰退的主要原因。除贪污成风之外，地方官员动辄夹带私货、滥用驿传的行为，也在很大程度上造成了驿站的混乱和大量人力物力的浪费。有资料显示，部分官员甚至经常填发火牌，要求驿站以最快的速度帮他们传送私人信件，以致“各驿站每日急递公文数百件”②。可以想见，如此混乱不堪的情况，加之各级官员和从业人员的贪污不作为，晚清的邮驿系统还怎么能保证公文信件、商品物资及时准确地传达与寄送？正是在这样的历史背景下，早期洋务派代表王韬、薛福成等人打消了从传统邮驿系统内部改革的想法，冯桂芬甚至不无讽刺地说道：“以国家有限之帑币，既饱州县官私囊，复递无足重轻之例信，亦何贵此驿站为乎？”③ 因此，借鉴西方近代邮政体制来重组当时的清朝驿传制度，便“理所当然”地成了朝野内外一致认同的办法。

事实上，早在 19 世纪六七十年代，朝野内外就已经动了遵循西方近代邮政体制的动议。一方面，当时，清廷的总理衙门因为太平天国运动，担心自己负责的保护各国来往文书之事难以维系，故而有意让时任海关总税务司的英国人赫德（Robert Hart）出面统筹负责。另一方面，赫德亦出于自身和英国的利益考虑，早就有插手中国邮政的想法。他甚至直言：“远在 1861 年 6 月我初次到北京时，已经提出照西方办法办理邮政。”④ 既然一方愿意脱手，一方又乐意接手，那么合作自然也就水到渠成。1866

① 《国邮史记》编辑部．交通史邮政编·略叙［M］．影印本．南京：交通铁道部交通史编纂委员会，2013：6-7.

② 刘锦藻．清朝续文献通考［M］．上海：商务印书馆，1935（374）：11203.

③ 刘锦藻．清朝续文献通考［M］．上海：商务印书馆，1935（360）：11037.

④ 中国近代史资料丛刊编辑委员会．中国海关与邮政［M］．北京：中华书局，1983：78.

年，双方达成一致，部分邮递事务开始由海关兼办。① 可以说，海关兼办邮递，是“近代邮政的雏形”②。

随着海关兼办的邮递业务不断扩大与成熟，李鸿章便上书建议，认为可先以部分海关为试点，创办邮政，得到了清廷的官方许可。1878 年，赫德便指派英籍德国人德璀琳（Gustav von Detring），以天津为中心，管理海关、各使馆邮件并兼收民信，在北京、天津、烟台、牛庄（今营口）、上海五口试办起了真正意义上的近代邮政。然而，近代意义上的邮政想要立刻推而广之，面临的最大问题在于其难以收发绝大多数普通华人的信件。一方面，普通老百姓相较于新兴的海关代办邮政，明显更信任早已熟悉的“民信局”。另一方面，仅靠几处海关的人力物力，也确实很难满足所有百姓的邮政需求。所以，赫德与德璀琳曾经试图另行安排一个名为“华洋书信馆”的代理邮政机构，与“民信局”展开竞争，借以夺取中国邮政的主导权，却在具体的实践过程中遇阻，背离了其初衷。③ 在这样的情况下，他们二人决定直接在海关内部另起炉灶，重新建立一套新的邮政机构。1880 年，“海关拨驷达局”（Post 音译，意即海关邮局）正式组建，至 1896 年，全国 24 个初设有海关的地方，都开办了海关邮局。④

二、从“洋人主控”到“日军豪夺”：官办中华邮政风雨飘摇

自 1866 年海关兼办部分邮务起，至 1896 年海关邮局的日益勃兴，近代邮政事业在晚清风雨飘摇的政治环境中艰难起步与发展。客观上说，这 30 年来像赫德、德璀琳这样的外国人为此付出了不少心血，但他们也是无

---

① 最初，海关的邮递业务仅限于各国使馆文件和海关自身的公私信件，不涉民间信函，直至 1868 年 1 月 7 日，才开始在天津收寄部分外侨信件。

② 邮电史编辑室．中国近代邮电史［M］．北京：人民邮电出版社，1984：24.

③ 赫德与德璀琳最初曾指派华人文员吴焕负责筹备“华洋书信馆”，然而吴焕在执行的过程中，以上海为中心，试图在全国各大中等城市创办“华洋书信局”，承担中国境内所有华洋邮政业务，最终形成一个全国规模的商办邮政系统，这就与赫德独揽中国邮政大权的想法背道而驰。

④ 邮电史编辑室．中国近代邮电史［M］．北京：人民邮电出版社，1984：24-27.

利不起早，要么“各怀鬼胎”，要么“醉翁之意不在酒”。[①] 清廷的不少士大夫在此过程中，也不断建言献策，比如，薛福成在出访各国后一直对统一的官办邮政念兹在兹[②]，刘坤一、李鸿章、张之洞更是多次上书谏言，力陈开办国家邮政的益处，并称倘若再不开办国家邮政，以后“再议推广，必要维艰”[③]。在内外官员的倡议与渴望之下，1896 年，光绪帝终于下定决心统一邮政。总理衙门旋即委任赫德为总邮政司，专司邮务。至此，以大清邮政的名义（实则仍在海关管理之下），近代邮政事业开始在华夏沃土上大面积兴办起来。

然而，大清邮政在成立之初还很弱小，且如上文所言，面临着“三座大山”（客邮、民信局、传统的驿站）的“内外夹攻”。因此，在其创办的前几年里发展一度较为迟缓，这一状况直到清末新政的颁布实施才有所好转。在此期间，大清邮政也逐渐采取了“裁撤驿站”“撤销客邮”“取缔民信局”等手段，为全国邮政的统一扫除障碍。[④] 据史料记载，大清邮政在推行的 15 年中，无论邮政局的数目还是邮路的里程，不管是信件的数量还是服务的种类，均有显著增加（详见下表 2-2[⑤]）。

---

① 赫德之所以费尽心思地推动近代邮政事业在中国的发展，主要原因就是希望可以独揽中国邮政大权，借以为大英帝国和自己谋得在华的巨大利益。详情可参见《中国海关与邮政》《赫德与中国海关》等史料文献。

② 薛福成曾专门就邮政问题向时任浙海关税务司葛显礼（Henry Charles Joseph）咨询，同意其开办国家邮政的 15 条建议，并通过时任两江总督的曾国荃转交清廷。

③ 邮电史编辑室．中国近代邮电史［M］．北京：人民邮电出版社，1984：29.

④ 关于这一过程，胡婷的硕士论文有着十分详尽的描述。胡婷．近代中国邮政统一与发展研究（1896—1937）［D］．芜湖：安徽师范大学历史与社会学院，2006.

⑤ 此表系笔者参照部分史料文献所制，主要史料有中华人民共和国信息产业部，《中国邮票史》编审委员会．中国邮票史：第 2 卷［M］．上海：商务印书馆，2004；姜希河．中国邮政简史［M］．上海：商务印书馆，1999；谢彬．中国邮电航空史［M］//周谷城．民国丛书：第三编．上海：上海书店，1990：35；张心徵．中国现代交通史［M］//周谷城．民国丛书：第四编［M］．上海：上海书店，1990：37.

表 2-2　大清邮政业务发展统计表

	1896 年	1904 年	1911 年
各级邮政局数量	/	1319 处	4250 处
邮差邮路里程	/	10.1 万里	15.95 万里
邮路路线	/	5.05 万公里	19.05 万公里
信件数量	/	6600 万件	42000 万件
服务种类	1. 信函 2. 新闻纸 3. 小包	在 1896 年服务种类的基础上，增设了： 4. 邮资明信片；5. 邮政汇兑；6. 双挂号信函；7. 包裹保险及待收货价；8. 官报寄递及代售	在 1904 年服务种类的基础上，增设了： 9. 立券；10. 总包新闻纸；11. 快信；12. 保险信函等

1912 年清帝退位，中国两千多年的封建王朝统治时期就此结束。民国政府也顺理成章地接管了包括邮政在内的一切国家机构和事物，大清邮政更名为“中华民国邮政”，简称“中华邮政”，由交通部直接管理。[①] 然而，摆脱封建王朝桎梏的邮政事业，还是没能得到更好的发展。无论是军阀混战的外部现实，还是“以洋治华”的内部管理，都使得“中华邮政”处于一种畸形奇怪的发展状况之中。先看所谓“以洋治华”的内部管理，无论是最初的英国人赫德、德璀琳，还是后来的法国人帛黎（A. Théophile Piry）、铁士兰（H. Picard Destelan），都以邮政总办自居，包揽着邮政内外关系、业务革新和局所开设等重大事宜的决定权。更为夸张的是，在当时的邮政系统内，外国人（特别是有实权）的数量着实不少，不妨看一下 1926 年邮政名录中的外籍人员统计表[②]（表 2-3），便可一目了然。

① 清政府时期，曾在清末新政时专门成立了邮传部（1906 年）专司大清邮政。1912 年 4 月，民国南京政府北迁，交通部也合并了以前的邮传部，自此北洋军阀政府的交通部统一全国邮电事业。

② 此表系笔者转引邮电史编辑室．中国近代邮电史［M］. 北京：人民邮电出版社，1984：93. 的数据表绘制而成，在表格形式上略有改动。

表 2-3　1926 年在华管理邮务外籍人员统计表　　单位：人

国籍	人数	担任正副邮务长的人数	国籍	人数	担任正副邮务长的人数
英国	44	27	瑞典	3	1
法国	26	7	丹麦	3	
日本	12		比利时	3	
意大利	7	5	葡萄牙	3	
美国	5	2	西班牙	1	
俄国	5		瑞士	1	
挪威	5	2	捷克	1	
共计	119 人参与邮政管理，其中担任正副邮务长的高达 44 人				

除把持邮政内部的重要职位之外，这些洋人群体还对中国员工采取了种种分裂手段，以期实现其分而治之的有效管理。比如，他们简单将中国员工分设为职员和工人两类，职员又细分为邮务官、邮务员、邮务生、拣信生四等，工人则分为信差、邮差、听差、苦力四类，力图用严格的等级制度和贫富差距来阻止中国员工的团结统一，进而完成对他们的有效管理；又如，采取“颜色密报制度”，试图通过“合法化”的方式，控制中国员工的晋升通道，进而保证对他们的绝对控制。① 显然，这些不透明且带有殖民性质的管理手段和评价体系，既损害了中国自身的邮政主权，也损害了广大中国邮政职工基本的人身权益。

再看外部军阀混战带来的影响，仅以本书关注的山东地区为例，年年混战导致币制紊乱、商业凋零，邮件积压严重，邮务量大大下滑。在 1912 年到 1927 年这 16 年间，山东省邮局及代办所数量增加不到 1 倍，平均每 170 多平方公里、近 4 万人才有一处邮政局所（且大部分是私商代办的邮

① 所谓“颜色密报制度”，是指根据邮政职员的工作业绩、可靠程度，每年于 1 月 31 日（后改为每年两次），由主管洋邮务长向邮政总办提出的秘密报告。密报最初为 4 种，后改为 5 种，分别用大红、淡红、蓝、黄、绿 5 种不同颜色的纸张印制。其中大红色表示特别优等，以此类推，绿色则意味着最不可靠。

政代办所）。详情可参见表 2-4①

表 2-4 1911—1927 年山东省邮局及代办所数量统计表 单位：所

年份	邮局及支局	邮寄代办所	年份	邮局及支局	邮寄代办所
1912	72	377	1920	149	566
1913	92	383	1921	152	616
1914	102	393	1922	160	638
1915	104	401	1923	162	679
1916	104	408	1924	162	682
1917	104	455	1925	162	685
1918	105	463	1926	162	685
1919	134	439	1927	160	684

与此同时，山东地区邮路的发展比邮政局所的增长还慢。特别是受时局的影响，自 1919 年起至 1927 年，山东中华邮局的主要邮差邮路甚至还逐渐减少，不妨看下这一时期山东邮路里程的发展变化列表（表 2-5）②。

表 2-5 1919—1927 年山东省邮路里程发展变化统计表 单位：里

年份	主要邮差邮路	次要邮差邮路	铁道邮路	汽车邮路	水道邮路	总计
1919	22857	18672	1916	/	115	43560
1920	21262	41374	1916	/	115	64667
1921	21253	48602	1916	/	115	71886
1922	21219	48621	1916	/	115	71871
1923	21150	48800	1930	/	115	71995

① 此表系笔者转引自山东省邮电管理局史志办公室．山东邮电史稿［G］．影印本．济南：山东省邮电管理局史志办公室，1982：43. 的数据表绘制而成，在表格形式上略有改动。

② 此表系笔者转引自山东省邮电管理局史志办公室．山东邮电史稿［G］．影印本．济南：山东省邮电管理局史志办公室，1982：44. 的数据表绘制而成，在表格形式上略有改动。

续表

年份	主要邮差邮路	次要邮差邮路	铁道邮路	汽车邮路	水道邮路	总计
1924	21160	48970	1969	/	115	72214
1925	21643	43989	1969	/	115	67716
1926	21643	48989	1969	/	115	72716
1927	21643	48989	1969	/	115	72716

值得一提的是，在此期间曾短暂出现过一南一北两个邮政总局对峙的局面，其一便是北洋政府在北京的邮政总局，其二则是宁汉合流后南京国民政府的邮政总局。这一南北分立的特殊局面，直到1928年国民党军队攻克北京，北京邮政总局撤销后才有所好转。也正是从那时起，旧“中华邮政”的领导机关合二为一，南京国民政府的邮政总局开始真正意义上统一管理起全国的邮政事业。

然而，统一后的“中华邮政”还没来得及进行整合改造，便又遇到了日本的强硬干涉。随着“九一八事变”“七七事变”的相继爆发，日本先后侵占我国东北三省和华北平原大部分地区，更是给这些地区的邮政业务带来了巨大的打击。特别当中华邮政被迫撤出东北之后，日本更是肆无忌惮地在东北成立起了伪邮政总局和若干邮政管理局，开始从人事、制度到语言、文字，全方位排除中华邮政的传统影响，希望按照日本邮政“一元化整备”的方式，完成对东北地区邮务工作的接管和控制。

为了阻止日本对华北邮政的进一步干涉，民国政府曾将华北邮区的负责人全部换成外籍人士，这在一定程度上延缓了日本想要控制中华邮政的野心。可是，缓兵之计并非良策。1940年前后，日本开始通过强迫委任日籍邮局副局长和限制兑付汇票的手段，企图强行剥夺中华邮政在华北地区的邮政实权，甚至将民国政府委派的外籍邮政管理人员巴立地等关押入狱。到了1942年7月，日军更是将伪邮政总局改为“华北邮政总局”，同时另设“华北邮政资金局”，从此将华北沦陷区的邮政大权牢牢掌握在手中。①

具体到山东地区，情况更加不容乐观。齐鲁大地腹地辽阔、山河环绕，自古便是兵家必争之地：除坐拥泰山、沂山、蒙山等天然屏障之外，还东临黄海、渤海，南至陇海铁路，津浦、胶济两铁路纵横其间；西北部则位处黄河平原，京杭运河贯通南北。故而从地缘政治和军事战争的角度来看，它不仅是控制南北和东西交通以及袭扰敌人海上通道的要地，更是连接华北与华中两大抗日根据地的战略要冲。原本随着中华邮政的统一，山东地区的邮政通信事业已经渐有好转，并开始初步形成完整的交通通信网络。有史料表明，截至 1937 年，山东已拥有邮局及支局 177 个，邮寄代办所 849 处，各类邮路里程达到 50 673 公里，并至少拥有 83 处电报局所，电报线路长达 45 712 公里，在青岛、济南、烟台拥有 5 台无线电台，而且完成了全省 108 县的长途电话网建设，共设长途电话分局 117 处，代办所 14 处，装电话机 348 部，基本保证了全省各县均可通话。②

尽管这些基础设施的建设，在当时连年混战的岁月里，并没有很好地惠及于民，但也总还可以勉强维持着山东地区交通通信的畅达。甚至在国共两党决定共同抗日的初期，一度实现过两党通邮的大好局面，即中共党委的邮政交通也会依靠中华邮政下属的各中华邮局及代办所收发传递一些消息。然而，随着战事日益吃紧，中华邮政在山东境内的各类邮政局所逐渐难以维系，不得不相继撤退。1937 年 10 月，日军入侵德州，继而一路拿下平原、禹城、齐河等地，威逼济南。中共山东省委和冀鲁边工委虽然

① 对于这一时期华北地区邮政的具体变化，囿于本书主体和篇幅所限，只做了粗略描述，详情可见邮电史编辑室．中国近代邮电史［M］．北京：人民邮电出版社，1984：188-193. 的介绍，以及山东省邮电管理局史志办公室．山东邮电史稿［G］．影印本．济南：山东省邮电管理局史志办公室，1982：37-82.

② 相关数据参见山东省邮电管理局史志办公室．山东邮电史稿［G］．影印本．济南：山东省邮电管理局史志办公室，1982：49，54，65，78. 其中，有关邮局及代办所、邮路里程的数据见该书第 49 页；电报局所和电报线路里程的数据见该书第 54 页；无线电台的数据见该书第 65 页；电话的相关数据见该书第 78 页。

当即便组织军民以“华北民众抗日救国军”的名义起义抗日，但还是难以阻挡敌人的铁蹄。12月27日，济南失守，时任国民党山东省政府主席的韩复榘竟不战而逃。从此至次年6月，山东主要交通干线及大中城镇更是相继沦陷，这就使得那些基础通信设施不是被破坏，就是被占领，本已初步形成的通信网络也被分割殆尽乃至拱手相让。

那么，在既有的邮政系统和通信网络落入敌手的情况下，刚刚进入山东地区的共产党组织，又该采取什么样的手段来突破敌人的层层封锁，进而保证党政军民的交通无阻和通信畅达？想要回答这一问题，我们需要从宏观上，对这一时期山东地区整个大的政治环境与历史地理条件进行一番检视，因为国共两党在山东的战略布局以及抗日形势的变化，显然会左右此时的邮政通信方案。

第二节　时移世易：山东地区政治格局的变动与军事形势的改变

与其他抗日根据地相比，山东地区的根据地发展之路可谓复杂而又特殊。根据党史专家金冲及的分析，其特殊性大致体现在以下三点：其一，抗战之前，中共在山东地区基本没有组织起完整的武装政权，更谈不上建立所谓根据地，山东党委甚至还在1933年因为叛徒出卖，致使党中央在长达两年的时间内与之几乎完全失联。其二，其他根据地的发展，一般是由党领导的武装力量“由外而内”进入地方，在消灭敌人的基础上发动群众建立政权；但山东地区在某种程度上而言恰恰相反，因为一度与党中央联系不畅，它是由地方党组织主导，趁着山东地区党政军局势动荡之时，毅然由从内而外、从小到大的起义发展而来，在这一过程中，本土的山东纵队与后来的一一五师曾共同浴血奋战及至联合统一，实行一元化领导。其三，正是因为长期存在两组主要的党政军领导力量，所以山东地区的领导层变换较多，这就使得各类工作的开展难免有所波折，直到罗荣桓担任主要领导人，并推行一元化领导之后，才逐渐有所好转。①

金先生的这段论述，与本书的研究对象战时邮局看似并无直接关联，但实际上至关重要。因为如果仅从邮政的沿革来考察战时邮局的成立原因，恐怕只能触及浮出历史水面的冰山一角，而想要真正走向历史深处，则无疑需要进一步潜入水中，看一看水底究竟是怎样的暗流涌动。因此，对山东当时的大环境进行概述，不仅必要，而且必须。

一、军政重组：中共山东根据地的崛起

虽然在抗战全面爆发之前，中共尚未在山东地区建立起完整的抗日根据地，但山东地区的党组织发展和党员活动可以追溯至中共一大前后。据史料记载，王尽美、邓恩铭二人曾作为山东的代表参加了中共一大，且从1922年开始，山东地区的党组织活动便有迹可循，以青年运动和工人运动为主的革命活动更是迅速发展起来。② 然而，因为地处战略要冲，并受到北伐战争、中原大战两次大规模军事斗争的冲击，山东地区的党内活动和党员发展始终难以形成一定的规模和体系，特别是自韩复榘主政山东之后，更是对共产党的活动严加管控，甚至“利用党内自首叛变分子组成捕共队”③。在这样的情况下，加之当时山东地区党组织的决策失误，不仅导致了正常的党内活动难以维系，整个省委更是因此屡遭重创。1933年，在不到半年的时间里，山东省委因为两位主要领导的先后叛变，几乎遭受了灭顶之灾：300多名党员群众被捕、多处地方党组织被破坏，与北方局和党中央在此后的两年内始终联系不上。

不过，建制化的党组织和活动虽然难以开展，但山东地区的一些基层

① 金冲及．山东抗日根据地的独特历程［J］．抗日战争研究，2017（1）：5-6.

② 贾石亭．党创立时期山东地区的一些情况［M］//中国社会科学院现代史研究室，中国革命博物馆党史研究室．“一大”前后：二．北京：人民出版社，1980：397.

③ 中共山东省委工作总报告（1931.02）［M］//中共山东省委党史研究室．山东党史资料文库：第4卷．济南：山东人民出版社，2015：46.

组织依旧利用各种形式坚持斗争，分散在各地的党员克服重重困难，毅然自发组建起山东省工作委员会，统筹山东地区的各项活动。功夫不负有心人，到了 1935 年，主持这一委员会的赵健民同志终于通过可靠的关系，联系上了时任中共冀鲁豫边区特委书记黎玉，并由此恢复了山东地区与北方局和党中央的联系。经过北方局的慎重考虑，黎玉被任命为山东省委书记，负责重组山东省委。次年 5 月，新的山东省委召开了重建后的第一次会议，赵健民担任组织部部长，济南高中党支部书记林浩担任宣传部部长。至此，一度“失联”的山东省委才算重新有了基本的政治建制。

然而，还未来得及全面重整山东地区的党组织，抗战的全面爆发便使得山东的形式，特别是在“七七事变”后不足一月，日军便有三万多主力顺津浦铁路南下，直扑济南。因此，重建武装力量以抗日，自是当时山东地区党组织的首要任务。想要武装抗日，军事干部的重要性显然不言而喻。在中共中央的斡旋下，韩复榘于 1937 年 9 月至 11 月间，先后释放了 400 余名进步人士，他们对于后来山东各地的武装起义，大多做出了重要的贡献。① 此外，考虑到山东省委刚刚重组，军事干部的储备严重不足，北方局在自身立足未稳的情况下，还是答应了黎玉的请求，派出了廖容标、洪涛、赵杰等几名红军干部前往山东，协助组织武装力量。② 正是在被释放的程照轩、侯德才以及中共派来的赵杰等干部的牵头组织下，利用程照轩等本地人的身份，山东地区的党组织走街串巷，积极做当地百姓的工作，不断宣扬抗日，适时发展党员并号召群众组织武装力量。③ 当韩复榘率兵不战而逃后，这支土生土长的山东子弟兵于 1938 年 1 月 1 日在徂徕山毅然举行起义誓师大会，并正式定名为“八路军山东人民抗日游击第四支队”。

---

① 八路军山东纵队史编审委员会．八路军山东纵队：综合册［G］．济南：山东人民出版社，1993：505-506.

② 金冲及．山东抗日根据地的独特历程［J］．抗日战争研究，2017（1）：9.

③ 赵杰．到敌人后方去［M］//中共山东省委党史研究室．山东党史资料文库：第 17 卷．济南：山东人民出版社，2015：565.

徂徕山起义后，这支山东人民子弟兵多次开展游击战争，规模和影响力不断扩大，并逐渐建立起鲁中根据地。在这支队伍的带动下，山东其他地区的起义和武装斗争也如火如荼展开，其中胶东地区在特委书记理琪的带领下，顺利发动天福山起义，部队发展到了7000余人，甚至后来还建立了胶东根据地，与鲁中根据地互为犄角。① 随后，为了进一步提高山东军政的领导素质，毛泽东、周恩来等党中央主要领导又“派出了张经武、江华、吴克华、胡奇才、徐斌洲、吴仲廉等同志以及抗大、陕北公学一批毕业学员共近200人支援山东”②。1938年12月，随着这批延安派来的军政干部顺利就位，中共中央也决定将苏鲁豫皖边区省委改组为中共中央山东分局，并将分散各地的武装力量整编为八路军山东纵队。

可以看到，自1933年与北方局和党中央失去联系，山东地区经过了5年多的时间，才完成了新的军政重组，其过程之艰辛不言而喻。因此，对于通信问题，无论是中共中央，还是新的山东分局自然都十分上心。在改组后不久，中共中央就要求山东分局“成立专门的交通总站来统筹管理山东地区的通信联络”③。与晋察冀、陕甘宁等抗日根据地不同，山东地区此时正处于复杂多变的政治军事环境中，因此，交通通信的建设问题显然无法简单地复刻这些民主地区的办法。那么，究竟是哪些军政力量的存在，导致山东地区的通信建设难以顺利展开？

二、此消彼长：各方势力的不停洗牌

当韩复榘不战而逃后，八路军山东纵队的成立与山东省委的重组，可以说在很大程度上弥补了山东地区民主抗日力量的不足，等到1939年3月罗荣桓率一一五师进入山东，中共在山东地区的军政实力更是与日俱增。

---

① 赖小刚．通向成功的跳板：抗战时期中共在山东的崛起［J］．文化纵横，2015（5）：96-103.

② 黎玉．黎玉回忆录［M］．北京：中共党史资料出版社，1992：150.

③ 山东省邮电管理局史志办公室．山东省战时邮务大事记1937—1949（征求意见稿）［G］．影印本．济南：山东省邮电管理局史志办公室，1992：2.

此后不久，在山东分局的领导下，一一五师与山东纵队相互配合、浴血奋战，不仅扩大了“鲁中、鲁东南、清河、胶东抗日民主根据地，开辟了苏皖抗日民主根据地”[①]，还在这一过程中继续壮大了自身的军事实力。据时任山东军政委员会委员的徐向前回忆，到了1940年，山东纵队上半年就已经发展到了51 000多人，一一五师则在9月发展到了70 000多人。[②] 与此同时，中共尝试建立起一个全省范围内的抗日民主政权，因为此时“全山东108个县中有抗日民主政权的已达79个，占三分之二。并已建立10个专员公署和1个主任公署，拥有1900多万人口”[③]。

1940年7月26日，山东省各界代表联合大会先后选举产生了山东省临时参议会和山东省战时工作委员会以行使山东省的行政权力。至此，山东省新的民主政权基本组建完成，这一新的政权推行“三三制”[④]，从而在团结各阶层人士的基础上，有力地巩固和发展了山东抗日根据地。虽则此时中共已在山东地区扎下了一定的基础，但各抗日根据地未能紧密连接成片，绝大多数根据地依然被敌伪顽势力所切割包围，故而在通信联系上始终无法得到较好保证。从这个意义上而言，中共中央要求山东分局设立专门的交通总站以着力解决交通问题，便更有了其历史必要性与重要性。那么，党在山东地区的这一诉求可以顺利实现吗？答案显然是否定的。且不说中共此时交通设施和通信工具的短缺落后，仅从山东以山地丘陵为骨架、平原盆地交错其间的地理空间来考虑，想要在战时完成物资的转运与信息的传递便颇为不易。更重要的是，此时山东的政治格局可谓云谲波诡，各方势力的动态变化，又进一步增加了交通通信工作的难度。

具体而言，中共在山东的崛起，意味着山东地区的形势正发生着微妙

---

① 张衍霞，丁龙嘉．八路军山东纵队在中国敌后抗战中的历史地位述论［J］．东岳论丛，2019，40（5）：64.

② 徐向前．历史的回顾：下［M］．北京：解放军出版社，1987：650-652.

③ 金冲及．山东抗日根据地的独特历程［J］．抗日战争研究，2017（1）：12-28.

④ 所谓“三三制”，即在抗日民主政权的人员组成上，共产党员、非党的左派进步分子、不左不右的中间派各占三分之一，从而起到民主协商、团结抗日的作用。

的变化。虽然总体上来看，山东地区的基本形势似乎也不外是以中共、国民党和日军的三方斗争为主，但三方对山东地区的战略认识和投入程度的差异，则决定了山东在战时的特殊地位及发展趋势。与中共相比，国民党对山东的态度恐怕很难称得上重视，韩复榘不战而逃后，蒋介石并没有派嫡系的中央军驻守齐鲁大地，而是调动没有游击经验的东北军前往山东以牵制日军，更重要的是，与中共党政军民上下一心相比，国民党内部的军政权力斗争却在山东愈演愈烈：不仅主管政务的省政府主席沈鸿烈与负责军事的总司令于学忠之间矛盾重重①，就连东北军内部也各怀心思②。因此，在这样的权力关系和军事部署下，国民党显然无法像中共那样，通过一系列的军事斗争和社会动员，形成有效的军政体制。再来看日本，当“三个月速亡中国”的策略破产后，日本此时也很难持续派兵激进，故而巩固已占领的地区，再做长久打算自是其当时的妥当之选。更重要的是，有多份史料表明，此时的日本在经过百团大战及多次与中共的游击交锋后，已经深感中共在其后方给他们带来的巨大威胁。③ 正是在这样的情况下，日军于1941年和1942年两年间，先后发动了70余次大扫荡。日军声势之浩大，就连毛泽东也忍不住感慨这两年“是抗日战争期间根据地最困难的时期”④。雪上加霜的是，皖南事变的爆发，几乎使得国共关系再一次破裂，尽管没有大规模的军事冲突，但小规模的摩擦也偶尔有之，再加上国民党开始一面封锁各抗日根据地的经济物资，一面停止对八路军的军事供给，这就使得山东根据地的形成遇到了前所未有的挑战。

然而，即便面临着如此困难的形势，中共山东分局也始终没有屈服。除在军事上坚持游击斗争之外，他们因时制宜所采取的“一政一策”，也

① 赖小刚．通向成功的跳板：抗战时期中共在山东的崛起［J］．文化纵横，2015（5）：101.

② 金冲及．山东抗日根据地的独特历程［J］．抗日战争研究，2017（1）：26.

③ 关于相关史料作证，因篇幅原因此处不再详表，可详见金冲及．山东抗日根据地的独特历程［J］．抗日战争研究，2017（1）：27.

④ 毛泽东．毛泽东选集：第三卷［M］．北京：人民出版社，1991：891.

是其得以顺利度过这一艰难光景的关键所在。所谓“一政一策”的“一政”，指的是山东战工会颁行的《关于实行精兵简政的决定》，这一决定一方面旨在通过科学合理的分工，以提高工作效率；另一方面则是试图减轻群众的人、财、物负担，以为持久战做准备。所谓“一策”，主要是指加强群众路线的策略，要求放手发动群众，这与刘少奇在山东4个月的深入调查密不可分。刘少奇在与山东领导干部交谈时，甚至直言他们：“没有把群众运动摆在适当的位置上……群众运动是山东根据地各种工作中最薄弱的一项工作。”① 值得一提的是，无论是出台精兵简政的政策还是放手发动群众的策略，都是在罗荣桓主抓山东军政事务后才得以推行的，因而恰如有研究者所指出的那样，罗荣桓这一系列补偏救弊的方法，对于山东抗日根据地走出困难局面起到了非常重要的作用。② 虽然此时山东根据地的范围有所减少，但有许多具有重要意义的因素在悄然间发生了改变。其中，仅就本书所关注的主题而言，精兵简政的政策为后来邮政通信的管理机制提供了初步的政策依据，放手发动群众则在当时专业邮务人员不足的情况下，保证了邮政通信工作的人员补给。而此后罗荣桓直接参与主导的一元化领导方略，更是为山东战时邮政通信的发展奠定了最坚实的基础。这一切，笔者将在下文的论述中具体展开。

诚然，宏观政治格局的此消彼长固然会对此时的通信问题产生较大的影响，但想要制订一套符合当时情势的邮政通信方案，显然还需要从具体的战时通信实践中总结经验。

第三节　“万金”报刊凭谁送？从交通站到战邮局

政治格局与军事形势变幻莫测，信息传播更是十万火急。前两节的叙

① 肖华．艰苦岁月［M］．上海：上海文艺出版社，1983：38-39.

② 薛涵．山东抗日根据地成立初期罗荣桓的补偏救弊［J］．泰山学院学报，2018，40（5）：96-103.

述已经表明，山东地区的邮政系统与通信网络基本已被敌人控制在手中，而政治军事格局的攻守易势，无疑使得信息传递变得更加微妙与不易。可以说，在当时的情况下，中共红色信息的传播，正面临着前所未有的危机：不仅缺乏必要的通信工具，更面临着错综复杂的政治局势，以及肉眼可见的军事威胁。为了维系革命的火种，中共中央只能要求山东省委尽可能与各个区域“建立经常的秘密交通联系”①。提起秘密交通，熟悉中共党史的人恐怕不会陌生。早在中共成立初期，便对其高度重视，甚至将其比喻为人体的血脉：

> 本党在秘密行动之下，使本党的印刷物传布到党的群众和深入党外的群众中去，是非常重要的工作，这种工作在组织上重要，等于人身上的血脉，血脉之流滞，影响人的生死。②

八七会议后，经历了大革命经验教训的中共，更是对交通工作的重要性有了新的认识，在《党的组织问题议决案》中，中共不仅明确表达了要建立专门的机构负责交通工作之外，还对这一机构的主要任务及目标做了初步规划：

> 应当建立全国的秘密交通机关，与出版委员会的散布宣传品的工作相联络，担任传达通告指令、输送宣传品等等的职任；并兼办探听反革命线索及其他各种消息、各地环境的特务工作，各省亦应有此等机关之组织，务使本党有一全国的交通网络。③

可以看到，中共的秘密交通工作早已有之，且全党上下都对这一工作的重要性有着清晰的认识。更重要的是，在早期的实践过程中，中共已经

---

① 山东省邮电管理局史志办公室．山东邮电史稿［G］．影印本．济南：山东省邮电管理局史志办公室，1982：1.

② 关于建立和健全党内交通问题［M］//中共中央办公厅机要交通局．党内交通史料选编（内部读物）：第一辑．北京：中共中央办公厅机要交通局，1987：16.

③ 党的组织问题议决案（“八七”中央紧急会议一九二七年八月七日）［M］//中央档案馆．中共中央文件选集：三．北京：中共中央党校出版社，1983：303.

摸索出了一套“以人为中心、移动化、密级化”的交通联系机制。借用周恩来的形象比喻，就是“中央委员+电台=党中央”①。所谓“以人为中心”，是指在秘密的通信联系中，中共采取的是以人而非具体的空间地点为纽带，将各机关组织联络起来，所有信息通过人的关系向党中央汇集；所谓“移动化”，则是因为不同于固定下来的地点，人可以随机而动，因时因地采取不同的方式传递信息，甚至在遇到危险时可以随时变更接头地点、联络暗号等，这就使得中共的交通通信网络随时处在一种流动变化的过程之中；而所谓“密级化”，也是因为所有信息通过人向上流动，所以不同组织机关之间就不会发生任何的横向关联，进而可以最大程度上保证机要密文不会外泄。

显而易见，这种灵活多变且保密性强的机制，无疑适用于当时山东地区复杂而多变的通信情况。因此，我们也就不难理解为什么在遇到红色信息传播危机时，党中央会向山东省委提出建立秘密交通的指示。那么，山东省委又是怎么样具体践行这一指示的呢?

一、未雨绸缪：中共秘密交通站与邮路的网络化

如果说秘密交通是党的一项传统工作，那么此时山东省委选择通过建立秘密交通站的方式，来重新开辟新的交通线路，或可被视为继承这一光荣传统的开始。事实上，早在中华邮局没有完全沦为敌手之前，中共在山东地区的党组织就已经未雨绸缪，开始在有党活动的地方，相继成立自己的地下交通组织，通过隐蔽在农村各地的党员，逐村设点，分段传送党委系统的文件，从而坚持党内通信的正常运转。之所以会采取这种地下交通的方式，主要是因为两方面的考虑：一方面是在主观上，党内确实需要依靠自己成熟的党内交通系统来联系和领导分散在各个地区的革命组织，团结广大人民群众。另一方面则是在客观上，当时的山东地区，除敌人和伪

---

① 转引自王克斌，卢胜军．汇聚强军兴军的正能量：专题片《走近王诤》带给我们怎样的思考［J］．求是，2014（14）：52.

军的切割封锁之外，还有一些顽固部队表面上打着团结抗战的旗号，实际却借此要钱要粮，甚至背地里想着积极反共；更有甚者，竟然在内部流传所谓“匪化，勿赤化”“宁亡于日，勿亡于共”“日可以不抗，共不可不打”等口号，对待抗日军民采取“见人就捉，见枪就下，见干部就杀”的粗暴办法，这就迫使党的交通工作不得不慎之又慎。①

到了1938年，这种内外交困的复杂局面日益恶化，由于日本的全面入侵，山东抗日根据地基本被分裂成鲁中、鲁南和滨海、清河以及胶东三大片区。片与片之间的交通联络变得更加困难，几乎每隔几个月才能联系一次，这就导致各地不得不根据自己的实际情况，建立起一套彼此独立的交通系统。为了摆脱山东地区内部这种各自为政的局面，更为了避免整个山东陷入孤立无援的境地。1938年12月，中共中央做出指示，在组织领导上，由苏鲁豫皖边区省委改为中共中央山东分局；在军事部署上，成立八路军山东纵队确保武装力量；在交通联系方面，成立专门的交通总站来统筹管理山东地区的通信联络。②

交通总站以下，各专区地委所在地设有交通支站，各县有交通站，在交通干线沿线每隔40公里左右再设一处交通站，站与站之间每隔8~10里另设一小站或碰头站一处。③ 据曾在交通总站担任秘书兼收发、会计的张学籍回忆，总站的主要任务大致有三：其一是组织传递党内文件、党报、党刊及一些干部学习材料、宣传品及少部分信件；其二是建立并直接领导通往各区党委、地委交通干线的各个交通站；其三则是直接同各区党委、地委交通科和大众日报在各地的分社建立联系，以便及时研究有关党内文

① 山东省邮电管理局史志办公室．山东邮电史稿［G］．影印本．济南：山东省邮电管理局史志办公室，1982：84.

② 据史料记载，中共中央山东分局由郭洪涛任书记，张经武、黎玉为委员；八路军山东纵队由张经武任指挥，黎玉任政委。参见山东省邮电管理局史志办公室．山东省战时邮务大事记1937—1949（征求意见稿）［G］．影印本．济南：山东省邮电管理局史志办公室，1992：2.

③ 山东省邮电管理局史志办公室．山东邮电史稿［G］．影印本．济南：山东省邮电管理局史志办公室，1982：85.

件、报刊的传递，以及对该区干线交通站的建设等问题。①

说到这里，我们就不得不提及，当时交通总站主要传送的报纸——《大众日报》。在交通总站成立后不久，为更好地宣传党的方针政策和路线，动员广大人民群众组织起来团结抗日，1939 年 1 月 1 日，《大众日报》在沂水正式创刊。该报在当时不仅是中共中央山东分局的机关报，更是打击和瓦解敌人的有力舆论武器。因此，大众日报社自成立伊始，便为了报纸的及时发行，积极配合交通总站开辟新的交通线路，并尝试建立各级交通网络。然而，在中共谋求重建交通网的同时，日军想将我山东地区的党政军民一网打尽。同年 5 月，两万日军开始对山东抗日根据地进行大扫荡。这一轮扫荡，不仅中断了还未完全形成的交通线路，更迫使大众日报社不得不随山东分局转移到依汶、牛王庙、东辛庄等地，其附属的印刷厂也只能隐藏在附近山沟的几个村庄里，故而使得每天印出来的《大众日报》很难及时传送到各地，山东地区的交通通信几乎中断。

为了解决这一实际问题，中共山东分局先是在 6 月 6 日做出《关于反扫荡工作的指示》，要求"各级党政军民的领导机关均须（需）几个同志建立秘密接头地及印刷厂，掩护在民众基础好的地方，准备在任何环境下，上下级随时可以取得联系"②。接着，又在 8 月提出要"更加密切党内上下联系，建立各种组织制度，推动当地政府或报社成立邮局。建立各地交通网，使书报的传递迅速准确。要求统一山东各级党的交通、发行机关，建立公开与秘密的交通、发行系统"③。

当山东党政军民目标明确、协商一致之后，时任大众日报社经理部发行科科长的丛林，开始奉命兼任山东抗日根据地一区党委的发行科科长、

① 张学籍．泰山区交通站的诞生和发展［G］//山东省邮电史志编纂委员会办公室．山东战邮回忆资料专辑：第一集．济南：山东省邮电史志编纂委员会办公室，1988：29-30.

② 山东省邮电管理局史志办公室．山东省战时邮务大事记 1937—1949（征求意见稿）［G］．影印本．济南：山东省邮电管理局史志办公室，1992：2.

③ 山东省邮电管理局史志办公室．山东省战时邮务大事记 1937—1949（征求意见稿）［G］．影印本．济南：山东省邮电管理局史志办公室，1992：2-3.

山东纵队交通总站站长。在党委—军区—大众日报三位一体的统一领导和支持下，各地委相继恢复成立交通支站，《大众日报》和部分书籍文件等也得以重新传送，党内的交通通信工作逐渐恢复正常。① 值得注意的是，《大众日报》的发行人员正式参与交通建设，不仅缓解了当时交通人手不足的窘境，也为日后战时邮局的建立和“邮政、交通、发行”三位一体的机制打下了基础。

除了面临复杂多变的外部环境，交通总站内部的人员构成也捉襟见肘，尽管在丛林兼任站长之后，补充了不少大众日报社的人员，但整体来看，组织机构还是相对简单，除站长丛林之外，只设副站长郝自强一人，张学籍甚至一度兼任秘书、收发和会计三职，负责到各交通干线站和大众日报社检查督促工作的巡视员前后也不超过10人（含兼职），承担主要传送任务的交通班也仅有十几人而已。其人力之不足可见一斑。②

令人难以想象的是，正是凭借这样看似弱小的组织，竟然可以在既缺乏交通工具，又缺少通信设施的困难条件下，突破敌人的重重封锁，开辟出5条新的交通干线：

> 第1条干线是总站通支站干线，即北干线，途经蒙阴桃墟—新泰太公峪—莱芜常庄。然后以常庄为中转，可分至两路：一路经泰西区党委所在地长清，最后可由北方局辗转至延安；另一路经清河区党委

---

① 根据时任大众日报社经理部发行科科长的丛林回忆，为了解决当时《大众日报》的传送问题，他和时任大众日报社经理部部长的刘力子在社长于寄愚的支持下，曾专门向时任山东分局宣传部部长的孙陶林做了汇报。在军区和分局宣传部领导的支持，以及一区党委宣传部林乎加同志的直接帮助下，他才得以着手重建《大众日报》的传送路线。详见丛林．山东交通总站的建立［G］//山东省邮电管理局史志办公室．山东战邮回忆资料专辑：第一集．济南：山东省邮电史志编纂委员会办公室，1988：10-12.

② 根据林丛和张学籍的回忆，前后担任过总站巡视员的有王咸和（王烽）、孙光亭、孙敬愿、宋之佩、李建松、连醒军、李浩、张功才等人。详见丛林．山东交通总站的建立［G］//山东省邮电管理局史志办公室．山东战邮回忆资料专辑：第一集．济南：山东省邮电史志编纂委员会办公室，1988：12；张学籍．泰山区交通站的诞生和发展［G］//山东省邮电管理局史志办公室．山东战邮回忆资料专辑：第一集．济南：山东省邮电史志编纂委员会办公室，1988：31.

所在地博兴，最后直至胶东区党委。

第2条干线是总站到抱犊崮干线，即南干线，经垛庄—崮子村—山阳—徕庄铺—光山头—抱犊崮，可达三地委驻地临沂大炉。然后以三支站为中转，亦可分至两路：一路经湖西区党委—北方局—延安；另一路经郯马四支站—苏北、苏皖边区—华中。

第3条干线是从总站到滨海干线，即东干线，途经界湖—河阳—土山—十字路（莒县北），最后直达滨海区党委。

第4条干线是从总站到沂北干线，途经沂水县四区黑碗—沂北。

第5条干线是在山东分局从沂水县转移到费县北部石岚一带，且岸堤至蒙阴的交通线被敌伪顽封锁的情况下，对第一条干线的调整：费县北部—蒙山南麓—费县西部—蒙阴县蒙山西白马关—新泰—莱芜。①

据史料记载，截至1939年年底，山东各地党委均成立了交通科、交通总站。总站以下设交通分站、交通站，党内交通网的雏形开始出现。②值得一提的是，此时交通网的恢复和建立，除依靠党的组织关系之外，有时也会利用统战关系来建立公开交通。当然，这样的成绩显然更离不开交通员们的努力与付出。他们在敌、伪、顽三方面的残酷扫荡和层层封锁中，以“平时不怕苦，战时不怕死，人在文件在”为口号，激励自己始终

① 关于5条干线的考证，笔者是在综合对比分析了丛林和张学籍的回忆文章以及山东省邮电管理局史志办公室编《山东省战时邮务大事记 1937—1949（征求意见稿）》，1992年影印本后得出的结论。在丛林的记述中，只有前3条干线，张学籍则明确认为有4条，但在他看来，第5条干线很快就被撤销，因此不能算作干线之一。考虑到丛林只在交通总站待了不到1年，因此极可能对后面两条干线不甚了解，所以笔者倾向于认为张学籍的说法更值得信服，而且既然第5条干线一度存在，就应该将其列为干线之一。详见丛林．山东交通总站的建立［G］//山东省邮电管理局史志办公室．山东战邮回忆资料专辑：第一集．济南：山东省邮电史志编纂委员会办公室，1988：13；张学籍．泰山区交通站的诞生和发展［G］//山东省邮电管理局史志办公室．山东战邮回忆资料专辑：第一集．济南：山东省邮电史志编纂委员会办公室，1988：30-31.

② 山东省邮电管理局史志办公室．山东省战时邮务大事记 1937—1949（征求意见稿）［G］．影印本．济南：山东省邮电管理局史志办公室，1992：3.

不辞辛劳地往返于各个交通站之间，确保党报党刊和机要文件的传递工作。曾任泰山区交通总站交通员的赵连璋回忆说："交通站之间的通信，每天一趟，来回60里（30千米）路，除地委设有专门的骑马交通人员外，一般都是徒步，并且肩背担挑。"①分别参与过临沭县交通站和栖霞交通站交通工作的李光荣、隋寿亭，在各自回忆文章中的两段话，或许更能直观地体现出当时交通人员的艰辛：

> 跑交通时，我挑着担子走在路上，往往找不上吃饭的地方，肚子里叽里咕噜叫个不停，头上只有虚汗，眼睛光冒金花……病重时已被送进太平间（农民打场屋子），连廿八元的棺材费都已领好了……②
>
> 当时的斗争环境很艰苦，日寇经常出来扫荡，顽固派也常来希冀我们。白天我们在站上工作，晚上都不敢在站上睡觉，都是到山上或山洞里过夜……粮食供应量减少，饭都吃不饱。县委的干部都节约一点，尽量让我们交通人员吃饱。每顿饭，干部们只吃一缸子，我们交通员吃两缸子或者两缸子半。③

这里我们再以一则小故事为例，和大家共同感受在枪林弹雨下，交通员们的不易与伟大：1940年秋，总站交通员王成恩同志奉命从铁峪到蒙阴坡里执行交通任务。由于敌人的围追堵截和层层封锁，想要在白天顺利通行几无可能。因此，他不得不选择在夜间挑着沉重的文件来通过顽军的封锁区，当途经坦埠一带时，因为早已得知敌人在大路埋设了地雷，就决定顺着大路旁的豆地里行走，谁料狡猾的敌人竟在豆地里也埋了地雷，王成恩不幸蹚上了地雷线，一条腿当场被炸断。然而，即便身负重伤，他也没有忘记文件，而是强忍伤痛将盛着文件的两个筐子拴在一起，套在自己的

---

① 赵连璋．战邮工作的简忆［G］//山东省邮电管理局史志办公室．山东战邮回忆资料专辑：第二集．济南：山东省邮电史志编纂委员会办公室，1990：135.

② 李光荣．从秘交战到战邮局的一段经历［G］//山东省邮电管理局史志办公室．山东战邮回忆资料专辑：第三集．济南：山东省邮电史志编纂委员会办公室，1991：216-218.

③ 隋寿亭．从党内交通到战时邮局［G］//山东省邮电管理局史志办公室．山东战邮回忆资料专辑：第三集．济南：山东省邮电史志编纂委员会办公室，1991：626-627.

脖子上艰难爬行，但终因伤势过重，没有在天亮前爬出敌人的封锁区。为了避免文件落入敌手，王成恩放弃了最后可能逃走的机会，在用尽力气把文件掩藏在了豆子地里之后，终被敌人发现逮捕后杀害，光荣殉职，而文件完好无损，后被前来营救的我方人员寻回。①

总的来说，交通站的建立和交通路线的开辟，除有助于党内文件和党报党刊的传递之外，还起到了宣传站的作用：但凡有交通站的地方，党的方针政策和各地抗战的胜利消息，总能及时宣传到当地的群众中去，而交通员也会在执行任务的过程中，不时往敌占区和游击区散发和张贴抗日宣传品，这就在一定程度上团结了各地群众，鼓舞激励着他们的抗日爱国热情。因此，党的交通站也受到了广大群众的拥护和爱戴，每当遇到敌人的袭击时，“我们都能得到当地群众的掩护和帮助，交通站的同志与当地群众真正成了鱼水关系”②。

然而，尽管有着广大人民群众的支持，但随着抗战进入相持阶段，特别是日军几次大规模的扫荡之后，以交通站为中心的通信机构，还是不免处于一种被割裂、分散的境地。各地交通站更是由于具体环境的不同，不得不采取本地独特的暗号、代码，而且还会因为频繁变更路线，导致无法及时和其他单位取得联系，甚至不少地区的党政军民干脆各有一套交通组织。不仅如此，此时的交通组织自身权责也不明晰，针对这一问题，黎玉就曾在战邮会议的讲话上以泰山区为例，专门批评了当时这种低效混乱的情况：“一条线路同时有几个人走，各部都带着一、二封信，不但没有统一组织，工作效率也不高，经常积压完不成任务。”③

所以，如何在交通站的基础上，形成一个更加统一、健全、高效的交

① 山东省邮电管理局史志办公室．山东战邮回忆资料专辑：第一集［G］．济南：山东省邮电史志编纂委员会办公室，1988：32-33.

② 山东省邮电管理局史志办公室．山东战邮回忆资料专辑：第一集［G］．济南：山东省邮电史志编纂委员会办公室，1988：33-34.

③ 山东战时邮政档案．黎政委在省战邮会议上的讲话：战邮建设问题［A］．1944-04-09，山东省档案馆（馆藏编号 G021-01-0015-004）.

通通信组织，成了当时中共山东分局必须解决的实际问题。

二、再辟蹊径：硝烟里走出的战时邮局

面对这样的严峻形势，山东分局想到的第一个应对之策就是从建制上率先统一。或许是考虑到交通总站已和大众日报社有了较为深入的合作，1940 年 5 月，分局决定将交通总站划归为大众日报社领导，对内称为大众日报社交通科，对外仍为交通总站。① 这么一来，“交通—发行”工作开始从建制上形成一体，不仅有效地避免了人力物力的浪费，也使得工作人员的权责更加明晰。到了 1940 年年底，中共山东分局正式发出《关于交通发行工作的指示与决定》，要求对既有的党政交通和发行系统予以组织机构上的调整，在统一山东各级党的交通发行机关的基础上，建立公开与秘密的交通发行联系，从而确保党报党刊和相关机密文件、军情信息等出版物的及时传送。② 需要注意的是，所谓公开的和秘密的交通联系，实际上是指交通站仍以公开的形式出现，而交通科（股）则以秘密的方式存在。二者分工不同，其中，交通科专司党、政、军的来往信件，负责沟通抗日根据地上下级党委与地方党委以及党中央的关系。③

除山东分局从顶层设计上开始调整之外，地方上的组织也意识到了问题的严重性。其中，清河区的尝试尤为值得一提。④ 早在 1940 年春，清河区便着手建立各种手续制度，并且试用邮票。⑤ 到了同年五六月，更是抽调了 30 名左右的干部，在曲家屯开办了一次为期一个月左右的邮务干部训练班，主要学习邮递业务手续制度和干部的管理业务能力，并且印发了

---

① 山东省邮电管理局史志办公室．山东省战时邮务大事记 1937—1949（征求意见稿）[G]．影印本．济南：山东省邮电管理局史志办公室，1992：3.

② 山东省邮电管理局史志办公室．山东省战时邮务大事记 1937—1949（征求意见稿）[G]．影印本．济南：山东省邮电管理局史志办公室，1992：4.

③ 山东省邮电管理局．华东战时交通通信史料汇编：山东卷 [G]．北京：人民邮电出版社，1997：45.

④ 清河区在 1944 年与冀鲁边区合并为渤海区。

⑤ 仅就笔者目力所及，这可能是中共在山东地区第一次尝试把邮政纳入交通发行工作中。

油印版的“五角星”邮票，免费供给各部门试行贴用。参加培训的学员在结业后，多派往各交通站担任站长。①

从历史的后见之明来看，曲家屯培训班的召开，可谓意义重大。在培训班结束后不到半年的时间里，清河区交通站便开始正式实施曲家屯培训班所提出的诸多规章制度、手续条令，区内的交通发行工作日益改善。在此基础上，清河区决定将邮政也纳入交通发行工作中来。1941 年 3 月，山东地区第一个真正意义上的人民战时邮政总局——“清河区战时邮政总局”宣告成立。局长最初先由孙子诚担任，后由杨华村、曹光担任。从此，清河区战时邮局以“五角星”邮票为标记，开始统一承担起区内的交通、行政和发行工作。②

清河区建立新式邮局的大胆尝试，无异于星星之火，照亮了原本硝烟弥漫的齐鲁大地。短短一个月后，泰山区战邮总局也宣告成立，首任负责人为董圃。③ 不久，中共中央山东分局便在清河、泰山的经验基础上，结合过去交通工作中存在的问题，提出要建立统一的交通组织机构的主张。山东分局认为，自 1937 年有党组织进入山东，山东地区的宣教工作虽然取得了一定的成绩，但仍遗留许多问题，比如，“存在轻视与忽视宣传工作（特别在下层）”“对宣传的策略研究运用不够”“对印刷出版的工作注意不够，对交通一般忽视”等④。其中，尤以出版发行工作最为严峻，当时“全山东所有的石印机合在一起，不仅不能供给全部文化食粮的印刷，印刷三分之一的小学课本也印不出；各个地区的交通网既未普遍，更

① 值得一提的是，清河区的这种业务培训班，在战时邮局成立后得到了推广，山东省战时邮政总局曾先后组织了 6 次不同的业务培训。具体情况，下文将有专门的章节介绍。

② 统一的石印版“五角星”邮票于 1941 年 10 月起，在全区内正式发行使用。出版邮票共三枚，面值分别为 1 分、2 分、5 分。

③ 山东省邮电管理局史志办公室．山东省战时邮务大事记 1937—1949（征求意见稿）[G]．影印本．济南：山东省邮电管理局史志办公室，1992：4.

④ 战斗四年中山东党的宣教工作：李竹如在宣传联席会议上的总结报告 [G] //山东省档案馆，山东社会科学院历史研究所．山东革命历史档案资料选编：第七辑．济南：山东人民出版社，1983：12-45.

未健全，不但各战略区间难以传递，同一地区的发行也万分困难，出版发行工作仍是宣传工作中最落后的一环”①。正是在这种情况下，山东分局才明确指出各区要在“强调战斗与主动，要求普遍与深入，实现组织化与正规化”的宣传工作方针下，“加强交通发行工作……推动当地政府或报社成立战时邮局，建立各地交往网，使书报的传送迅速确实”②。

为了减少战时邮局建设过程中的阻力，山东分局还特意指定由山东省战时工作推行委员会（简称“战工会”）具体负责此事。③ 战工会接到任务后，当即着手筹建工作，不仅抽调了曾有过邮政经验的李旦复同志前来帮忙，更在1941年9月间召集山东各地行政科长，专门举行联席会议商量具体的建邮方案。在这次会议上，赵志刚同志被任命为全省战邮建设工作的总负责人。据赵志刚回忆，当时他刚从山东分局举办的第一期高级党校学习结业，向分局报到时，便接到了筹建战时邮局的任务：

> 当时分局书记朱瑞同志对我说，中央指示要各抗日根据地积极开展书刊报纸出版发行工作，开辟各抗日根据地之间的交通联系，也可以采用战时邮局的组织形式，使各抗日根据地相互联系起来……之所以让我来负责，主要是因为我过去在“满洲”省委较长期地担任过地下交通工作。我当即表示，搞秘密交通虽有点经验，但对战时邮局工作来说，是个外行，恐怕不行。直到朱瑞同志说要给我调一个专家（李旦复）来帮助我时，我才答应下来。④

---

① 战斗四年中山东党的宣教工作：李竹如在宣传联席会议上的总结报告［G］//山东省档案馆，山东社会科学院历史研究所．山东革命历史档案资料选编：第七辑．济南：山东人民出版社，1983：12-45.

② 战斗四年中山东党的宣教工作：李竹如在宣传联席会议上的总结报告［G］//山东省档案馆，山东社会科学院历史研究所．山东革命历史档案资料选编：第七辑．济南：山东人民出版社，1983：12-45.

③ 山东省战时工作推行委员会正式成立于1940年8月1日，黎玉为首席代表。作为当时山东省统一的行政机构，其下设政治、军事、财政经济、教育、民众动员5个组。

④ 赵志刚．山东战邮的创建和发展［G］//山东省邮电管理局史志办公室．山东战邮回忆资料专辑：第一集．济南：山东省邮电史志编纂委员会办公室，1988：1-2.

有了李旦复的具体业务经验，曾担任过县委书记、特委书记的赵志刚，也就能把更多的精力投入战时邮局的统筹规划上。他们二人分工明确，通力合作，依据山东根据地的地形特点和战略任务，吸收和改良中华邮政的相关规章制度，并在实地考察泰山区战时邮局运行状况的基础上，起草了一份《山东省战时邮局建设方案》（以下简称《方案》）。该《方案》由战时邮局的“组织条例”“营业细则”“工作大纲”和“战时邮务人员守则”四部分构成，对战时邮局及其工作人员的基本职责，做了比较清楚的阐述。① 除指定专人负责，并邀请专家协助之外，为了便于战时邮局的顺利组建，山东地区党政军的相关领导和大众日报社的主要负责同志，还专门联合成立了“山东省战时邮务工作推进委员会”，决定将各机关所属的交通机构合并组成统一的战时邮政机构，以进一步加强抗战时期的交通与发行工作。②。

然而即便如此，战时邮局的建立也并没有如预期的那样顺利。这主要是因为当时的山东地区正面临着抗战以来前所未有的环境：不仅国民党反共军公开投敌事件日益增多，日军更是新增了三个独立旅团，配合十二万伪军，对我根据地展开新一轮的扫荡。与军事行动同时配合的，还有日方所谓“第三次强化治安运动”③。在一切服务抗战的前提下，战邮的筹备工作“一直拖到大扫荡结束后才继续进行”④。不过，也正是在这一系列军事和政治斗争的过程中，山东分局对于政治思想和舆论宣传工作的重要

① 山东战时邮政档案．山东省战时邮局建设方案［A］．1942-02，山东省档案馆（馆藏编号 G004-01-0009-002）．这里需要注意的是，除泰山区战邮总局之外，赵志刚原本还想要重点考察山东地区最早的战邮组织——清河区战邮，但因当时敌人的严密封锁，胶济铁路很难通过，故未能成行。

② 山东省邮电管理局史志办公室．山东邮电史稿［G］．影印本．济南：山东省邮电管理局史志办公室，1982：90-91.

③ 所谓“强化治安运动”（亦称治安强化运动），是敌伪对我华北军民以及抗日根据地的政治进攻，主要是辅助军事上的“扫荡”。在 1941—1942 年的两年时间内，日军共发动了 5 次大规模的“强化治安运动”。

④ 赵志刚．山东战邮的创建和发展［G］//山东省邮电管理局史志办公室．山东战邮回忆资料专辑：第一集．济南：山东省邮电史志编纂委员会办公室，1988：2.

性，有了更深的认识和理解。时任八路军山东纵队政治部宣传部部长的刘子超，便在《怎样粉碎敌伪“强化治安运动”的阴谋》一文中指出，既然敌人主要是通过“大量印发荒谬的传单、画报、小册子”① 来对我山东军民进行舆论战和思想战，那么我们首先也应该从政治宣传上做出具体的应对措施，特别是“一切抗日分子要与群众打成一片，生活在一起，不要脱离群众，同时又要善于通过一切方式（公开的或秘密的）去领导群众，与敌伪作无情的斗争”②。

1942 年 1 月，随着敌人的扫荡以失败告终，在山东地区成立一个可以通过一切方式（公开的或秘密的）去组织引导思想舆论的机构，变得更加迫在眉睫。于是，战邮工作的建设又被重新提上了日程。1 月 18 日，山东省战工会召开常委会议，决定暂时对外以省民邮局的名义，将各地区的民邮交通干线建立起来，为后续的工作打下基础，赵志刚被任命为民邮局局长。此后，在赵志刚、李旦复等人的精心组织和积极推动下，山东战邮的建设工作进展迅速。仅用了短短不到 1 个月的时间，各项筹备工作基本就位。

终于，在 1942 年 2 月 7 日，山东战邮迎来了历史性的一天。这一天，山东省战工会第一次行政会议研究制定、颁发了《战时邮局组织大纲》《山东省战邮暂行组织条例》《战时邮务人员守则》《山东省战时邮务工作推进委员会大纲》等若干文件，并正式做出了《关于建立战时邮局的决定》（以下简称《决定》）。③ 这份由战工会签发的文件共 15 条，其主要内容涵盖了战时邮局成立的原因、性质及主要任务。从这份《决定》来

---

① 刘子超．怎样粉碎敌伪“强化治安运动”的阴谋［G］//山东省档案馆，山东社会科学院历史研究所．山东革命历史档案资料选编：第七辑．济南：山东人民出版社，1983：210-217.

② 刘子超．怎样粉碎敌伪“强化治安运动”的阴谋［G］//山东省档案馆，山东社会科学院历史研究所．山东革命历史档案资料选编：第七辑．济南：山东人民出版社，1983：210-217.

③ 山东省邮电管理局史志办公室．山东战邮专题资料：人物部分［G］．济南：山东省邮电管理局史志办公室，1989：4.

看，中共认为在中华邮局沦为敌手的情况下，各级党政军民都急需新的邮政组织以满足实际需要，故而成立战时邮局的重要性不言而喻。然而，或许是考虑到当时整个抗战局势和国共关系，这份《决定》特意强调了战时邮局是“敌后战时环境下的临时组织”①。它与中华邮局是“相互依补并非对立”的关系，而其主要任务也是“尽量协助敌后之中华邮局脱离敌人之劫持，迅速恢复其各原有机构为抗战服务”②。此外，《决定》还就战时邮局的组织领导关系、邮票使用方法以及下一阶段的主要任务，都做了比较清楚的交代。③ 同日，以民邮局为基础，山东省战时邮务总局在沂南县双泉峪子村正式宣告成立，赵志刚同志担任局长。从此，山东战邮的建设工作走上了一个新的历史发展阶段，2 月 7 日也被战邮总局定为“山东省战邮纪念日”。

随着战邮总局的成立，山东各地即按行政系统成立各行署、专署、县府等相应级别的邮局及区村的邮政机构。根据《山东省战时邮局建设方案》的要求，“战时邮务工作以秘密方式行之，以社会化的各种方式设立之，可多方面与旧邮局之邮差建立关系借以通过敌顽区，同时更可与小商人脚夫建立带邮关系”④。此外，各级邮局之间设邮运干线，各局之间设邮运支线。各路邮线如因途程过长或环境特殊而无邮局之设置时，得设置邮站以资联系。各级战时邮局设置及名称则按照如下规定：

1. 全省设总局称：山东省战时邮务总局。
2. 主任区设管理局称：××战时邮务管理局。
3. 专员区设区邮局称：××区战时邮局。

---

① 山东省邮电管理局史志办公室．山东战邮专题资料：人物部分［G］. 济南：山东省邮电管理局史志办公室，1989：4.

② 山东省邮电管理局史志办公室．山东战邮专题资料：人物部分［G］. 济南：山东省邮电管理局史志办公室，1989：4.

③ 山东战时邮政档案．关于建立战时邮局的决定［A］. 1942-02-07，山东省档案馆（馆藏编号 G021-01-0001-002）.

④ 山东战时邮政档案．山东省战时邮局建设方案（b. 战时邮务营业简则）［A］. 1942-02，山东省档案馆（馆藏编号 G004-01-0009-002）.

4. 县设县邮局称：××县战时邮局。

5. 区或中心村镇设代办所称：××邮寄代办所。①

从实际发展的情况来看，仅用了不到半年的时间，当时的五大主任区，即清河区、鲁南区、鲁中区、滨海区和胶东区，基本上都按照方案要求，完成了各自战时邮局的组建管理工作。然而，虽则战时邮局多数已挂牌成立，但其内部组织一般尚未健全。针对这一现状，1942 年 5 月 1 日，山东省战时工作推行委员会曾专门发出了《关于健全邮政工作办法的规定》的文件，该文件第 11 条，主要涉及邮政章程制定、党政军民的权责分属、传递邮件的方式方法等。值得一提的是，其中的两条规定已经要求："凡过去党政军民原有之交通组织级干部人员，为了节省人力，统一工作指导，应由政府机关会同邮局召集有关部门进行商议合并事宜，由邮局统一指导……各级行政系统应与邮局取得密切配合，在工作上以互相协助为主，但不可越级代替或干涉邮政工作。"② 这也为后来战时邮局逐渐形成"邮—交—发"三位一体的工作机制埋下了伏笔。

随着这一文件的下达，各级战时邮局的内部组织建设，也在具体规定的指导下渐次展开。考虑到各区战时邮局的内部组织基本无二，故仅以组织机构最全也最有代表性的战邮总局为例，对其内部组织予以扼要介绍。从史料来看，成立之初，战邮总局设局长 1 人，总揽全省邮务事宜。局长以下，设秘书 1 人，负责一切公文及下属各科之事务；邮寄科科长 1 人，管理一切邮件及寄送事宜；会计科科长 1 人，执掌全省邮务会计事宜。此外，还设有巡视员若干，主要负责巡视指导各级邮局工作；送信员若干，负责具体邮运工作。③其他各下属区县战时邮局，在机构设置和权责上，也

① 山东战时邮政档案．山东省战时邮局建设方案（a. 战时邮局组织条例 第一章总则）[A]. 1942-02，山东省档案馆（馆藏编号 G004-01-0009-002）.

② 山东战时邮政档案．关于健全邮政工作办法的规定 [A]. 1942-05-01，山东省档案馆（馆藏编号 G021-01-0001-003）.

③ 山东战时邮政档案．山东省战时邮局建设方案（a. 战时邮局组织条例 第二章业务）[A]. 1942-02，山东省档案馆（馆藏编号 G004-01-0009-002）.

都与总局相当。

战时邮局成立之初，主营业务仅有两类，即信函类与书报类，拟办业务则在此基础上，又细化到信函、新闻纸、印刷品、包裹和汇兑5种。难能可贵的是，在当时极端恶劣的情况下，战时邮局勇于承诺对“寄往敌占区及大后方之邮件本局可负转邮责任”，并从邮寄标识、邮资方法等具体的业务细节做了较为翔实的规定。① 此外，为了保证战时邮务工作的安全隐蔽和政治忠诚，各级邮局的干部虽然可由当地党政军民方面共同配置，但按照规定，推选的干部必须政治坚定、体格强健，且规定递信员每日行程以80里为适当，每中转一次必须有半天的休息时间，每收发三次则必须有一天的时间用来休整。② 考虑到通往敌占区时，可能遇到的汉奸活动，还特别规定“各种敌占区之邮件，如有检查必要时，按一定邮章采取迅速便捷之方法在邮局办理之……应照章登记，加盖验查戳记……各种邮件在运输过程中不得折回检查，凡各机关来往之公共邮件不在检查之列”③。

有必要提及的是，随着战时邮务工作建设的不断完善和调整，部分战时邮局组织也经历了重组与合并。比如，最早成立战时邮局的清河区，就在1944年1月与冀鲁边区合并成立了渤海区，所以实际上1944年以后，山东战时邮务总局下设的五大专区里，原先的清河区战时邮务管理局已经不复存在，取而代之的则是渤海区战时邮务管理局④，并且随着邮局内部组织机构的调整，逐渐形成了一套相对完整且权责明晰的邮务工作系统

① 山东战时邮政档案．山东省战时邮局建设方案（a. 战时邮局组织条例 第二章业务）（b. 战时邮局营业简则）［A］. 1942-02，山东省档案馆（馆藏编号 G004-01-0009-002）.

② 山东战时邮政档案．山东省战时邮局建设方案（b. 战时邮务工作大纲）［A］. 1942-02，山东省档案馆（馆藏编号 G004-01-0009-002）.

③ 山东战时邮政档案．关于健全邮政工作办法的规定［A］. 1942-05-01，山东省档案馆（馆藏编号 G021-01-0001-003）.

④ 山东省邮电管理局．华东战时交通通信史料汇编：山东卷［G］. 北京：人民邮电出版社，1997：61-62.（关于清河区战时邮务管理局合并为渤海区战时邮务管理局的过程，详见该书。）

（图 2-1）①。

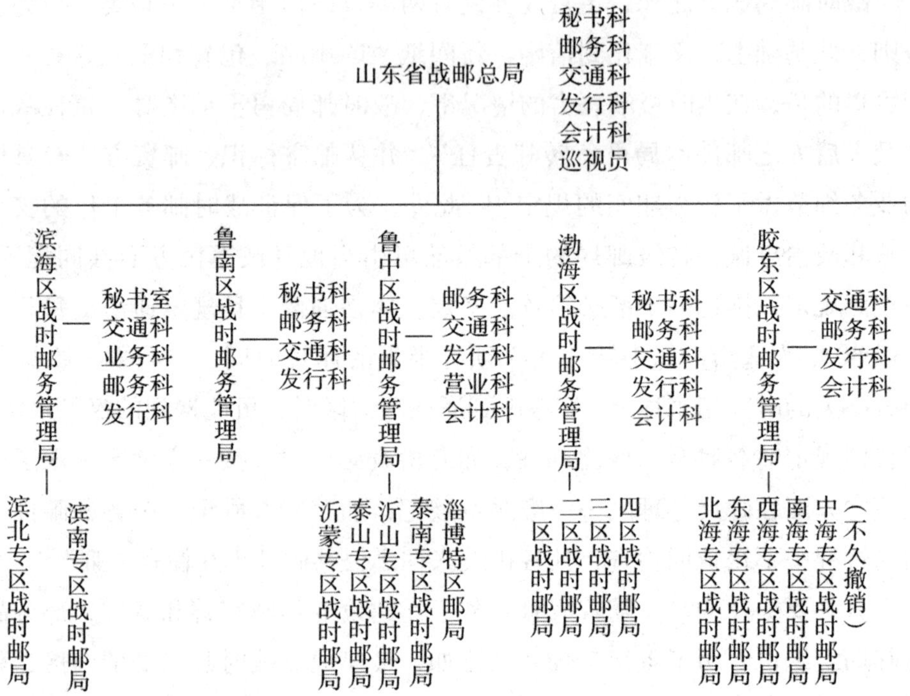

图 2-1　山东省战邮组织机构系统表（1945 年 10 月）

行笔至此，有心人应该可以从图 2-1 中发现，相比于成立之初仅有秘书科、邮寄科、会计科三个核心业务部门的战邮系统，此时的各级战邮组织则多出了两个非常重要的业务科室：发行科和交通科。那么，为什么发行和交通两大原属其他部门的业务会成为此时各级战时邮局的“标配”？它们又是怎样嵌入战时邮局的运行机制，并发挥了什么样的作用？带着这样的一系列新问题，我们将会在第三章予以全面的探索，即中共依托旧有的邮局组织，在新思路的指导下，究竟创造出了怎样的新传播机制。当然，在此之前，考虑到本章内容涉及的时间跨度较大，我们有必要对此做

① 山东省邮电管理局. 华东战时交通通信史料汇编：山东卷［G］. 北京：人民邮电出版社，1997：47.（图 2-1 转引自该书）

一总结，以期更加清晰地展示出山东地区战时邮局成立的历史背景。

本章小结

本章我们以《关于建立战时邮局的决定》一文为线索，试图探求红色信息的传播究竟遇到了怎样的危机，进而剖析山东地区成立战时邮局的时代背景。通过对中华邮政史的简要梳理，我们发现中国的邮政事业在近代经历了从“置邮传命”到“裕国富民”的艰难转型，且在这一转型的过程中，因为国门洞开，强敌环伺，曾一度面临着“客邮”的入侵、“民信局”的设立和“古驿站”等多种形式并存的混乱局面。

这样的局面虽然因为民国的成立、中华邮局的建立有所好转，但随着日本入侵的逐渐深入，刚刚统一的中华邮政被迫从东北、华北相继撤离，这就导致山东地区的中共党组织，无法依靠原先的中华邮局完成相关的邮务通信工作，特别是党报党刊和党内文件无法及时传递出去，进而给抗日事业带来了不小的麻烦。而当时山东地区错综复杂的政治环境和军事威胁，则更加剧了信息传播的紧迫性与必要性。因此，对中共而言，如何在中华邮局之外，更在敌伪顽三方面的封锁与控制下，重新组织出另一套邮务系统，便成了当时破局的关键。无奈之下，中共只能从被实践证明过的交通联系机制——秘密交通站入手，以“以人为中心、移动化、密级化”的准则为目标，逐渐开辟新的传播线路。

在秘密交通站开辟新传播路线的过程中，因为与大众日报社发行部的良好合作，中共意识到把发行工作纳入交通业务中来，不仅可以减少人力物力的浪费，更有助于形成一个统一、健全、高效的交通通信机制，所以便开始尝试从建制上完成这一任务的整合，而清河区战时邮局的成立，则为此提供了一个绝佳的模板。随着曲家屯培训班的举办和清河战时邮局的顺利运转，山东分局在总结其经验的基础上，认为以战时邮局的形式，或许可以有效地加强交通发行工作，并促使各地逐渐形成新的交通通信网络，进而保证党报党刊和信息情报的传递。

基于此，山东分局便开始指定山东省战时工作推行委员会（简称“战工会”）着手负责战时邮局的筹建工作。在赵志刚、李旦复的具体执行下，战时邮局起初以省民邮局的名义对外示人，后由于各地邮线的逐渐开辟，以及相关章程规定的出台，到了1942年2月7日，山东地区战时邮局才正式登上历史的舞台。当然，无论是其内部组织的变革，还是主营业务的变更，战时邮局都在具体的实践中不断调整与改革，以期在抗战期间发挥更大的作用。接下来，我们就会以交通和发行两个业务部门的嵌入为线索，一起探寻山东地区的战时邮局究竟创造了什么样的传播新路。

第三章

旧组织与新思路：新传播机制的形成及其实践

为了在工作上坚持敌后最艰苦的一年，确实执行领导上的一元化，使各机关真正适合精兵简政原则，在工作上铲除本位宗派观点，更能发挥工作效率起见……决定将所有根据地内党政交通发行工作彻底实行统一管理统一领导。今后各党委交通科，各级战时邮局，各级报社发行部门合成三位一体的组织，其名义在政府方面则为战时邮局，在党委方面则为交通科，在报社方面则为发行部（科），总的对外名义则为战时邮局。①

山东分局《关于党政交通发行工作统一领导决定》

1943 年 3 月 20 日

上一章的最后我们已经简要提到，从硝烟烽火中走出的战时邮局，经过不断整合与完善，无论是其组织机构还是业务功能，都与最初的设想有着不小的变化。那么，我们不由得追问：中共山东分局为什么会做出这一系列的改变？1943 年 3 月 20 日发出的这则《关于党政交通发行工作统一领导决定》，可以被视为是对一年多来战时邮局改革的认可吗？如果是的话，这些改革又是如何逐渐实现的？经过这样的调整之后，战时邮局在其具体的实践中究竟形成了什么样的传播机制？又发挥了怎样的作用并产生了什么样的影响？循此思路，本章试图以战时邮局内部组织和功能的沿革

① 山东战时邮政档案．关于党政交通发行工作统一领导决定［A］．1943-03-20，山东省档案馆（馆藏编号 G021-01-0002-001）．

为线索，通过对其具体实践的考察，渐次回答上述问题，进而以一种相对动态的方式，尽可能地复原战时邮局传播机制的形成及其实践。

第一节　组织结构的调整："邮、交、发"三位一体的融合

罗马不是一天建成的，战时邮局传播机制的形成也并非一蹴而就。作为一个在抗战革命根据地中走出的新机构，战时邮局在成立之初遇到的困难和挑战着实不少，而根据地行政区划的不稳定和技术、经费的短缺，又决定了其只能在一种物资相对匮乏的流动性空间中"摸着石头过河"。然而，或许也正因如此，战时邮局才得以在实践中不被条条框框所束缚，最终形成一种全新的组织架构，并由此衍生出一套极富想象力和渗透力的传播机制。既有的研究一般认为，战时邮局起初是以一种"邮发合一"的方式，来完成党报党刊的传递工作①，甚至不少战邮人员也在回忆录里写到，战时邮局经历了从"邮发合一"到"邮、交、发"三位一体的转变。②

从历史的真实情况来看，这一说法其实有些简单含混，因为若从战时邮局的前身交通总站来看，其是以交通组织的形式与《大众日报》发行部展开的合作，故最初称之为"交发合一"可能更为贴切；而如果从战时邮局正式成立之后来分析，那么其首先经历的阶段应当是"邮交合一"，毕竟山东分局当时首先将交通部门而非发行部门，纳入战时邮局的业务管理之中。③但与其汲汲于孰先孰后的讨论，我们更应从中看到的关键信息在于，正是邮政、交通与发行三者之间的密切配合，才奠定了山东战时邮局

---

① 张衍霞．山东战时邮政的党报党刊发行［J］．理论学刊，2008（7）：35-38.

② 李浩．山东战邮片段［G］//山东省邮电管理局史志办公室．山东战邮回忆资料专辑：第一集．济南：山东省邮电史志编纂委员会办公室，1988：400-404；王良．邮发合一后的报刊发行工作［G］//山东省邮电管理局史志办公室．山东战邮回忆资料专辑：第一集．济南：山东省邮电史志编纂委员会办公室，1988：415-423.

③ 在战时邮局成立之后，山东分局先后在1942年5月8日和9月11日做出指示，分别将交通、发行纳入邮局管理，具体情况后文会有详细交代。

的组织基石，并为其新传播机制的构筑打下了基础。那么，这三者之间的关系究竟是怎样的，又如何逐渐交织于战时邮局的组织系统之中？

一、传承与创新：从赤色邮政到战时邮局

纵观中共近百年的党史长河，邮政、交通与发行工作的互相配合，实则并非山东战时邮局所独有。导论部分我们曾提及，早在大革命失败后，中共便在总结经验时，着重提出一条“失败于交通不能敏捷要占大多数”的教训，因此需要建立“简便赤色邮政”。[①] 这是目前为止，我们能看到的最早明确将交通与邮政联系起来的记录。所谓赤色邮政，主要是指在土地革命时期，中共在苏区创建的人民邮政通信组织。与普通的邮政组织相比，赤色邮政的特殊性在于除正常传递邮件之外，还“必须配合革命形势的发展，适应革命斗争的需要，为夺取革命胜利而服务”[②]。有研究表明，至迟到 1932 年，赤色邮政在秘密交通与武装交通的配合下，便已累计开辟出了邮政干线 21 条，基本形成了较为完备的交通通信网络，而到了 1933 年，从事邮政的工作人员仅粤、闽、赣等地区便已达到 4700 余人。[③]

事实上，当时的赤色邮政除与交通关系密切之外，还承担着革命报刊的发行工作：不管是《红色中华》《斗争》《红星报》等苏区党政军机关报，还是《苏区工人》《青年实话》等进步群团、工会组织所创办的杂志刊物，都依靠赤色邮政的工作人员，予以发放传递。据史料记载，截至 1934 年，在赤色邮政的“穿针引线”下，苏区多数报刊的发行量已达 25 000份左右，其中《红色中华》更是达到了惊人的 45 000 份之多，这在

① 《湘赣革命根据地》党史资料征集协作小组．赣西南特委公告（列字第十一号）——重视交通工作建立赤色邮局［M］//湘赣革命根据地：上．北京：中共党史资料出版社，1991：41.

② 江西省邮电管理局．华东战时交通通信史料汇编：中央苏区卷［G］．北京：人民邮电出版社，1995：584.

③ 赖晨．论苏区赤色邮政的主要特征［J］．重庆邮电大学学报（社会科学版），2011（4）：63-66.

革命时期中共近似一穷二白的物质条件下，几乎称得上是个奇迹，由此也足见赤色邮政所发挥的重要性之大。①

显而易见，正是因为赤色邮政如此特殊的性质和任务，才使得其与当时官方的中华邮政相比，无论是在通信方式上，还是在组织形式上，都显得更加“多元化、军事化和政治化”②。除此之外，由于赤色邮政又是中共革命事业的重要组成部分，不仅为苏区党政军的交通发行工作服务，还尽可能地满足了当时苏区广大人民群众的实际需求，加之其实行邮票制、固定邮线、面向社会大众开放业务等近代邮政的运营方式，故而诚如有学者所言，其已初步具有“党性、人民性和近代性”相统一的特点。③ 此外，赤色邮政在发展过程中，还逐渐出台了《赤色邮政暂行章程》《中华苏维埃共和国邮政暂行章程》等规章制度。④

可以说，在第五次反“围剿”失败之前，赤色邮政已在中共苏区初具规模且向建制化、体系化、专业化的趋势蓬勃发展。然而，作为土地革命时期中共苏区的一个职能部门，赤色邮政的命运或许自一开始便已注定：“它的生死存亡取决于土地革命的命运。党和红军打到哪里，红旗插到哪里，哪里就有赤色邮政的立足与发展之地；反之，它就没有立足和发展的空间。”⑤ 随着长征的开始，赤色邮政也失去了赖以生存的时空基础，以致渐渐名存实亡，消失于历史的长河之中。

尽管赤色邮政的存在时间不长，且辐射范围不算太广，加之目前的材

---

① 江西省邮电管理局邮电史编辑室．苏区邮电史料汇编：上［G］．北京：人民邮电出版社，1988：40.

② 赖晨．论苏区赤色邮政的主要特征［J］．重庆邮电大学学报（社会科学版），2011（4）：63-66.

③ 胡中升．赤色邮政特征新论［J］．重庆邮电大学学报（社会科学版），2018，30（5）：95-100.

④ 《赤色邮政暂行章程》系1928年湘赣边区工农民主政府成立后，设立赤色邮政湘赣总局时颁布；《中华苏维埃共和国邮政暂行章程》系1932年5月1日，中华苏维埃共和国邮政总局成立时颁布。

⑤ 赖晨．论苏区赤色邮政的主要特征［J］．重庆邮电大学学报（社会科学版），2011（4）：64.

料很难对其进行系统化、细致化的研究，但我们依然可以从上文的论述中，明显地看到赤色邮政曾经在联结邮政、交通与发行三大业务时，做出的尝试与探索是颇有成效的。因此，从某种程度上而言，山东战时邮局的创建，或可被视为苏区赤色邮政的一种延续与创新：它不仅继承了赤色邮政与交通、发行的紧密关系，更在不断地适应和改革中，逐渐发展成了一个兼具三者功能的建制化组织。具体来看，与赤色邮政相比，战时邮局的创新主要有三。

其一是独立的建制化组织。苏区的赤色邮政虽然也与交通、发行工作紧密相关，但毕竟没有将交通和发行部门纳入自己的组织系统之中，更多还是一种业务之间的跨组织合作。既然是跨部门的合作，不说各部门一定会有本位主义、宗派主义的想法，却也难免会在实际工作中出现步调不一致的时候，进而导致工作效率不高、责任不明的局面出现。然而，战时邮局并非如此。后文我们会看到，由于抗战时期的特殊语境，加之精兵简政的实际需要，山东分局通过一系列明确的条文，将各级党委的交通科（股）、各级报社的发行部门，统一划归战时邮局所有，这就使得战时邮局能以一种独立建制化组织的形式，来统一部署和承担邮政、交通、发行的业务工作，从而保证了“三位一体”传播机制的顺利运行，不仅完成了当时精兵简政的政治需求，更提高了党政军民彼此间信息传播的时效性、安全性和准确性。

其二是清晰的政治技术关系。尽管苏区的赤色邮政，也在土地革命时期以邮政技术的方式“暗度陈仓”，不仅积极宣传了中共的红色文化，还尽可能地保证了党的交通发行和军事通信的渠道畅通，又红又专的政治底色得以初步彰显。然而，此时的中共并没有完全理顺政党政治，特别是政党文化与邮务技术的关系，这就使得赤色邮政在具体的运行过程中，虽然以服务政治为第一要义，但始终没有充分意识到邮务作为一种技术手段，可以为政党政治的运作和政党文化的宣传做出怎样的贡献，故而使得其在外部的技术运作与内部的政治服务之间，难以真正形成有效的合力。而等到了战时邮局的建立，中共显然对政党文化与邮务技术的关系有了更加深刻的认识："我们的战邮组织，是今天对付日本帝国主义的一个必要手段。为传播革命的文化政治观点而组织的手段，应认识这是革命组织的一部分，这是在革命工作上和性质上与旧邮局的不同点，不了解这点，就易产生完全模仿旧邮局的想法，思想上也极其模糊……战邮是在战争环境下有斗争性质的政治任务，这就带着重要的秘密性……在保证秘密争取迅速上，技术有它的决定作用……"① 也正是因为有了这样的认识，战时邮局才得以在当时发挥着"文化炸弹"的作用。

其三是党报发行与群众路线的结合。作为苏区政令和军令的通道，赤色邮政"更可称之为苏区通信神经网络"②。除传递政令、军令之外，赤色邮政实际上也承担着党报党刊的传递，并试图建立起为党政军民服务的交通网络与发行网络。为了实现这一目标，赤色邮政采取的办法不可谓不多③，但从实际效果来看，并不尽如人意，比如，在湖南的西部地区，赤色邮政开办以来，"并未看到一个群众到邮局送信，并没有设法开辟群众的社会交际而使邮政群众化"④。由此可见，赤色邮政尽管想利用交通发行工作，尝试输出自己的红色基因与红色文化，却并没有如毛细血管一样，渗透到人民群众的生活之中。换言之，赤色邮政的"红色输出"，并没有真正"输入"人民群众内部，这实际上也反映出彼时的共产党，尚未完全领悟党报发行工作与群众工作之间的联系问题。而到了战时邮局的建立和发展，这一情况显然得到了改变，"党报发行工作它是与群众密切接触的工作，在党报编辑改造上，在党报的直接起作用上，都是与发行分不开的……在发行工作上如能及时地送到读者手中，党报威信就会更高，相反

① 山东战时邮政档案．黎政委在省战邮会议上的讲话：战邮建设问题［A］．1944-04-09，山东省档案馆（馆藏编号 G021-01-0015-004）．

② 张荣．苏区邮政职工群体探析［J］．党史研究与教学，2012（3）：83.

③ 可参见于忠元．土地革命战争时期湖南的赤色邮政［J］．株洲师范高等专科学校学报，2007（4）：13-19；胡中升．赤色邮政特征新论［J］．重庆邮电大学学报（社会科学版），2018，30（5）：95-100.

④ 江泰尧．湘鄂西赤色邮政及其邮品刍议［M］．北京：中国集邮出版社，1989：39.

报纸如失去了时间性，在作用上就成了历史的参考材料，就失去了报纸的作用，正如作战失去了先机一样”①。

总而言之，战时邮局相较于赤色邮政来说，最主要的创新就是以独立的建制化组织来统筹邮政、交通与发行工作，并以此盘活了三者之间的联系，从而在具体的革命实践中，逐渐明确了技术与政治的关系，且认识到了想要真正做到全党办报，让党报发行工作发挥出文化炸弹的作用，就必须与群众路线密切结合。对此，黎玉的一段论述可谓非常精辟：

> 战邮是在根据地中，党执政下的一个公共组织，是革命政党执政下一个公用交通执行机关。与过去党的秘密地下交通发行工作不同，过去我们的交通发行工作，虽然可以利用旧邮政，但也主要依靠自己的革命忠诚和彻底的武装化……而且过去在经济上是很困难的，在工作上是不合法的，阶级敌人的严密检查等给了我们许多困难……今天敌后根据地中，在党的领导下，和政府的帮助下，又有革命的武装及广大的群众条件，我们在工作上是完全合法的……综上，它的基本性质是党的交通发行部门，是根据地军队政治经济文化等的辅助手段。党的一切机关依靠它去推进其政治文化，因此，我们的任务是依靠一切，努力用一切艰苦和技术，冲破敌人的封锁，完成党交给我们的任务。②

当然，就像本章开篇伊始指出的那样，战时邮局从正式成立，到最后实现“邮政、交通、发行”三位一体的传播机制，也是经历了大半年的整合过程。其中，中共山东分局组织部与山东战工会先后做出的两个决定，很大程度上直接促成了战时邮局“三位一体”传播机制的雏形初现。

首先是中共山东分局对交通工作的整合。由于中共的交通工作素来与

---

① 山东战时邮政档案．两年来山东战邮工作总结及今后任务［A］．1944-08-15，山东省档案馆（馆藏编号 G021-01-0015-002）．

② 山东战时邮政档案．黎政委在省战邮会议上的讲话：战邮建设问题［A］．1944-04-09，山东省档案馆（馆藏编号 G021-01-0015-004）．

邮政工作有着合作的传统，且山东地区战时邮局的前身，也是从党的秘密交通站逐渐发展而来的，因此，随着战时邮局的建立，交通与邮政的业务整合自然也就提上了日程。1942 年 5 月 8 日，中共山东分局组织部便做出了《关于交通问题的电报指示及山东分局组织部关于党委交通科（股）归占有统一管理的决定》，明确表示要“将各地交通工作与战时邮局协同进行，由邮局统一指导……各军分区及交通站与邮局密切联合，经常给予具体帮助……并将现在交通工作情形报告”①。

其次，如前所述，战时邮局和大众日报社曾在极度艰难的条件下，一起合作承担着党报党刊的发行传递工作，为延续革命的火种做出了重要的贡献。在这一过程中，山东省战时工作推行委员会对于《大众日报》所扮演的角色和发挥的作用，更是早已有了清楚的认识。② 基于曾经良好的合作基础与彼此间的相互信赖，加之当时精兵简政的实际需要，在战时邮局慢慢建制化之后，二者之间的合作自然也是水到渠成。1942 年 9 月 11 日，山东省战时工作推行委员会便做出了《关于发行与交通工作的决定》，指出战时邮局与大众日报社的合作统一是为了进一步优化机构组织，以健全交通发行工作，提高工作效率，故而要求“大众日报原有各级发行人员均加入各级邮局，统一办理邮局业务和大众日报社的书报发行工作”③。

至此，山东地区战时邮局“三位一体”的传播机制初步形成。之所以说初步形成，在于虽然在组织形式上，战时邮局已是建制化的独立机构，且形成了以邮局为主体，统一协调部署邮政、交通与发行三大业务的关系架构，并将开辟的交通里程与报刊的发行状况，作为衡量邮局工作的主要指标，但由于缺乏清晰的权责划分，这样的传播机制在创建初期曾一度陷

① 山东战时邮政档案．关于交通问题的电报指示及山东分局组织部关于党委交通科（股）归占有统一管理的决定［A］．1942-05-08，山东省档案馆（馆藏编号 G021-01-0001-008）．

② 山东战时邮政档案．关于发行与交通工作的决定［A］．1942-09-11，山东省档案馆（馆藏编号 G021-01-0001-005）．

③ 山东战时邮政档案．关于发行与交通工作的决定［A］．1942-09-11，山东省档案馆（馆藏编号 G021-01-0001-005）．

入“没有中心、多头领导”的混乱局面。那么，面对这样的情况，中共山东分局又是如何解决的？战时邮局又将何去何从？

二、一元化领导：“三位一体”机制的中枢神经

从1944年的一份总结报告中，我们可以清楚地看到，中共山东分局和山东省战邮总局也在战邮工作的实际开展中，发现了其存在的若干问题。在这份名为《两年来山东战邮工作总结及今后任务》的文件中，山东战邮总局将战邮工作的开展划分为以下三个阶段。

第一阶段是1942年2月至1942年9月，即发行工作还没有被正式纳入战邮工作的这半年，也被称为单纯建设邮局的阶段。山东战邮总局认为，这一阶段的主要工作力量，大多用在了建设交通路线与各战略区邮局组织之中，对发行只负了传送的责任，然而由于邮局本身组织不健全，所以无法完全担负起这个任务来，并在具体的工作中出现了以下四点不足：其一是工作上强调制度，犯平均主义的毛病，把党报与其他邮件一样看待，对党报观念不强，没有及时传送；其二是没有创立出一套科学的工作制度，在邮务工作手续上不先进，制度不严格；其三是领导上没有经验，抓不住中心，平均使用力量，不会发现问题也不能及时解决问题，形成坐机关的文头主义和事务主义领导；其四则是政府在领导上，抓得不够紧。基于此，山东战邮总局认为，交通发行工作在敌后根据地是一个整体的工作，是不可分割的工作，必须有统一的组织和上下垂直的系统，以及工作上的一定的机动性，才能产生力量，才会顺利地发展，只有以远大的政治眼光，来认识敌后的战邮工作，才不至于把它单纯技术化、简单化了。①

第二阶段是1942年9月至1943年1月，如上一节所述，此时大众日报社发行部已被正式纳入战时邮局所管理，所以这一阶段又被称为党内交通工作和报社下面发行工作开始交邮局受理时期。也正是在这一时期，邮

① 山东战时邮政档案．两年来山东战邮工作总结及今后任务［A］．1944-08-15，山东省档案馆（馆藏编号G021-01-0015-002）．

政、交通和发行工作三位一体的雏形初步形成，但由于三者之间分立不统一，各自强调一面，在工作上发生了不必要的纠纷与隔膜，致使工作并未取得预期的进展。特别是在执行三位一体的决议时，缺乏周密详细的研究和各方的动员准备工作，所以三者合并的意义，没有使一般同志深入了解。①

第三阶段则是1943年1月至1944年8月（这份文件出台前），这一阶段被命名为“三位一体”的组织阶段。从文件中看，中共对这一阶段的战邮工作予以了充分肯定，认为这一时期战邮工作比以前更加明确：以党报党刊的发行为主，交通工作（公开和秘密交通）服从发行任务，在组织机构上增设邮务科，进一步进行科学分工，使邮政、交通、发行三个工作都能得到适当合理的发展与配合，从而真正做到了政治与技术的密切结合，促使战时邮局发挥起运输血管的作用。②

显而易见，文件中所划分的前两个阶段，即前节所述的战时邮局传播机制雏形初现的时期，因为存在着所谓“没有中心、多头领导”的问题，山头主义、宗派主义、平均主义一度盛行，从而影响了战时邮局的工作效率。等到了第三阶段，这一情况才得到了好转。而促成这一转变的关键，乃在于山东分局践行了当时中共提出的“一元化领导”政策。③“一元化领导”政策最先出台于1942年9月，后又经次年1月闭幕的中共中央西北局高级干部会议审议明确。一言以蔽之，该政策的中心思想就是各根据地应有一个统一的、能领导一切的党委会。可以说，这一政策的制定，对成立之初各项工作稍显混乱的战时邮局而言，无疑具有定盘星和指南针的作用。

---

① 山东战时邮政档案．两年来山东战邮工作总结及今后任务［A］．1944-08-15，山东省档案馆（馆藏编号G021-01-0015-002）．

② 山东战时邮政档案．两年来山东战邮工作总结及今后任务［A］．1944-08-15，山东省档案馆（馆藏编号G021-01-0015-002）．

③ 所谓党的“一元化领导”政策，是指在抗战时期为加强党的统一领导，使各根据地党政军民的政治工作、群众工作、经济工作与军事斗争紧密结合而采取的一项重要政策。

1943年3月20日，为了让战时邮局充分发挥“邮政、交通、发行”三位一体的传播作用，中共山东分局正式下发了《关于党政交通发行工作统一领导决定》一文：

为了在工作上坚持敌后最艰苦的一年，确实执行领导上的一元化，使各机关真正适合精兵简政原则，在工作上铲除本位宗派观点，更能发挥工作效率起见，经分局与战工会共同商讨，决定将所有根据地内党政交通发行工作彻底实行统一管理统一领导。今后各党委交通科，各级战时邮局，各级报社发行部门合成三位一体的组织，其名义在政府方面则为战时邮局，在党委方面则为交通科，在报社方面则为发行部（科），总的对外名义则为战时邮局……政府对邮局应像对待其他政府部门一样待遇，严格纠正过去对邮局采取不问不管的态度……①

然而，此文件下发之后，山东各级战邮组织虽然表面上“达到了一元化的目的，但在党与政府对这个工作的统一领导上还缺乏一元化的精神……妨碍了工作的顺利开展，（甚至）各级党委没有明确认识到这个工作的重要性”②。针对这种情况，七个多月后，山东分局在总结前期战邮经验教训的基础上又发一文，不仅对战邮工作的重要性再次做了精辟的论述，更从具体的领导关系上，对一元化领导下的三位一体组织予以明确指示。山东分局认为，在当时的情况下，各级战时邮局因为承担着党政军民或公开或秘密的物资转移、报刊发行与信息传递，因而其重要性非同一般：

这个工作做好了，根据地内各项工作就可以顺利开展，对各项工作都有很大的帮助，各个根据地间的联系及上下级的领导会更加密切。党委如不紧紧地掌握住这个工作的领导，或者被敌特国特打入利用，就会使党受到不应有的损失。过去各级党对这一工作采取放任的

① 山东战时邮政档案．关于党政交通发行工作统一领导决定［A］．1943-03-20，山东省档案馆（馆藏编号G021-01-0002-001）．

② 山东战时邮政档案．关于加强战邮交通发行工作统一领导决定［A］．1944-01-05，山东省档案馆（馆藏编号G001-01-0096-008）．

态度这是不对的。

分局检查了一年来山东战邮交通发行工作后，认为在领导关系上，有重新明确规定的必要，故决定：

一、各级战邮组织应由各级党委负责总的领导，在政治上及工作原则方针上均由各级党委负责，一般工作问题的处理，如定期检查总结工作、干部的审查教育补充等，党委指定组织部门负责总的管理责任，除组织部可以单独解决的问题外，其他有关部门的问题可召集各部门负责人开会讨论解决，如有不同意见提交党委会解决。

二、在行政建制上仍系各级政府（与过去关系同），但在政府领导上须解决政府其他各局同受行政委员会的领导，一切战邮供给问题、业务发展问题、条令公布问题、干部加委问题均由政府负责。为了不妨碍战邮业务的统一性，须要照顾到战邮工作的统一规定和领导上的垂直关系。各级邮局在工作上，除有关党内秘密交通发行问题外，余均向政府作定期汇报，取得政府的指示，密切与政府间的关系。

三、各级宣传部门，对发行工作应切实负责推行和检查，邮局仍为各地报社的发行部门，局长仍兼发行部部长（或科长）及社务委员（必要时设副职），但在社务委员会议上应主要研究讨论党报党刊的发行营业问题和一般交通改进问题，其他邮局问题社务委员会没权决定。

四、各级邮局局长仍兼组织部交通科科长（包括党内外交通工作）必要时可设副科长或交通管理员，专司党内交通的检查督促，并与邮局其他各科同受邮局垂直领导，但可与组织部直接发生关系（并与局长密切联系，以免冲突）。过去，各级党委组织部交通科（股）未与邮局澈（彻）底合并者，应即合并邮局内，但县级以上的邮局干部须为质量较强的党员干部，由各级党委负责调整，但权线交通与一般公共交通仍应严格分开，工作干部应尽量减少撞的关系。①

① 山东战时邮政档案．关于加强战邮交通发行工作统一领导决定［A］．1944-01-05，山东省档案馆（馆藏编号 G001-01-0096-008）．

可以看到，如果说在战时邮局“三位一体”的传播机制中，邮政、交通、发行是承担主要功能的肢体单位，那么通过这两份文件所传达的“一元化领导”精神，则好比整合、协调三者工作的中枢神经。各级战时邮局由各级党委组织直接统一领导，不仅是对战时邮局地位和作用的进一步肯定，更有助于结束“没有中心，多头领导”的混乱局面。具体来看，强调邮局为各地报社的发行部门，受各级党委宣传部门领导和检查，邮局局长兼任党委组织部交通科科长，这就使得战时邮局的三大主要业务既有了明确的垂直领导关系，也有了清晰的交叉分工关系。不仅如此，在切实贯彻“一元化领导”之后，因为人力的集中，战邮组织机构也日益健全，干部队伍得以充实，进而使邮局工作发展到区村，初步形成了网状式交通发行路线，交通、发行的工作效率也较之前提高了不少。关于这一点，我们从表3-1至表3-3中便可见一斑，这3张表主要是在1943年6月到1944年6月期间，对《大众日报》等报刊发行情况的相关指标进行统计，包括发行份数、范围与营业收入等①。

表3-1　1943—1944年《大众日报》发行概况统计表　　单位：份

发行地		发行时间		
		1943年6月1日	1944年1月1日	1944年6月1日
山东地区分布情况	滨海	3253	4831	5437
	鲁中	5191	5823	5331
	鲁南	678	1350	1870
	胶东		45	65
	渤海		2	50
	机关	256	182	318

① 表3-1、表3-2、表3-3均来自山东战时邮政档案．两年来山东战邮工作总结及今后任务［A］．1944-08-15，山东省档案馆（馆藏编号G021-01-0015-002）．

续表

发行地		发行时间		
		1943年6月1日	1944年1月1日	1944年6月1日
华中地区分布情况	华中局	200	160	167
	汉中		46	46
	淮海	476	1493	912
	盐埠		41	43
其他地区分布情况	中央			
	北局			
	野政			
	冀鲁豫			15
	冀鲁边			10
	湖西	2	2	8
	冀南			10
	太运			580

表 3-2　各战略地方报纸发行份数统计表　　单位：份

时间	大众日报	鲁中日报	太山时报	鲁南时报	渤海时报	胶东大众报
1943年上半年	10106	1500	1100	700	1760	12452
1943年下半年	14051	2000	1250	1440	3612	14300
1944年上半年	14961	5000	1500	2703	4415	16000

表 3-3　各战略地方报纸营业收入统计表　　单位：元

时间	大众日报	鲁中时报	太山时报	鲁南时报	群众报	大东报
1943年上半年	195408.57	16800	16000		42946.4	238279.4
1943年下半年	921344.97	24000	19200	4525.35	61012.4	420000
1944年下半年	1321466.73	43743.12	43200	37729.55	47178.8	400000

从表中我们不难发现，战时邮局三位一体的传播机制实行一元化领导之后，不仅使得报刊的发行数目有所增多，营业收入有所增加，发行范围也有所扩大。比如，山东省内的胶东、渤海地区；华中的汉中、盐埠地区，乃至

冀鲁豫、冀鲁边、冀南、太运地区，都经历了《大众日报》从无到有，再到越来越多的过程，而这一辐射范围从无到有的过程，背后反映出的正是交通工作的不断发展。试想如果没有战时邮局在交通业务方面的突破，有着“山东抗日根据地指针”之称的《大众日报》又怎么可能穿越敌人的重重火线，将革命的火种与文化的炸弹输送到越来越多、越来越远的地方？因此，从这个意义上，或许我们可以说，正是有了“一元化领导”这一中枢神经，战时邮局邮政、交通、发行的“三位”才能真正融合协调为“一体”，进而迸发出巨大的传播效力与能量。那么，在理顺了组织机构的权责划分之后，战时邮局的下一步工作，自然是对其运行方案的重组。换言之，就是对交通、发行、邮政和情报这四大具体工作任务的安排。

第二节　运行方案的重组：战时邮局如何成为“耳目喉舌”

梁启超于1896年在《时务报》上发表著名的《论报馆有益于国事》一文后，这个以“去塞求通”为政治目的，期盼报刊“上能有所措置喻之民，下能有所苦患告之君”的“耳目喉舌论”①，便成为中国新闻史上最为重要的思想观念之一。尽管自五四以降，“第四等级”“无冕之王”等西方新闻理念，曾在多个时期尝试从职业化、专业化的角度对这一传统论说进行冲击，但“耳目喉舌论”无论是作为观念的标靶，还是实践的指针，始终贯穿于中国百年新闻传播史中。特别是对中国共产党而言，“耳目喉舌论”不仅继承和发展了马克思关于无产阶级报刊“是无处不在的耳目，是热情维护自己自由的人民精神的千呼万应的喉舌”② 这一新闻思想，

① 梁启超．论报馆有益于国事［J］．时务报，1896-08-09（1）．

② 中共中央马克思恩格斯列宁斯大林著作编译局．马克思恩格斯全集：第六卷［M］．北京：人民出版社，1965：275.

更是中国共产党在具体革命语境中践行群众路线的“巨大的鼓风机的一部分”①。

可是，既有对于“耳目喉舌”的研究，或以观念史的角度展开，或从报刊承载的内容体现，对相关组织机构及其具体实践的细致描摹却寥寥无几，这就使得“耳目喉舌”这一具有丰富实践内涵和中国革命特色的新闻论说，往往被窄化为政治的附庸，甚至于一个污名化的存在。而战时邮局作为抗战时期敌后根据地的通信组织，恰承担着当时中共山东分局的“耳目”与“喉舌”之功能，因此，本节试图通过对战时邮局具体工作的考察，一方面展示其“三位一体”传播机制究竟是如何运转的；另一方面也试图从实践史的角度，丰富对“耳目喉舌论”的研究路径。

对政党而言，宣传教育工作无疑是实现全党任务的基本工作。中国共产党早在1929年六届二中全会的宣传工作决议案上，便明确指出，“要实现自己的一切任务，最重要的条件是要能获得广大的工农群众，在党的口号之下，形成伟大的争斗的力量。想达到这种目的，……只有动员自己的全体党员，以正确的策略领导群众，以宣传工作说服群众，争取广大群众到自己的政治影响之下，使自己的口号成为群众斗争的目标”②。然而，在现代通信设施较为缺乏的中国革命时期，特别对广大的中国农村地区而言，如何将政党的思想动态和精神文化迅速准确地传播到群众身边，使其真正落地生根，显然不是一件容易的事。

面对当时众多主客观的不利因素，中共的选择是以基层党组织为单位，通过政教并举的方式，抓住每个时期的中心问题，鼓励工农通信员以党报党刊为主要工具，辅之以编印发行画报画册，以及通俗小册子等手段，再加上建立各种形式的文化组织、学习团体和形成种种接地气的宣教

---

① 中共中央马克思恩格斯列宁斯大林著作编译局．列宁全集：第六卷［M］．北京：人民出版社，1963：480．

② 中国社会科学院新闻研究所．中国共产党新闻工作文件汇编：上册［G］．北京：新华出版社，1980：41．

模式，逐渐走出了一条组织群众、依靠群众、动员群众的群众路线。① 而实现这一切的重要前提，则是交通发行工作的高效运行。因此，从中共六届二中全会的宣传会议上要求“建立秘密发行路线……使党的刊物都能扩大推销，直接给与（予）群众政治的指导”②，到苏区时期希望“在全国各种重要中心区域建立完成发行路线”，进而保证中央和地方的出版物可以及时互通有无③，再到全面抗战爆发后，专门建立发行部的通知公告，中共对于交通发行的认识也越来越深刻。在 1939 年 3 月 22 日中共中央关于建立发行部的通知中，中共已经看到了交通与发行工作彼此间协作的重要性，故而明确指出：

> 各级党委应动员一批有发行工作经验的同志担任发行工作，并注意于培养此类发行工作的干部，不宜轻易调动他们的工作，以求得专门化与熟练。发行部应与在本党领导下的各种交通机关的负责同志取得密切联系，……各级发行部应依照各种不同的环境，建立公开的、半公开的或秘密的发行网。④

中共对发行工作的重视，还体现在对其所属关系与常态化制度的规定上。发行部自成立伊始，就“直接受同级党委之领导”，并要求自身上下级之间，最好形成定期的检查汇报制度。⑤ 两个月后，中共不仅对这一工作制度进行了更加明确的要求，更第一次直接提出要在公开发行的诸多途

---

① 中共六届二中全会宣传工作决议案（1929 年 6 月 25 日）［G］//中国社会科学院新闻研究所．中国共产党新闻工作文件汇编：上册．北京：新华出版社，1980：41-59.

② 中国社会科学院新闻研究所．中国共产党新闻工作文件汇编：上册［G］．北京：新华出版社，1980：56.

③ 中国社会科学院新闻研究所．中国共产党新闻工作文件汇编：上册［G］．北京：新华出版社，1980：74.

④ 中共中央关于建立发行部的通知（1939 年 3 月 22 日）［G］//中国社会科学院新闻研究所．中国共产党新闻工作文件汇编：上册．北京：新华出版社，1980：88.

⑤ 中国社会科学院新闻研究所．中国共产党新闻工作文件汇编：上册［G］北京：新华出版社，1980：88.

径之外，抓紧“建立党内的秘密发行。宣传部应与发行部发生密切的联系”①。随着抗战进入相持阶段，中宣部面对各敌后抗日根据地的实际情况，再次提出建立和健全编辑、通信、出版、发行的组织及工作要求，指出“一切报纸必须有自己普通的通信网……建立发行网及同读者有联系的发行工作”②。

由此可见，对革命时期的宣传教育工作而言，交通与发行工作的好坏是决定其成败的关键。山东战时邮局既然统一协调邮政、交通与发行三大工作，那么其运行机制对于中共山东分局的信息传递、文化输出以及革命动员自然也起着举足轻重的作用。从这个意义上来说，战时邮局无疑可被视为中共山东分局的“喉舌”部门。更值得注意的是，因为战时邮局是在“以人为中心、移动化、密级化”的准则基础上建立而来，并随着山东根据地的形势变化而变化，不断开辟调整新的交通线路，不断完善多样化的经营业务，故而其相对于其他宣传部门而言，流动性特征明显。这从其当时的口号和方针便可见一斑，“党和人民政府活动到哪里，我们就得通到哪里”“部队打到哪里，我们就发行到哪里”。③ 那么，这一流动的“喉舌”，究竟是如何在具体的实践中为党和人民发声的呢？

表面上看，邮政、交通、发行工作作为战时邮局的三大主要业务，在组织形式上是平行的，但因为抗战时期的特殊需要，党报党刊的传递、革命精神的输出和舆论动员无疑要比普通的邮务工作更为急迫重要，故而在“三位一体”机制的实际运转中，明确强调战时邮局的主要任务“是党的交通发行工作……党的一切机关依靠它去推进其政治文化，是依靠一切努

① 中国社会科学院新闻研究所．中国共产党新闻工作文件汇编：上册［G］北京：新华出版社，1980：92.

② 中国社会科学院新闻研究所．中国共产党新闻工作文件汇编：上册［G］北京：新华出版社，1980：116.

③ 山东战时邮政档案．两年来山东战邮工作总结及今后任务［A］. 1944-08-15，山东省档案馆（馆藏编号 G021-01-0015-002）.

力一切艰苦和技术，冲破敌人的封锁，完成党交给我们的任务”①。相比之下，邮务工作则“是辅助党的交通发行任务的完成，它是为无产阶级革命，为广大群众服务的。不应特别强调，也不应忽视”②。

除了各自的定位不同，三者之间的领导组织关系也较为特殊。作为党与政府在交通工作上共同合并的组织机构，虽然接受一元化领导以来，各级战时邮局已由各级党委直接领导，组织部具体负责，但对外仍然作为各级政府机构的一部分而存在，故而同时也接受各级政府的领导。从具体分工来看，党内的交通发行工作完全交由党来领导，政府则负责邮局的给养经费供给问题，并通过政府与各方面联系，但政府不能随便调动邮局干部。在发行工作上，则是在大众日报社统一领导下来进行，主要是党刊党报的发行。普通的邮政工作主要负责公用性质的文件及各文化机关出版物的发行。③

为了保证三位一体机制的有效运行，战时邮局还提出了 9 条工作方针，即“保证秘密”“争取迅速”“提高技术”“密切联系”“手续清楚”“发行艰苦”“关心交通与邮务员”“团结群众”“努力学习”。④ 乍看起来，这些类似于口号的方针似乎过于简单抽象，但战时邮局在革命实践的过程中，不仅逐渐让这些“口号”一一实现，更赋予了其丰富的内涵，而这也直接促成了邮政、交通、发行工作的高效运转，进而保证了战时邮局慢慢发展成为中共山东分局流动的“喉舌”。接下来，我们将分别对交通、发行与邮政工作展开具体的考察，以期更加直观地展现出战时邮局的运行状况。

---

① 山东战时邮政档案．黎政委在省战邮会议上的讲话：战邮建设问题［A］. 1944-04-09，山东省档案馆（馆藏编号 G021-01-0015-004）.

② 山东战时邮政档案．两年来山东战邮工作总结及今后任务［A］. 1944-08-15，山东省档案馆（馆藏编号 G021-01-0015-002）.

③ 山东战时邮政档案．黎政委在省战邮会议上的讲话：战邮建设问题［A］. 1944-04-09，山东省档案馆（馆藏编号 G021-01-0015-004）.

④ 山东战时邮政档案．黎政委在省战邮会议上的讲话：战邮建设问题［A］. 1944-04-09，山东省档案馆（馆藏编号 G021-01-0015-004）.

一、"让交通成为血管"：流动的"喉舌"何以实现

先来看最为基础的交通工作，没有良好的交通条件，发行和邮务工作显然无法顺利展开。那么对交通工作而言，最重要的又是什么呢？显然是交通线路的开辟。一般而言，战时邮局主要负责开辟公开的邮线、党内秘线和战时交通线三种。

对于公开的邮线，大体可以通过三个步骤来开辟：第一步是根据工作的开展，比如，由甲地到乙地需要开辟路线时，先经党政双方讨论确定，之后由党政介绍关系了解情况再筹备干部，并让政治坚定、业务精湛的交通员首先用直达办法尝试打通关系地的联系，走过三五趟之后，算是完成了开辟路线的第一步工作。第二步则是在沿途情况已经熟悉并建立了一定的关系上，开始着手分段设站的事宜，由直达逐渐转变为分段传送，考虑到工作基础及干部质量，比较薄弱的干站距离可以缩短 20~30 里，这时工作要求做到"按时传送"，并逐渐加强教育，提高干部质量，建立各种制度。第三步则是在掌握沿途情况的基础上，进一步完善工作制度，并严格执行。此时局站距离可延长到 40 里左右（各局站距离尽量调整使其相等），以期达到既可减少人员，又可减少手续，还可保证时间并提高速度的目的。至此，干线交通算是到达了一个稳固阶段，这时工作的要求是"保证时间、保证速度、严格制度、保证不丢失积压任何邮件"。最后，再逐渐过渡到实行日夜出发制度，并做到上下速度的一致。①

当交通线路开辟之后，为了使得线路间的运行常态化，对于各局站的领导与管理就变得至关重要。通常来说，重要干线站一般可由所在地县局及区局或管理局共同负责分工领导，普通干站及支站则完全受所在地县局

---

① 山东战时邮政档案．关于建设战邮工作的决议案［A］．1944-04-09，山东省档案馆（馆藏编号 G021-01-0015-001）．

领导，一切问题由县局负责解决（原则问题须经得上级邮局同意）。① 这里需要重点关注的是两地接头区交通工作的管理与领导。所谓两地接头区是指边沿区，抗日根据地的边沿区作为交通的咽喉，其交通的通达程度无疑是各战略区联系的关键，故而环境更加恶化，敌人封锁更为严密。基于此，战时邮局对两地接头区的管理也更加审慎，比如，在干部配备上，选择政治坚定大胆机警，富有交通经验者担任。最为关键的是，为了防止接头区两管两不管的现象出现，战时邮局不仅明确规定各邮路的职责，更鼓励两地间加强巡视工作，经常接头交换意见和交流经验，这就保证了如有任何一方环境发生意外变化时，可以尽可能及时地通知接头站和有关各站，以便及时转换调整。②

除两地接头区之外，想要真正做到流动的喉舌，深入广袤的农村，让每一位乡亲了解党的政策文化和革命精神，显然也是重中之重。为了保证山东根据地各县到区村的交通畅达，不让报刊文件过分积压。战时邮局规定各县到区村原则上一天联系一次，分区到村则是两天联系一次。在这一标准的要求下，分区邮务人员每人每日都有具体的量化指标：行 40 里（20 千米）路，分发 30 份报，与分区机关联系 1 次，以保证县到分区、分区到县的信件可以隔夜到达。随着战时邮局在革命实践中不断积累经验，县到区村的交通效率也日益提高，分区邮务人员开始逐渐脱离生产，全心全意专职交通工作，更重要的是，山东战邮总局依据地形及行政区域，具体划分交通范围，酌情增加分区邮务员的数量，并组织他们集中居住生活：靠局住局，靠站住站，不靠局站三五人一组，如此一来既便于领导也便于工作。此外，更在各区村逐渐设立战邮代办所，传送邮件信件由县局

① 山东战时邮政档案．关于建设战邮工作的决议案［A］．1944-04-09，山东省档案馆（馆藏编号 G021-01-0015-001）．

② 山东战时邮政档案．关于建设战邮工作的决议案［A］．1944-04-09，山东省档案馆（馆藏编号 G021-01-0015-001）．

交通直接联系，这就使得村—区—县开始形成了点线面的联动。①

当然，在实际工作的开展中，战时邮局还遇到了一个非常突出的问题，即干线交通上的“上快下慢”问题。所谓“上快下慢”主要是指各干线之间交通通行时间不一致，往往出现“上快”和“下慢”的现象，这对革命时期各党政军民的信息对称、步调一致而言，无疑是个十分致命的打击。为了尽可能克服这一难题，山东战时邮局在“一切服从干线”的口号下，根据精简原则和效率优先的原则，创造性地提出了“单轨交X制”和“白黑班两站对路制”（仅限民主区的干线交通）的通行方法（图3-1）。②

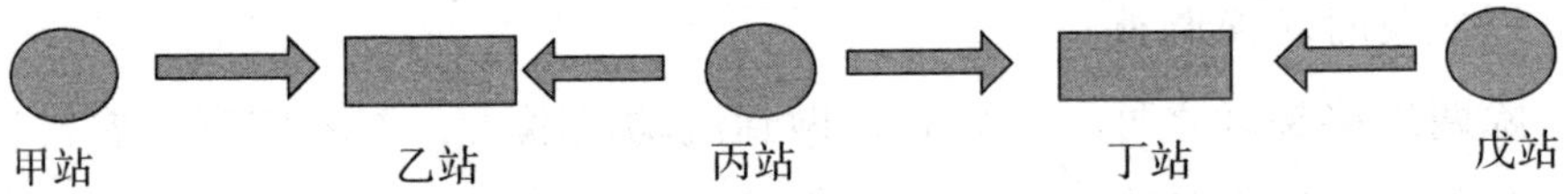

图3-1　“单轨交X制”和“白黑班两站对路制”通行方法图

考虑到战时情况瞬息万变，交通工作可能要在突发条件下随时转移报刊邮件。因此，除以区局为单位组成交通网，区局具体布置各县互相接头联系之外，还特别创建了副线交通。山东分局要求各战略区的民主区，平时要建立一定的关系，打通互相之间的联系（不另设人员），并尽量用所在地局站或地方党的关系准备战时转移路线；而敌顽区的交通副线，则仍以党的关系及沿途局站组成为主，并用密交或职业掩护加以来往联系。③可以看到，从交通线路的开辟到各局站的设立，再至各局站的分工管理和交通方法的创新改良，战时邮局的交通工作始终是在政治与技术的密切配合下展开，努力利用一切关系，使之达到运输血管的作用。而从实践的具

① 山东战时邮政档案．关于建设战邮工作的决议案［A］．1944-04-09，山东省档案馆（馆藏编号G021-01-0015-001）．

② 山东战时邮政档案．关于建设战邮工作的决议案［A］．1944-04-09，山东省档案馆（馆藏编号G021-01-0015-001）．

③ 山东战时邮政档案．关于建设战邮工作的决议案［A］．1944-04-09，山东省档案馆（馆藏编号G021-01-0015-001）．

体情况来看，这一系列措施无疑是有效且显著的：战时邮局仅建立两年多，便建立了17 235里的主要邮线，其中共有主要干线12条，总计长9257里，通过114条封锁线，详情如表3-4所示。此外，战时邮局还为各战略区建立了69条主要支线，总计长7978里，共通过44条封锁线。①

表3-4 12条交通干线情况概述

干线名称	里数/里	速度/天	敌人封锁情况
北局干线	1500	40天	15条公路、8条封锁沟、3条铁路、2条封锁墙、3条河流
冀鲁干线	1000	30天	9条公路、4条封锁沟、2条铁路、3条河流
湖西干线	670	14天	6条公路、4条封锁沟、2条铁路、3条河流
鲁南干线	320	4天	5条公路、2条河流
渤海干线	957	20天	4条公路、1条铁路、1条河流
太运干线	930	10天	9条公路、1条铁路
太山干线	580	4天	8条公路
鲁中干线	220	1天2夜	2条公路
胶东干线	1000	20天	9条公路、1条铁路
华中干线	700	14天	1条公路、1条铁路
淮海干线	340	4天到6天	1条铁路
苏中干线	1040	14天	3条公路、1条铁路
总计	9257		71条公路、16条封锁沟、13条铁路、12条河流、2条封锁墙

看完了战时邮局在开辟公开邮线（干线）上所做的努力，我们再来看看其在密线交通和战时交通工作上的贡献。很长时间以来，党的密交工作一度脱离群众，无论是对上级还是下级都绝对保密，既不相信群众，也不敢运用群众力量，反而总是强调系统、特殊，这就使得整个党的密交工作被窄化为组织部门或相关同志的个体工作，从而不仅与党的群众路线有所

① 山东战时邮政档案．两年来山东战邮工作总结及今后任务［A］．1944-08-15，山东省档案馆（馆藏编号G021-01-0015-002）．

龃龉，更不利于抗战敌后根据地的信息流通。因此，战时邮局建立以来，便针对这一问题开始尝试调整改革，表面上看，将密交工作与邮局合并，似乎是对密交工作等级的一次降格。但实际上，从政治的眼光来看，这意味着密交与邮交可以更好地配合。至此，敌后根据地的交通都是秘密的，各级邮局交通科负有公开与秘密交通的双重任务，只是在使用上有公开与秘密之分。对此，战时邮局也在具体的实践中创造和改良了不少方法，以此来使得密交工作更加安全与迅速，比如，在分工上，一般公用的文件及大批书包邮件等，归普通的邮线传送，党的重要文件及党刊指示决议、报告通知等，则交给秘交使用专门的邮袋传送；又如，针对不同区域，采取因地制宜的传送办法，不拘泥于烦琐的手续：在民主区一般可直接传送，不用传送站（距离特远者例外），在战时或恶劣环境中，则必须任用密战工作掩护传送文件等。①

除日常的交通工作之外，当战情突遭变化，情况瞬息万变不易掌握时，各级局站就会立刻切换到战时模式。这时，各局站之间首先要做的就是调整或转移干线，平时局站的距离为 40 里左右，此时局站距离则必须缩短至 20~30 里。其次，战时的交通工具必须改造，一方面便于掩护，保守秘密；另一方面也便于通行工作，易于应付情况。再次，战时邮件的寄送，一律采取化装办法，如用麻袋、布袋、篓子等，依当地环境、习惯及物质条件来决定，要求战时邮件随身带，且必须夜间通行。从次，发挥普通邮线与秘密邮线的配合，在邮线阻隔、邮件不能传送时，公开路线可配合秘线完全转入秘密工作，利用秘线关系传送邮件。最后，也是最为关键的一点就是基点村的建立与使用。战争期间局站与机关的联系大为困难，唯一的办法就是建立基点村，利用基点村寻得与机关的联系。所谓基点村，主要是指各级局站、机关在自己活动范围内选择有较好工作基础或靠边沿的村庄作为联络基点。基点村与机关的联系，只认规定的代号，且负

① 山东战时邮政档案．关于建设战邮工作的决议案［A］. 1944-04-09，山东省档案馆（馆藏编号 G021-01-0015-001）.

责工作的人员必须是忠诚可靠的党员或社会关系不受家庭、村中矛盾影响的人。同时，某一区域的基点村不能只建立一个，要有两三个不等。值得一提的是，地委、区党委机关在十分紧张的战争环境中，要保守秘密亦可使用基点村联系，但必须有坚强的脱离生产的干部掌握工作。①

二、“用发行供给养分”：千呼万唤的“喉舌”何以可能

如果说山东地区战时邮局在交通工作上的努力，为其成为流动的“喉舌”提供了时间和空间上的可能，那么发行工作的诸多创建，或许可以被视为其真正赢得群众支持的关键。要知道，在战争时期，群众对于信息的需求是非常急迫的。战时邮局在敌后那样艰难的情况下，依然坚持出版发行如《大众日报》等党报党刊和其他一些革命传单印刷物，不仅为广大的根据地群众吃下了一颗定心丸，更鼓舞了他们的爱国热情和革命精神。那么，战时邮局的发行工作究竟是如何展开的？又何以在短短的两三年里，便能得到根据地群众的广泛支持？这或许与战时邮局对发行工作的思想认识和因地制宜的发行策略有关。

先看战时邮局对发行工作的思想认识。通常来说，发行工作与组织宣传工作相比，显得并不起眼，因而也被一般人所轻视，认为这只是事务性工作。然而，不同于其他发行单位，战时邮局所承担的主要发行任务是党报党刊，这就使得我们必须以政治的眼光去审视这一看似普通的工作。实际上，党报党刊工作是一个整体工作，从编辑出版到传送发行，每一个环节都是密切结合、紧密相关的，哪个工作做不好，都会影响整个党报工作的威信和作用。对此，战时邮局有着高度的政治认识，“它是与群众密切接触的工作，在党报编辑改造上，在党报的直接起作用上，都是与发行分不开的……在发行工作上如能及时地送到读者手中，党报威信就会更高，相反报纸如失去了时间性，在作用上就成了历史的参考材料，就失去了报

① 山东战时邮政档案．关于建设战邮工作的决议案［A］．1944-04-09，山东省档案馆（馆藏编号 G021-01-0015-001）．

纸的作用，正如作战失去了先机一样”①。

更难能可贵的是，战时邮局认为在发行问题上，并不是简单把报刊文件发下去就算完成了任务，它还特别关注广大群众在阅读报刊之后的意见和心声。为了让发行工作真正深入群众，不仅成为党的喉舌，更成为群众的喉舌，战时邮局还制定了“检查—收回”制度。所谓“检查—收回”制度，简单来说是指在发行工作中既检查各单位是否将报刊文件安全、准确、及时地送到了群众中间，又注意收回反映群众阅读的呼声与建议。

具体来看，检查工作既是各级战时邮局发行人员的常规工作，也是其完成政治任务不可缺少的工作，所以在检查的过程中，着重强调检查政治任务的执行程度，特别是党报党刊的发行情况，并要求从中发现问题、解决问题、创造经验等。检查工作的方法则有经常检查与典型检查两种。经常检查一般由管理局、区局干部统筹负责组织，定期检查各单位的发行实际；典型检查则是为了彻底了解某地区的情况，或某时期政治任务的完成程度，专门配备一定的干部，组成检查小组进行检查，以总结出经验，推动其他地区的工作。为了避免检查工作变成单纯的“没事找事，专挑毛病”的工作，战时邮局还特别规定在具体的检查过程中，要注意两种方法的相互配合，且在进行任何检查之前都需要制定检查纲要，并严格履行会议汇报制度。每次开展检查计划时，都需要经该地区负责人同意后方可共同执行，并要求检查完毕后，将检查材料和发现的问题，及时汇报给该地负责人。②

如果说检查工作促进了发行业务自上而下的有效运转，那么收集反映工作则保证了发行业务自下而上的信息回流。概言之，战时邮局主要通过以下三种方法来收集广大群众在阅读报刊后的意见：其一是组织读报组，

① 山东战时邮政档案．两年来山东战邮工作总结及今后任务［A］．1944-08-15，山东省档案馆（馆藏编号 G021-01-0015-002）．

② 山东战时邮政档案．关于建设战邮工作的决议案［A］．1944-04-09，山东省档案馆（馆藏编号 G021-01-0015-001）．

在集体读报的过程中收集反映；其二是经常组织召开订户建议会，聆听忠实读者的心声；其三则是从报纸的记者通信员队伍中，收集一线工作中的经验体会。收集的反映内容主要包括四方面：一是对党的政策有何意见；二是他们的呼声与要求是什么；三是对报纸本身的意见，包括编辑印刷发行等；四是对报纸所起的作用——征求读者看报的帮助，改造了哪些工作，还有什么意见，等等。尤其值得称赞的是，对于收集来的群众反映，战时邮局并没有将其束之高阁，而是要求各县局经过分门别类整理后，每半月就向上级汇报一次，以促进工作的持续改良。①

除了思想认识上的高度统一，战时邮局在具体的发行工作中还采取了因地制宜的方式方法。针对山东根据地特殊的地缘政治形势，战时邮局大体上将发行区划分为民主区、敌顽区和新发展地区三块。所谓民主区，乃是指长期在中共领导下的红色区域，与之相对的则是被敌人和顽固派所占领的敌顽区，而新发展地区一般是指中共刚建立联系但长期受到“敌、伪、顽”压迫控制的地区。这三大区域的政治生态和群众生活情况显然各有不同，因而在具体的发行工作中，也有着各自不同的重点与难点。基于此，战时邮局也在日复一日的发行工作中，逐渐摸索出一套极具针对性的工作方案。

首先，对于中共领导下的民主区，由于政治生态相对较好，战时邮局的主要工作就是尽量做到全方位无死角的发行，以切实保证把党和革命的信息传到每一位群众身边，也将每一位群众的心声反映到党组织之中。为了完成这一目标，战时邮局主要采取了三种方法：其一是推广直发直订的制度，使得报纸的发行更加准确；其二是尽力组织读者读报，以充分发挥报纸的作用；其三则是努力做到普遍发行，以不断消减空白地带。

逐一来看，所谓直发直订制度，就是把报纸直接送到订户手中。这一看似简单的制度，在当时兵荒马乱且缺乏现代交通通信工具的条件下，实

① 山东战时邮政档案．关于建设战邮工作的决议案［A］．1944-04-09，山东省档案馆（馆藏编号 G021-01-0015-001）．

则颇为不易。它要求各县提前把各自辖区的预订工作办好，然后再整体移交区局以上的发行科，再经过发行科统一制定发报底册，直发各分区的邮务员转送给订户。推广直发直订制度的好处在于，各县的会计手续得以减少，收款更加集中，账目更加清楚，既能克服过去贪污公款的问题，又可以避免大量的报刊积压在各县局及分区代办员手中。此外，发行科通过此制度不仅能够克服工作上的事务主义，得以集中精力推动发行工作，更能直接了解下边情况，使得报纸在发行上更加准确，也能更进一步深入群众中，避免过去乱收乱发的现象出现。①

组织读报小组，是为了更好完成党报的集体组织者和集体宣传者的任务，使广大群众都能接受我党在思想上、政治上、领导上以及工作上的指导作用，借以达到教育读者，联系订户及时收回反映，进而改造党报的作用。当时，战时邮局鼓励各群众团体组织，都要成为读报小组的组成单位，组织形式可以不拘一格，但一定要把报纸上所登载的号召和经验以及重要的消息等讲给群众听，提高群众的政治认识和抗战信心，特别要注意解决群众的疑难问题。在具体组织读报的工作上，战时邮局也摸索出了一套在今天看来也颇有实践意义的组织策略：

> A. 有计划有重心地组织读报小组，首先各局站应在自己的驻村内，切实组织读报组，并号召其他驻村机关也这样做。首先在冬学识字班民兵夜校中去进行，各地发行人员应具体去帮助领导读报组织；
>
> B. 有支部的村庄首要组织起来，如村支部里有能读报的，即由小学教员负责读，支部宣委在政治上起保证作用；
>
> C. 利用中心小学教员会议时，成立读报小组，并定期按时参加其会议；
>
> D. 在组织时要分清对象，工农青妇分别来组织，因他们要求不同，应按照不同要求，去选择读报材料，以引起他们的兴趣；

① 山东战时邮政档案．关于建设战邮工作的决议案［A］．1944-04-09，山东省档案馆（馆藏编号 G021-01-0015-001）．

E. 在我们已经组织的读报小组，一定保持其经常性，千万不要三日打鱼二日晒网，尤其在引起他们的兴趣时，更应注意到这点，否则不但自流的垮台下去，且影响信仰；

F. 制定优待会员证，凡成绩优良者，由登记机关发给此证，以享受优待（凡会员购书一律八折）；

G. 要有重心地去组织，找出一个县、一个分区、一个村去组织，并积累经验，指导其他。①

此外，在力求普遍发行和消减空白地的问题上，战时邮局也做出了许多有益的尝试。所谓消减空白地区，是指凡有我党政军民活动的地区，就要去开展发行工作，彻底消减党报党刊的真空地带。战时邮局认为，发行工作首先要确立群众服务的精神，例如，有一份报纸没有发布到群众手中，或某些地区没有发行工作时，应看成是党的损失，所以发行工作中的“检查—收回”制度在这里就起到了至关重要的作用。不仅如此，在战时邮局看来，阅读党报还是每个工作人员的任务，对于不看报纸的机关团体，应给予适当批评，故而要求各分区必须订报，各发行机关无故不得任意大批退报。②

相比我方民主地区较为稳定的治安环境和政治条件，敌顽区的发行工作无疑要严峻得多。因此，战时邮局曾一度畏首畏尾不敢前进，或单纯依靠敌工部门，不愿亲自动手发行。随着抗战形势的不断好转，也随着战邮发行工作经验的不断完备，敌顽区的发行工作也逐渐转变了对敌区害怕威胁的心理，开始慢慢从量上着眼，从质上下手，将革命的火种播撒到敌人的内部。总体而言，敌顽区的发行工作，主要以完成政治任务为主，做到发行一份就应起到一份的作用，努力使党报真正起到强有力的作用，并争

① 山东战时邮政档案．关于建设战邮工作的决议案［A］．1944-04-09，山东省档案馆（馆藏编号 G021-01-0015-001）．

② 山东战时邮政档案．关于建设战邮工作的决议案［A］．1944-04-09，山东省档案馆（馆藏编号 G021-01-0015-001）．

取收款与收回反映，让敌顽区的人民群众了解我党的政策与文化。为此，中共山东分局特以县为单位，成立敌区发行小组（由党委宣传部、邮局、敌工部共同组织），在政治上党委负责保证，工作上由战时邮局直接领导，以专区局为单位，发行科专设敌区发行员1人，加强对敌区发行工作的领导，主要通过蚕食的办法，有空就钻，有缝就挤，利用各种关系开展敌后工作，规定无论任何部门找到发行关系后，应一律交给发行机关负责分发，以避免发行之紊乱，但对绝密的关系，可仍由敌工部门负责。①

具体来看，敌顽区发行工作所采取的办法大致有以下六点②：1. 主要采取建立密线的联系，利用不脱离生产的老百姓传送；2. 在敌人封锁比较严密的地方，可利用晚上实行突然突发的办法去传送，任务完成后立即退出，但必须按照规定地区的代号进行；3. 战邮人员可与武工队密切配合，运用敌区发行站，设立敌区秘密楼，采取经常性与突发性相结合的方式，利用武装传送重要报刊文件，但不能单纯追求发行量；4. 从比较弱的地方下手，利用各种关系辅助传送，比如，依靠地方宗族关系，靠根据地中的顽亲去发展，又如，争取伪军的下层，主要包括听差、工友、厨子等去帮助传送；5. 在敌占城市敌区，努力建立群众性的发行关系，利用商贩自由联系，以及各种灰色面目出现，开展城市发行工作；6. 建立发行站，利用关系发展关系，订户发展订户，在敌顽封锁严密之处，采取拔钉子的办法。

随着抗战形势的逐渐好转，一部分原来的敌顽区也慢慢被我党和我军打通甚至收复，因此，一个新的问题便接踵而至：在接手原先的敌顽区之后，如何才能更好地把共产党的精神理念传达给当地群众，使得接手的地区可以实现平稳过渡？针对这一情况，战时邮局也制订了一系列具体的方案。在他们看来，接手后的敌顽区可以称之为新地区，这些地区的群众大

① 山东战时邮政档案．关于建设战邮工作的决议案［A］．1944-04-09，山东省档案馆（馆藏编号G021-01-0015-001）．

② 山东战时邮政档案．关于建设战邮工作的决议案［A］．1944-04-09，山东省档案馆（馆藏编号G021-01-0015-001）．

多长期受到压迫和剥削，故而刚从压榨中被解救出来，在情感上是很高兴也愿意接近共产党的刊物，但应当注意的是，也正是由于受“敌伪顽”长期欺骗宣传，部分群众对我党我军也多少有着一种怀疑的心理，不能很快地接受我们的新东西，所以在发行过程中的首要原则就是不可操之过急。基于此，战时邮局认为，发行工作在新地区开展时，尤其需要注意与军事机关取得密切联系，随着军事行动的部署逐渐开展工作，必要时可抽调老地区的在职工作人员，跟随军队一起开展工作，但必须把报纸事先筹备好，以便随时发放。此外，接手新地区的初期虽然应以大量发行为主，但也要避免盲目乱发，可先用赠阅的办法（尽量争取订阅）去开发订户。①

在具体的发行方法上，战时邮局要求发行人员首先要参加党政军民所召开的群众性会议，把看报的好处在会上宣传，以启发他们的看报热情，同时也可发现积极热心的商户，吸收来协助开展发行；其次，新地区的发行要有严格的会议汇报制度，经常讨论开展工作的办法，及时交流经验以解决实际问题；再次，每打通一个新的地区，就立即安排一名经验丰富的干部负责联系和发行任务，确保可以按时把报刊送给新订户；最后，特别主张不能把报纸当作单纯的赠品，不管效果如何就乱发乱送，而是在订户真正能看懂的情况下才给他，并争取运用好当地有威望的士绅名流、知识青年，通过他们的宣传号召，以扩大党报的发行工作。②

正是由于对发行工作有着高度的政治认识，没有单纯从技术性、事务性的角度去轻视它，战时邮局才能在顶层设计上针对不同的发行区域，制定出行之有效的发行办法，并在交通和邮务人员的共同配合下，逐渐建立起自己的发行网络，不仅在极端困难的情况下，使得发行量和发行收入有了很大的提高，更使得党报发行工作真正扮演了集体组织者和集体宣传者的角色，成了对敌斗争的有力武器，甚至“个别敌区人民看到报上有征粮

---

① 山东战时邮政档案．关于建设战邮工作的决议案［A］. 1944-04-09，山东省档案馆（馆藏编号 G021-01-0015-001）.

② 山东战时邮政档案．关于建设战邮工作的决议案［A］. 1944-04-09，山东省档案馆（馆藏编号 G021-01-0015-001）.

办法，自动向我政府交公粮，看到报纸上根据地的拥军热潮，偷送慰劳品给我军，提高了敌区人民胜利的信心，扩大了我党我军的影响”①。

三、“当邮务与情报共融”：无处不在的耳目开始形成

相比交通工作的运输血管作用和发行工作的供给养分作用，战时邮局的本职工作——邮政业务，看起来多少显得有些无足轻重，似乎只是为党的交通发行工作提供了辅助和掩护的帮助。然而，战时邮局的本职工作看似普通，实则也为抗战期间的信息传递和物资转运做出了不可磨灭的贡献。鲜为人知的是，在进行邮政业务的同时，战时邮局还扮演着无处不在的耳目作用，为中共山东分局承担着不少情报收集工作。山东战邮总局的局长赵志刚同志便曾明言，要把战时邮局这一组织，“变成一个便捷的情报机关，要及时不断地按时汇报敌人活动情况。与驻地军事指挥机关密切配合”②。而从抗战胜利后的一份文件来看，战时邮局之所以成立，除想要保证党报党刊的正常发行，把革命的火种撒播到齐鲁大地的每一寸土地之外，还有一个很重要的原因就是要和敌人进行情报战：

> 为什么要建立敌后解放区的战时邮局？自山东沦陷后，敌人即将山东邮区划归华北伪政务委员会下之邮政总局所管辖，受敌华北军特务部直接指挥……中华邮局已被敌人指为敌邮局，中华邮务员完全置于敌人管制下，为敌人服务。自此后，华北之中华邮局已完全被敌人分割破坏……许多抗日人员之函件为敌特所扣留，进行侦查解放区之军情，利用代办所进行解放区的物价调查以及其他伤害中国人民之行为……为此，山东民主政府为挽救中国之邮政，适应党政军民之需

---

① 山东战时邮政档案．两年来山东战邮工作总结及今后任务［A］．1944-08-15，山东省档案馆（馆藏编号 G021-01-0015-002）．

② 山东战时邮政档案．关于布置敌人“扫荡期间战邮工作的通知”［A］．1943-05-20，山东省档案馆（馆藏编号 G021-01-0013-002）．

要……建立山东战时邮局……①

说起来，邮务与情报工作的共融素来就有，早在战时邮局建立“邮政、交通、发行”三位一体的机制之前，山东根据地便组建过一个叫作侦通站的组织。顾名思义，侦通站的主要任务是“侦察敌情，传递情报和党政军上下级指示信件”②。据曾在侦通站工作过的王德卿回忆，当时“每天各站都有情报通信联系”，而等到被改编为战时邮局之后，“除以上任务外，已开始宣传人民群众使用邮政的教育……逐步执行邮政制度，同时开展了报刊发行工作”③。对此，曾参与鲁南战邮组建的王丹墀也指出，战时邮局成立后“还兼做情报工作，为当时各级党政军机关掌握敌情动态，起到了不少作用”④。那么，当侦通站被改编为战时邮局之后，情报工作又究竟是如何在邮政业务下开展的？这就要从战时邮局的邮务工作开始说起。

毫无疑问，对情报信息的收集传送来说，最重要的就是安全隐蔽、迅速可靠。因此，邮务工作在战邮事业中的主要任务，就是以精密的手续、科学的方法，准确及时地把这些邮件（含情报信息）运送下去。为了实现这一目标，战时邮局特制定了严格的邮票制度，以区分邮件的重要性。在服务抗战第一和先公后私的原则下，战时邮局把邮票分为有资与无资两种：一切经由普通邮线寄送的邮件，除优抗函件及总付邮资邮件外，一律使用有资邮票；另外一切经由密线寄送之邮件一律使用无资邮票。无资邮票应依照文件性质，分别制成若干种类，以资识别邮件之轻重缓急。⑤

---

① 山东战时邮政档案．山东解放区战时邮政建设概况［A］．馆藏编号：G021-01-0019-002.

② 王德卿．从侦通站到战邮局［G］//山东省邮电管理局史志办公室．山东战邮回忆资料专辑：第一集．济南：山东省邮电史志编纂委员会办公室，1988：763.

③ 王德卿．从侦通站到战邮局［G］//山东省邮电管理局史志办公室．山东战邮回忆资料专辑：第一集．济南：山东省邮电史志编纂委员会办公室，1988：763-764.

④ 王丹墀．创建后的鲁南战邮［G］//山东省邮电管理局史志办公室．山东战邮回忆资料专辑：第一集．济南：山东省邮电史志编纂委员会办公室，1988：103.

⑤ 山东战时邮政档案．关于建设战邮工作的决议案［A］．1944-04-09，山东省档案馆（馆藏编号 G021-01-0015-001）.

此外，考虑到情报信息的特殊性，战时邮局在邮务工作中还特意区分了军邮和民邮业务。一般而言，民邮业务几乎不涉及任何重要情报，故而战时邮局将固定的邮政联络点，设置在邮务员报送报纸时所经过的主要村落中，并按照平时事务的多少，或称代办所，或称信箱，以便利当地民众及后方人员的邮寄事宜。而对党政军队来说，情报信息的收集转送不仅繁多而且重要。为此，战时邮局特别建立了随军邮站制度，并配备随军邮务员专门处理军邮业务，其主要工作除加强部队与外界的联系，及时将党报党刊分配给部队，并办理军人的各种邮寄事宜之外，更重要的就是要随时将军队的相关信息传送出去，当部队转移时，随军邮务员也要主动与就近的战邮局站取得联系，从而保证我党政军民的信息情报始终处于一种安全可控的流动状态中。①

除军队之外，战邮情报工作的主战场还有很多，其中，最大的挑战来自旧的中华邮政。第二章我们已经看到，华北之中华邮政已大部分沦为敌手，而随着抗战的全面展开，敌人利用中华邮政的关系，不仅在敌占区进行宣传教育方面的管控，更在我方根据地建立起了一批机动的邮政局站，并“通过他们来调查我根据地上的物资、物价……发现有代办所为敌人传送情报的信件……向收件人勒索送信报酬，一封信竟要至 10 元，他们更与不肖邮局勾结，走私货，印伪钞，刺探情报等”②。更有甚者，还“伪装我邮务员和交通员，假装送《大众日报》，试探百姓是否抗日……冒充总局巡视员，在马路上替交通员捎信，并到邮务所住下后，偷走他们的信件……滨北武交队内部因有奸细投敌，带着敌特伏击我们，亦受损失很大”③。面对被敌人伪化了的中华邮政所挑起的情报战，战时邮局也开展了

① 山东战时邮政档案．关于建设战邮工作的决议案［A］．1944-04-09，山东省档案馆（馆藏编号 G021-01-0015-001）．

② 山东战时邮政档案．关于建设战邮工作的决议案［A］．1944-04-09，山东省档案馆（馆藏编号 G021-01-0015-001）．

③ 山东战时邮政档案．为防止敌特破坏及成立战邮工会的通知［A］．1944-04-14，山东省档案馆（馆藏编号 G021-01-0014-010）．

轰轰烈烈的“旧邮改造计划”，他们通过争取被敌人劫持的旧邮员工，使其重回祖国怀抱，借以抵御敌人的情报战略。

在具体的方法上，战时邮局通常先深入各旧邮组织在我根据地的流动局站、代办所进行调查，然后给予适当对待：对于开明之代办人，以经常教育为主，促使其转变观点，打破其反动观念，使之为抗战所用；对普通的代办人，则商请用合法转移的办法，令其向所属邮局呈请转于某人代办，将敌伪化了的邮政人员赶出我根据地；而对于某些特别坏的代办人，则以发动群众斗争、控告为主，然后交由政府处理，停止其代办权。在进行旧邮的改造工作中，根据地的边沿地带自是重中之重，因此，这一区域的代办所、局站等组织机构也被要求优先加以改造，以达到一石二鸟之效：一方面既可以切实检查往来敌占区之信件，另一方面也可以有效切断其上级局所发来的命令。① 此外，战时邮局还通过组织邮务职工会的方式，借以劝教和吸收旧中华邮局的邮务人员“团结起来，对敌进行斗争……自动地、有组织地检视敌伪行动，将其情况随时报告我军，并帮助我军以许多便利，以迫其早日投降，特别要监视邮局内之日鲜人及特务汉奸的行动工作，不使其一个漏网或逍遥法外”②。

当然，战时邮局的情报工作，不仅与邮务工作密不可分，也与交通发行工作紧密相关。随着交通发行工作的不断进步，以邮局为中心的情报网络也逐渐建立并日益完善，这种把所有情报人员统一配备到一个阵营里，进行统一管理统一领导的方式，既保证了党政军情报工作的协调一致，又方便了各地区在战时的交通联系。根据 1944 年的资料显示，在战时邮局成立两年多的时间里，山东根据地已建成“专区邮局 12 个，县局 83 个，

① 山东战时邮政档案．关于建设战邮工作的决议案［A］．1944-04-09，山东省档案馆（馆藏编号 G021-01-0015-001）．

② 山东战时邮政档案．为加强邮工大团结争取最后胜利告全体中华邮务员工书［A］．1945，山东省档案馆（馆藏编号 G021-01-0023-005）．

邮站108个，信箱97个，存代办所631个，邮务工作人员比1942年翻了一倍”①。战时邮局还特别要求，全体邮务人员“应以对革命、对党负责的态度对待邮务工作……必须掌握分发邮件时间，不得无故积压邮件，必须保守工作上所接触的各种秘密，如机关部队的代号、住址、情报等，并应有高度之警觉性，时刻注意邮件之安全。必须与各局站间的工作同志密切配合，不得互相推脱不负责任”②。随着邮务人员战情观念的加强和化装技术的提高，山东地区各类邮件包裹的寄送量和邮票发行数目也日益可观。同时，为了配合对敌政治攻势，每到年节时分，战时邮局还都免费寄送日伪宣传品、慰问袋等。而从以下的两张统计表（表3-5，表3-6）来看，战时邮局无论在寄送物资的能力上，还是发行邮票的数目上，都已经达到了一个较高的水准③。

表3-5 各地区各种邮件统计表（缺渤海）

	挂号	公文	平信	书籍	报纸	包裹	款子	附注
总局	1007	2285	1138	434	1773	80	131277	1944.1—1944.4
滨海	7266	51886	16725	20937	69444	2542	84889	1943年全年13个局站统计
鲁中	3962	10066	32446	9183	23185	384	68010	1943.4—1944.4，中心站的统计
鲁南	2363	8064	54657	4530	20657	525	359526	区局以下四个县局统计时间不一致
胶东	7268	3351	77176	13831	4020	3171	663574	只管理局统计，1943.6—1944.4
总计	1866	75652	182142	48915	119079	6702	1307276	

① 山东战时邮政档案．两年来山东战邮工作总结及今后任务［A］. 1944-08-15，山东省档案馆（馆藏编号G021-01-0015-002）.

② 山东战时邮政档案．战邮工作条例［A］. 1944-04-09，山东省档案馆（馆藏编号G021-01-0015-003）.

③ 表3-5和表3-6均引自山东战时邮政档案．两年来山东战邮工作总结及今后任务［A］. 1944-08-15，山东省档案馆（馆藏编号G021-01-0015-002）.

表 3-6　1944 年各地区邮票发行数目统计表

	总局	滨海	鲁中	鲁南	胶东	渤海
发行基金数目	80000 元（发行总数）	6050 元（基金）①	13000 元（基金）	3600 元（基金）	80000 元（基金）	34309 元
售出数目	67000 元（共售出）	11355 元（4—7 月）	5000 元（4—5 月）	4036 元（共售出）	30000 元（共售出）	9926 元（共售出）
损失数目			1778 元（全区）	1264 元		14267 元（归档等）
总付邮资数目	25200 元（7 月）		2148 元	1022 元		1054 元

注：这里的“基金”并非指一种投资产品，而是指邮局为客户办理的各种代收代缴业务。

不难想见，这些客观数字的背后，反映出的恰是邮务工作不断加以改进的科学积累。对邮务情报工作而言，安全准确与迅速有效显然是重要的衡量标准。因此，战时邮局的改进措施，基本也是围绕保守秘密和争取时间两个方面来展开。在争取时间上，以“不使邮件走回头路”为目标，为了减少邮件到各局站的登记手续，采用了小邮袋直封的办法，并创造了封固邮袋的小袋牌，用以代替传统的火漆。“当信件装袋后就用小绳缚起，捋绳结扣，置于有空槽的木牌内，用纸签封固，然后再盖上日戳……我们也创造了金属活字的邮用日戳……既耐用也省去了填写日子的麻烦。”② 在保守秘密方面，由于部队机关经常需要转移流动，故而其代号也在不断改变，这就使得许多邮件经常无法准确投送。面对这样的情况，战时邮局决定建立信箱挂号制度，让“各机关用战邮信箱的编号，代替了他们的代号，固定了通信的番号，保守了机关秘密，错误也逐渐减少了”③。具体来

① 这里的“基金”并非指一种投资产品，而是指邮局为客户办理的各种代收代缴业务。
② 山东战时邮政档案．山东战邮工作建设概况［A］．1945-08，山东省档案馆（馆藏编号 G021-01-0019-001）．
③ 山东战时邮政档案．山东战邮工作建设概况［A］．1945-08，山东省档案馆（馆藏编号 G021-01-0019-001）．

看，信箱挂号办法及战时邮局所编信箱号数如下：

一、信箱挂号办法：

（一）各地邮局附信箱编号，必须将本区名冠在上面。

（二）为便于记忆，可以百进数编地区，十进数编订机关或部队。

（三）机关部队挂号后应即通知各局站。

（四）机关部队转移时，应及时通知邮局。接到通知的邮局，应立即转告各局站信箱第××号，应发某局。

（五）各局站收发人员必须熟记本区的信箱户头。

二、县局信箱号数：

（一）山东战邮信箱第一〇〇——一〇九：分局及直属各单位

（二）山东战邮信箱第一一〇——一一九：山东军区及直属各单位

（三）山东战邮信箱第一二〇——一二九：省政委会及直属各单位

（四）山东战邮信箱第一三〇——一三九：大众日报社及直属各单位

（五）山东战邮信箱第一四〇——一四九：工行管理总局

（六）山东战邮信箱第一五〇——一五九：北海银行

——山东省战时邮政总局《信箱挂号办法及本局所编信箱号数的通知》①

总而言之，战时邮局通过邮务与情报工作的共融，不仅有效保证了山东地区党政军民正常的物资转运，更在承担重要情报信息传递的过程中，逐渐发展为我党政军与敌进行情报战的一支重要力量。因此，如果说在交通发行工作上的出色表现，使得战时邮局成为山东地区“千呼万应的喉

① 山东战时邮政档案．信箱挂号办法及本局所编信箱号数的通知［A］．1944-11-14，山东省档案馆（馆藏编号 G021-01-0004-004）．

舌”，那么其在邮务与情报工作上的突出贡献，则无愧于“无处不在的耳目”。

第三节　奖惩政策的完善：战时邮局的自我激励与约束

除了组织结构的调整和运行方案的重组，战时邮局还试图通过奖惩政策的完善，以实现在工作中对战邮人员的激励与约束。事实上，赏罚分明历来是中共在治党和治军方面的优良传统。因此，对新组建的战时邮局而言，山东地区的党政领导适时地制定奖惩政策自然也不意外。在他们看来，奖惩的意义“在于发扬各级邮务人员之积极性，提高工作效率，使工作出力的受到荣誉，工作不出力的受到一定处分，而使邮务工作大踏步顺利展开……”①。既是奖惩，当然分为奖励与惩治两块，不妨逐一来看。

先看奖励的部分，奖励政策又可细分为基本待遇和业绩奖励。在基本待遇方面，战时邮局成立后不久，山东省战工会便颁布了《关于统一邮政经费及员工待遇》，从基本的物质条件上为战时邮局的运营和战邮人员的工作生活提供保障。尽管这只是一份类似于工资待遇的文件，但其中的几个细小举措，仍然体现出中共对战时邮局和战邮人员的长远打算。比如，对邮局的日常运营而言，除基本的办公费用和印刷费用之外，各级战时邮局还可以从各级政府中领取教育费，按照“每人每月在不超过一元原则下，以专区邮局为单位，有计划地购置邮务员工阅读及学习上应用之书报，或出版小报等用项”②。显而易见，此举无疑是希望可以通过这样的方式，尽可能提高邮局员工的文化业务水平，从而为战邮工作的进一步发展打下基础。对广大战邮员工来说，除基本的薪金待遇之外，还有粮食、菜

① 山东省邮电管理局．华东战时交通通信史料汇编：山东卷［G］．北京：人民邮电出版社，1997：149-150.

② 山东战时邮政档案．关于统一邮政经费及员工待遇［A］．1942-06-20，山东省档案馆（馆藏编号 G021-01-0001-006）.

金、鞋袜费等各类生活补贴。一般而言，在我民主区从事战邮工作的人员每月可以领取各类薪金补贴共计 17 元（1942 年 8 月后为 20 元），在敌占区的战邮人员则因工作环境更加恶劣，可以领到薪金 20 元（1942 年 8 月后为 25 元）。① 根据当时的物价情况，这笔薪金可以买到 8～10 斤的小麦。② 此外，为了切实保障他们无后顾之忧，山东省战工会还规定“各级邮政员工家境赤贫，无法维持生活者，得与抗日军人同样享受一切待遇。因工作遇难牺牲，得请求抚恤费。邮政干部因劳成疾者，可向各级政府保健委会请求保健费”③。

在基本待遇之外，为激励战邮人员的工作热情，战时邮局还在山东分局的支持下，制定出了一套既有物质层面，又有精神层面的业绩奖励政策。具体来看，物质层面的激励主要是通过业务的提成来实现，山东战邮总局在《战邮工作条例》中明确写道，将“发行邮票所得现金以 30%为邮工奖励金”，另外发行报款的 30%也可用于“提成，或作补充余账，或作奖金”。④ 更值得注意的是，山东战邮总局特意强调这些奖金不能平均使用，“应适当地分发给或使用在业绩优良的战邮工作人员身上，尤其是交通邮务员，应按他们的成绩作为奖励标准……”。虽然目前尚无直接的证据表明在战时邮局成立之前邮工的具体奖励情况，但既然此时特意强调不能平分奖金，料想之前的提成办法大概率会遵循平均主义的原则。因此，

---

① 山东战时邮政档案．关于统一邮政经费及员工待遇［A］．1942-06-20，山东省档案馆（馆藏编号 G021-01-0001-006）．

② 山东根据地曾于 1942 年下发《关于法币问题的指示》，要求自 1942 年 7 月 1 日起，所有党政军民的交易一律以北海银行发行的北海币结算，但在 1944 年上半年彻底建成以北海币为本位币的货币市场以前，根据地的货币交易仍然以法币为主币，北海币为辅币，进行等价流通。此时的物价情况，来源于《1938—1946 年北海币供应量及小麦价格指数增长率》统计表，详见钟钦武．革命视野下的金融：北海银行研究［D］．济南：山东师范大学，2019：94．

③ 山东战时邮政档案．关于统一邮政经费及员工待遇［A］．1942-06-20，山东省档案馆（馆藏编号 G021-01-0001-006）．

④ 山东战时邮政档案．战邮工作条例［A］．1944-04-09，山东省档案馆（馆藏编号 G021-01-0015-003）．

在这种新的“按劳分配”原则下，战邮员工的积极性与之前相比会有怎样的变化，自然也不言而喻。而随着战时邮局的不断摸索与发展，其保障体系和奖励政策也越发科学完善。到了抗战末期，战时邮局还专门建立了山东省邮务职工抗日救国会，试图为战邮职工的学习工作和生活，提供更加完善的福利待遇：除基本的薪金和教育费用之外，此时的战邮职工甚至已经有了临时救济、养老保健、生育补助及医疗救济等诸多现代意义上的福利奖助体系。①

与物质奖励相比，战时邮局的精神奖励，主要是通过响应当时边区大生产运动中的号召，以开展“创模运动”选树典型的方式，评选出一系列交通模范、发行英雄，进而带动整个战邮队伍的工作积极性。对此，山东战邮的广大工作者也予以了充分拥护和响应，比如，沂蒙区的一位战邮同志就表示，“我要先争取模范再渐渐争取英雄，做到任何环境下服从分配，不怕敌人扫荡，就是鬼子兵力散布成网，叫我去送信，我也坚决想尽一切办法完成任务，牺牲自己也不损失文件”②。由此可见，精神奖励对战邮职工而言，其影响力绝非一般。甚至从部分战邮工作者的回忆来看，他们中的大多数相比于物质需求，更在意的恰是一种精神层面的追求。事实上，由于战争形势的恶化和战邮人员特殊的工作形式，很多物资的供给和奖励往往很难完全实现，但绝大多数战邮人员始终甘之如饴。③ 关于这一点，我们也将在下一章对战邮人员的群像考察中，做出更具体的分析。

相比较为完备的奖励政策，除在战时邮局成立近一年之后出台的《山东战时邮务人员奖惩条例》之外，仅就目前的资料而言，战时邮局实际上并没有其他明确的惩治方案，甚至在这份《山东战时邮务人员奖惩条例》

① 山东战时邮政档案．关于建立山东省邮务职工抗日救国会的决议［A］．馆藏编号：G021-01-0023-006.

② 山东省邮电管理局史志办公室．山东邮电史稿［G］．影印本．济南：山东省邮电管理局史志办公室，1982：133-134.

③ 在抗战最艰难的时候，很多战邮员工莫说薪金奖励，甚至连最基本的交通装备——鞋子，都难以保证供给。可参见山东省邮电管理局史志办公室．山东战邮回忆资料专辑：第一集［G］．济南：山东省邮电史志编纂委员会办公室，1988.

中，战邮总局也只是根据行为的程度不同，仅仅列出了“撤职惩办、调局察看、记过和赔偿”四类惩罚措施。① 然而，这并不意味着战时邮局内部只有自我激励与表扬，没有自我监督与约束。在鲁南区的一份工作总结中，我们可以清楚地发现，战时邮局内部已经认识到了采取一定的惩治措施是有必要的：“对犯错误的同志不做结论也不做适当的处罚，使分局不能从工作上起积极的作用……”② 因此，总的来看，战时邮局的惩治方案虽然还是以预防教育的“治”为主，但相应的问责意识已经渐渐深入人心。更不应忽视的地方在于，此后随着整风运动的全面展开，各级战时邮局内部的自我批评与自我教育得以进一步加强，从而使得战邮队伍的思想更加统一，纪律更加严明。

行笔至此，我们已从战时邮局的组织机构、运行方案和奖惩制度这三个主要维度，大体描摹出了其新的传播机制。当然，再完美的机制，也需要具体的人来进行实际工作。战时邮局新的传播机制想要充分发挥作用，离开了具体的人的实践，也只能如空中楼阁一般，可望而不可即。那么，战时邮局的工作人员究竟是一群什么样的人？他们又是如何进行学习和工作的？他们对战时邮局有着什么样的看法？带着这样的问题，我们将在下一章中，对战时邮局的工作人员进行群像式的历史考察。不过，在进行下一章的考察之前，我们还需要对本章的内容做一小结，以期更加直观地展现山东战时邮局的传播机制，究竟是如何形成又是如何配合的。

本章小结

本章以战时邮局内部组织和功能的沿革为线索，通过对交通、发行、

① 山东省战邮总局关于公布山东战时邮务人员奖惩条例的通令［G］//山东省邮电管理局．华东战时交通通信史料汇编：山东卷．北京：人民邮电出版社，1997：149-151.

② 山东战时邮政档案．关于鲁南战邮一年来的工作总结［A］．1944-03-21，山东省档案馆（馆藏编号 G021-01-0006-001）．

邮政三大业务功能的历史考察，试图复原战时邮局“三位一体”传播机制的形成过程及其实践作用。在对历史的梳理过程中，我们发现战时邮局成立之初，还并不具备交通和发行的职能，但随着革命实践的不断发展，中共山东分局开始意识到，如能将发行、交通纳入战时邮局统一领导和管理，则不仅有利于实现精兵简政的政治需要，更能提高战时邮局的工作效率。毕竟，战时邮局在成立之前，就已经与交通和发行部门有着良好的合作传统。基于这样的考虑，中共山东分局便先后发文将交通工作和发行工作划归战时邮局负责。因此，在战时邮局成立半年多后，邮政、交通、发行“三位一体”的传播机制，得以初步实现。

之所以说初步实现，乃在于“三位一体”的传播机制虽然在组织形式上被予以确定，但因为初期邮政、交通、发行三大业务既没有明确的分工，又没有固定的上下关系，加之三者还经常站在本位宗派的观点上，各自强调自己的一面，以致战时邮局曾一度陷入“没有中心、多头领导”的混乱局面。面对这样的情况，中共山东分局果断做出决定，要求在“三位一体”的基础上实行“一元化”领导，即以战时邮局的名义，将所有的交通、发行与邮务工作组织起来，交由各级党委统一领导，组织部门具体负责。三大业务对外以战时邮局的名义统一示人，但在执行各自工作任务时，就以各工作的原来面目出现，“如传送密件时就以组织部交通科名义出现，发行党报党刊上就以宣传部发行科名义出现，在发行报纸刊物上就以报社发行部名义出现，在寄发邮件时，就以战时邮局名义出现，这就是三位一体的组织特点”①。

随着“一元化”领导的确立，战时邮局三个独立的业务工作，开始密切配合在一起，从而使得邮、交、发“三位一体”的传播机制迸发出巨大的能量，工作效果与效率显著提升，具体来看：

在交通工作上，普通邮线交通和密线交通相互配合，全省的交通路线

① 山东战时邮政档案．山东战邮工作建设概况［A］. 1945-08，山东省档案馆（馆藏编号G021-01-0019-001）.

由省到村，已形成蜘蛛网状，各个村庄都有了交通员的足迹，并开辟出5条主干线共计长5827里，其中通北局2500里，通华中700里，通湖西670里，通胶东1000里，通渤海957里，在建立日夜不停的出发制度后，速度较之以往提高了1~8倍。①

在发行工作上，由于交通工作奠定的良好基础，整个交通网便成了发行部门天然的发行系统，在“三位一体”“一元化”的精神下，邮站的出发时间与报纸出厂时间紧密结合，基本确保了报纸到各战略区后，平均两天多就能送到各村读者的手中，更难能可贵的是，战时邮局的发行工作，还强调普遍组织读者及时收回反映，使党报真正深入群众。据统计，《大众日报》的发行量在当时已到23 000多份，《胶东大众报》为17 000多份，《渤海日报》发行到13 000多份，《鲁中日报》发行到8000多份，《鲁南时报》发行到7000多份……各战略区主要报纸的发行份数共计68 000多份，合计各种报纸共发行十万来份。②

在邮务工作上，因为交通和发行业务的可靠保证，邮务信用也逐渐提高，并在实践的过程中，创造出了诸如小邮袋直封、金属活字的邮用日戳、固定通信番号、随军邮站等方法，以不断适应敌后的环境，为山东广大的党政军民提供安全可靠、迅速有效的邮政服务，更值得一提的是，由于邮务工作的特殊性，战时邮局还逐渐发展为对敌情报战的一支重要力量。③

此外，战时邮局重新制定明晰的福利待遇，并完善物质与精神的双重奖励政策，使得战邮员工的积极性得到了一定的提升，进而促使战时邮局的运转更加顺利，而相应的惩罚措施，最大可能地保证了战邮工作的持续

① 山东战时邮政档案．山东战邮工作建设概况［A］. 1945-08，山东省档案馆（馆藏编号G021-01-0019-001）.

② 山东战时邮政档案．山东战邮工作建设概况［A］. 1945-08，山东省档案馆（馆藏编号G021-01-0019-001）.

③ 山东战时邮政档案．山东战邮工作建设概况［A］. 1945-08，山东省档案馆（馆藏编号G021-01-0019-001）.

向好发展。

总而言之，正是通过组织机构的调整、运行方案的重组和奖励政策的完善，战时邮局才得以形成以“三位一体”为核心的新传播机制，并在党的“一元化”领导下，逐渐由单一的业务部门发展成为山东地区真正意义上“千呼万应的喉舌”与“无处不在的耳目”。当然，如同上文所提及的那样，任何完美的机制离开了人民群众的具体实践，都只会是一个美好的蓝图而已，只有人民群众才能谱写出真正的历史之歌。接下来，我们将再次回到历史，看看战时邮局的工作人员，究竟是怎样将这首历史之歌演绎得如此可歌可泣。

第四章

移动的“播种机”：战邮人员及其精神

据不十分完全的统计，三年来我们的战邮员因公牺牲的达 130 人之多……他们有崇高的革命品质、高度的阶级觉悟和坚定不移的革命意志……在牺牲中表现了英勇不屈的顽强与民族气节……

烈士们！数年以来，你们在工作中泼辣顽强，积极英勇，你们披星戴月，长途跋涉，你们冒严寒酷暑，饮雪宿霜……你们与敌人、饥饿、险恶的环境作斗争，完成了党给予你们的光荣使命。

烈士们！你们牺牲中表现的倔强抗争，“威武不屈”“贫贱不移”“杀身成仁”“舍生取义”的精神与崇高的民族气节，使鬼神为之哭泣，敌寇为之丧胆含辱。烈士们！你们是革命的忠实战士，民族英雄，你们生而为英，死而为雄！烈士们！你们的英名将永在黄海之滨，竹亭山上，万古馨香，与日月常明。

你们瞑目安息吧……引领祖国走向胜利光明！①

山东省战时邮政总局《关于纪念在战邮工作中牺牲之烈士的讲话》

1945 年

通过上一章的考察，我们已经看到战时邮局在中共山东分局的领导下，是怎样逐渐从单一的邮务部门，发展成我党在山东地区流动的“耳

① 山东战时邮政档案．关于纪念在战邮工作中牺牲之烈士的讲话［A］．1945，山东省档案馆（馆藏编号 G021-01-0022-001）．

目”与“喉舌”。在这一过程中，邮政、交通、发行“三位一体”的传播机制，不仅证明了只有在党的“一元化”组织领导下才能发挥最大的作用，更在具体的实践过程中为山东地区党政军民的物资转运、信息传递等方面做出了巨大的贡献。当然，在革命年代，每一个细微的成就都离不开具体的人的付出与牺牲。无论“三位一体”的传播机制再怎么科学合理，没有战邮人员一次次披星戴月的跋山涉水，就不会有一条条新开辟的通往革命之路；没有战邮人员一次次冒着枪林弹雨的匍匐前行，就不会有寻常百姓人家的家书抵万金；没有战邮人员一次次饮雪宿霜的英勇斗争，党报党刊也就无法发挥出文化炸弹之动员作用。

那么，这群“生而为英，死而为雄”的战邮工作者，究竟是一群怎样的人？他们平时的生活状态是什么样的？在具体的革命实践中，又是如何开展工作的？所谓战邮精神究竟又有哪些内涵？带着这样的问题，本章我们将通过中观层面的概述和个案分析相结合的方式，力图对战邮人员的历史群像做出真实生动的考察，以期呈现出战邮人员不为人知的生活点滴和可歌可泣的革命故事。

第一节 有机组织的无机化：战邮人员的学习、工作与生活

说起来，战时邮局自成立伊始，便是有着明确建制的组织单位，且随着战争形势的变化和自身不断的摸索调整，其组织机构越发清晰，功能分工也日趋合理，战邮人员似乎只要发挥好革命的“螺丝钉”作用，按照具体的章程办事，就能使这个“三位一体”的革命“机器”运转良好。然而，纸上谈兵终究不是身体力行，在具体的实践中，战邮人员的艰辛远远超出想象：无论是开辟交通路线还是在发行工作中组织读报小组，不管是为党政军提供情报信息抑或是把包裹邮件送至寻常百姓家，他们始终面临着敌人的围追堵截，交通工具的稀缺落后，自然环境的变幻莫测和生活物

资的紧张匮乏。更为重要的是，虽然战邮人员有着明确的组织编制和规章条例，但由于交通、发行和邮务工作的特殊性，他们中的绝大多数都长期处于单枪匹马的工作生活状态，所以在具体的实践中，难免会因时因地采取灵活变通的措施，以适应不同的自然条件或社会环境。从这个角度来看，我们用“有机组织的无机化”来描述战邮人员的集体群像和生活方式，或许是比较妥帖和恰当的。因此，本节将顺着这一思路，从战邮人员的组织学习和工作生活两方面展开，对其真实的历史面貌进行述评。当然，需要指出的是，这样的做法并非意味着战邮人员的组织学习与工作生活截然两分，只是为了行文上的方便，以期将战邮人员的学习、工作与生活状态更好体现出来。

一、组织学习：从曲家屯训练班说起

我们已经看到，作为山东根据地的一个独创组织机构，战时邮局是在革命的炮火中应运而生并不断发展完善而来的。在几乎“一穷二白”的情况下，战邮人员应该“做什么”和“怎么做”，从其成立之初甚至于组建之前，都是困扰着战时邮局的一个重要问题。第二章我们曾经提及，面对这样的情况，率先做出探索的是清河区交通总站。早在1940年初夏，他们便抽调了30名左右的干部，在曲家屯开办了一次共分两期的邮务干部训练班。囿于档案史料的匮乏，我们无法对这期训练班做出细致的考察分析，只知道当时训练班由范星五同志负责主持，其主要是为战时邮政事业储备干部。① 训练班的主要内容大致有三：其一是学习邮递业务手续，以制定科学的邮务制度；其二是学习相应的组织条例，以提升干部的管理业务能力；其三则是印发了油印版的“五角星”邮票，免费供给各部门试行

① 孙子诚．从交通站到战邮局［G］//山东省邮电管理局史志办公室．山东战邮回忆资料专辑：第一集．济南：山东省邮电史志编纂委员会办公室，1988：659.

贴用。①

然而，从历史的后见之明来看，曲家屯训练班的开班可谓意义重大。因为它不仅为山东战邮事业培养了第一批骨干人员，还为山东地区第一个真正意义上的人民战时邮政总局——“清河区战时邮政总局”的成立，提供了具有开创意义的顶层设计。② 更重要的是，当1942年山东战时邮政总局在“清河模式”的基础上正式成立以后，这种“组织起来，集中学习，共同制定”的训练班模式，便成为战时邮局培养和训练战邮人员的主要方法。据史料记载，战时邮局独立成建制以来，山东战时邮政总局一直到1946年，曾先后举办过6期类似的训练班③：

1. 1942年7月20日，山东战邮总局第一期干部训练班在滨海区姚家胡庄正式开学。学员从党政机关收发人员中抽调，共34人。主要学习邮政业务常识。9月15日，训练班结业，学员分组到滨海区局邮站实习。

2. 1943年3月，山东省战邮总局第二期战邮干部训练班正式开学，学员多为收发员与交通员，6月结业。

3. 1943年7月，山东省战邮总局开办第三期干部训练班。10月结业。

4. 1943年12月，山东省战邮总局举办第四期干部训练班，学员多是县局长级干部，重点是整风学习。翌年7月结业。

---

① 山东省邮电管理局史志办公室．山东邮电史稿［G］．影印本．济南：山东省邮电管理局史志办公室，1982：90.

② 据史料记载，参加过曲家屯训练班的干部，大多在结业后被派往各交通站担任站长，而在这次训练班上所制定的相关制度条例，也基本被清河区战时邮政总局所采纳使用。详见山东省邮电管理局史志办公室．山东邮电史稿［G］．影印本．济南：山东省邮电管理局史志办公室，1982：90.

③ 关于战邮总局6期培训班的相关内容，主要结合了山东省邮电管理局史志办公室．山东省战时邮务大事记（1937—1949）（征求意见稿）［G］．影印本．济南：山东省邮电管理局史志办公室，1992；山东省邮电管理局．华东战时交通通信史料汇编：山东卷［G］．北京：人民邮电出版社，1997.

5. 1944 年 10 月，山东战邮总局开办第五期干部训练班，学员为县局长级干部。翌年 3 月结业。

6. 1945 年 7 月，山东战邮总局第六期干部训练班开学，后改成邮政干部学校，学员由各战略区管理局负责招考。由邮政干部学校集中培训，翌年 5 月结业。

有心者不难发现，山东战邮总局在这 4 年时间里组织开办的 6 期训练班，并非程式化、模式化的教学培养，而是针对不同时期的特殊需要，进行颇有针对性的组织学习。比如，在战时邮局成立之初，急需要一线的工作人员去开辟新的交通路线、提高发行和邮务效率，因此前两期训练班的主要对象，多为收发员和交通员，培训的内容也基本围绕交通、邮政和发行工作的业务常识、手续制度展开，其目的自然是尽可能多地培养出业务精湛的一线工作人员，从而为战时邮局的推广和基本工作的开展奠定基础。随着战时邮局"一元化"领导下的"三位一体"机制逐渐形成，如何令战时邮局的运转变得更加科学有效，以充分发挥"三位一体"机制的作用，自然便是这一时期亟待解决的关键问题。因此，1943 年之后的几期培训班多以县局长级干部为主，其主要目的是克服领导工作上的"事务主义""官僚主义""宗派主义"等错误思想，从而更好地开展战时邮局的组织管理工作。而当抗战胜利后，战时邮局的主要任务也从抗战为先逐渐转变为服务人民，所以训练班也相应改为邮政干部学校，以期尽可能培养更多的邮政骨干来为民邮事业做贡献。

据曾在山东战邮总局工作过的王承绎回忆，战邮训练班最开始甚至都没有指定的教材，只能由杨一辰同志负责，由他自编教材并亲自授课。[①]这种没有固定教材且针对不同时期的需要而主要培训某项业务的情况，大约持续了一年。直到 1943 年 6 月，战邮总局在总结前期学习班的经验基础上，参照旧中华邮局 1936 年（民国二十五年）之《邮政代办所规则及邮

① 王承绎．我在山东战邮几件事的回忆［G］//山东省邮电管理局史志办公室．山东战邮回忆资料专辑：第一集．济南：山东省邮电史志编纂委员会办公室，1988：43.

政带班人员须知》，制定了《战时邮务人员工作须知》。① 这本小册子共有十二部分，内容从“一般的通则”“一般邮务会计问题”“邮票管理及使用办法”“办理汇兑手续简述”，细化到了各种邮件的“收寄手续”“封装手续”“封发备述”“投教收件人的手续”以及“收寄重要公文及密件办法”“战时邮政代办所组织办法”，甚至还附上了“收发手续简明参解”“各种表册式样及填写法”等。正因如此，这本小册子也被作为当时战邮人员“业务学习的唯一参考材料”。②

图 4-1　《战时邮务人员工作须知》

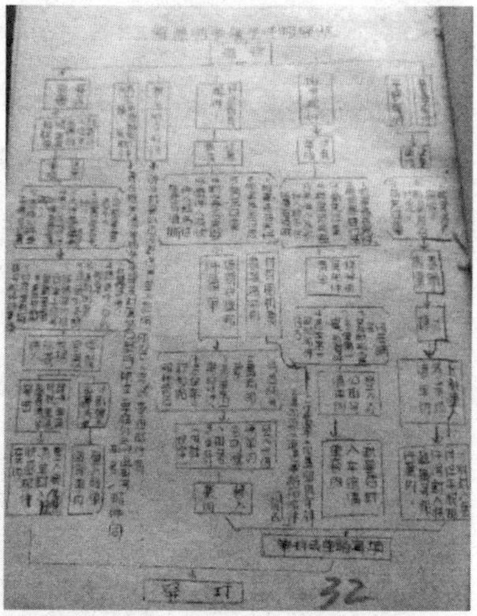

图 4-2　收寄手续简明参解

在被敌人严密封锁包围的情况下，能够成功举办一次训练班就已殊为不易，山东战邮总局却在 4 年的时间里坚持举办了 6 期，甚至最后将训练班的模式扩展成了邮政干校，这足以说明训练班“组织起来，集中学习，共同制定”的模式在当时不仅急迫而且有效。事实上，在战邮总局采用这

① 图 4-1 到图 4-4，系笔者在山东省档案馆经工作人员审核批准后，所拍摄的几张原版《战时邮务人员工作须知》图片，在此对提供帮助的山东省档案馆相关工作人员表示感谢！

② 山东战时邮政档案．战时邮务人员工作须知［A］．1943-06，山东省档案馆（馆藏编号 G021-01-0004-004）．

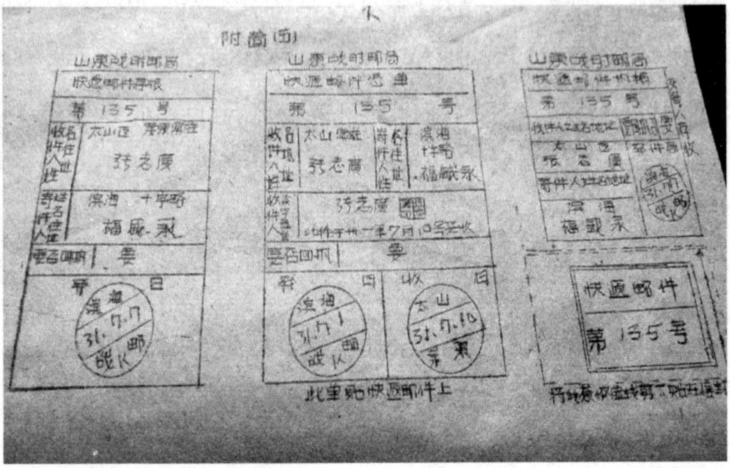

图 4-3 挂号邮件三联单图示

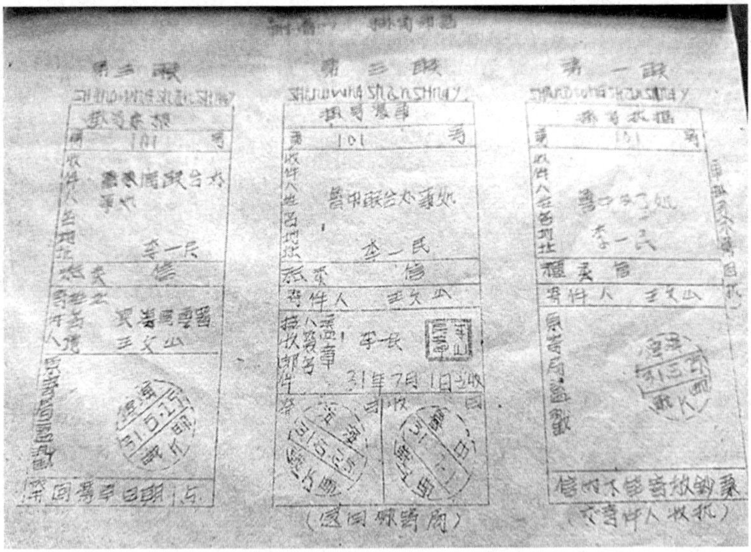

图 4-4 快速邮件的存根、凭单、收据图示

种学习方式之后，许多地方分局也纷纷在本区内开办自己的训练班，比如，曾在渤海区战时邮务管理局主持过工作的孙子诚，便亲自开办过 7 次训练班，“培养了不少干部。当时训练的主要内容是政治教育，还有一些

化妆术，也有些业务课”①。李绍九同志也表示从总局训练班结业回到渤海区之后，曾和高汉泽同志一起负责筹办训练班，“每期四十余人，主要培训发行、会计、邮务员……教员都是由管理局各科室负责同志轮流讲课”②。

到了1944年，随着组织训练班的模式日趋完善，山东省战邮总局还在《关于建设战邮工作的决议案》中对其予以了充分肯定，并对各级办训练班的性质及具体分工、训练时间、训练方式、科目设置等做了明确要求。战邮总局认为：应由总局训练班负责训练县局级以上在职干部；管理局及直属区局训练班，负责普通科员及站长级干部或每期着重训练一种专门技术人员；区局的训练班可负责训练交通员、代办员等。总局的训练班，每期以三个月为限，特殊情况也可能延长；管理局以每期两个月为限；专区局以每期一个月为限，对于环境困难的地区，则可酌情办小型训练班，每期以十几人为限，时间一个星期左右。训练班教员一般由各局在职干部兼任，也可请党政负责同志来做报告，必要时管理局训练班可专设一位训练班主任。在具体的课程科目上，要求少而精，力求切合实际需要，一般的干部训练班，以整风为主，业务为次；专门训练班以研究专门业务为主，整风次之。此外，战邮总局还要求各位教员在讲课过程中，着重讨论研究，多用座谈的方式，少用注入方式，要把文件与实际问题联系起来。③

能够把组织训练班的模式写进《关于建设战邮工作的决议案》中，足见其在当时的革命实践中发挥的作用之大。那么，这样的训练班模式为何会如此富有成效？作为共产党长期以来的重要传统，“组织起来”素来是

① 孙子诚．从交通站到战邮局［G］//山东省邮电管理局史志办公室．山东战邮回忆资料专辑：第一集．济南：山东省邮电史志编纂委员会办公室，1988：662.

② 李绍九．渤海战邮之回顾［G］//山东省邮电管理局史志办公室．山东战邮回忆资料专辑：第一集．济南：山东省邮电史志编纂委员会办公室，1988：753-755.

③ 山东战时邮政档案．关于建设战邮工作的决议案［A］．1944-04-09，山东省档案馆（馆藏编号G021-01-0015-001）.

动员群众进行革命生产和政治运动，从而将一切力量发挥到极致的重要方法之一。对当时的山东战时邮局而言，想要迅速建设好、推广好这一新的革命组织机构，自然就需要把参与邮政、发行和交通的工作人员组织起来，以充分发挥他们的主体性和能动性。而通过学习班的方式集体研习，一方面有利于将个体零散的工作经验和思想认识，整合成系统化、专业化的知识体系；另一方面也有利于在彼此的交流互动中，创造出新的工作方法或规章制度，以进一步增加战邮组织的长期适应能力。在曲家屯训练班之前，战时邮局不仅在组织建制上没有准备好，更没有在业务工作上做好准备，因为没有人知道该做什么又该怎样做。只有当曲家屯训练班召开之后，相应的手续、制度、条例才得以被共同制定出来，并逐渐成为日后战时邮局建立和推广的重要基础。

组织学习班，除有助于业务上的不断改进之外，还有利于战邮人员与党组织以及战邮人员内部“情感实践”的沟通。在中国的革命时期，就政治文化的意义而言，“不同于政策条例或组织机构的实践方式，‘情感工作’特殊的运作机制与重要功能尤其值得重视”①。对战时邮务工作者而言，相较前线冲锋的革命战士，他们的工作往往没有那么多丰功伟绩，以至于有些战邮人员自己都轻视自己的工作，加之他们中的大多数又经常处在“单打独斗”的状况下，故而难免会有漂泊冷落之感。然而，组织学习班的方式，将有着类似经历的同志们组织起来共同学习、生活，既使得“战邮大家庭”“战邮一家亲”的情感谱系深入每个战邮人员的个体认知，又有助于各级党组织在相对温馨开放的环境中，全面深入地向他们传递并分享战邮组织的工作与使命，从而在思想上提高他们对战邮工作的认同感和归属感。据曾参加过训练班的战邮同志回忆，训练班的行政管理是军事化的，每天都要统一起床出操、洗漱吃饭、学习研讨、唱军歌，还会定期

① 路杨．革命与人情：解放区文艺下乡运动的情感实践［J］．中国现代文学研究丛刊，2019（6）：112.

组织出墙报等。[①]“那时业余文体活动也不错，队长李绍九经常领着唱歌、扭秧歌，早起跑步做操，每晚上召开生活检讨会，真是一幅团结紧张严肃活泼的画面。我们还轮流去垦利八大组参加农业劳动。”[②]

总而言之，这种既带有严肃工作需求，又兼具亲友温馨互助般的组织学习方式，不仅使得战邮人员开始有了统一的规章制度，业务能力得以较大提升，而且令他们逐渐形成了对战邮工作的政治认同和情感依赖。而这种政治认同和情感依赖，也在战邮人员的日常生活和具体工作中，逐渐内化为激励一代战邮工作者的“战邮精神”，并在进入革命实践的过程中，发挥了不可替代的重要作用。关于这一点，后文的论述中将有更加鲜明的体现。

二、科学管理：“具体分工”与“各司其职”

从第三章的考察中，我们已经清楚地发现，“一元化”领导下的“三位一体”机制确立以来，战时邮局便由成立之初单一的邮政业务部门，发展成为兼具邮政、交通、发行以及部分情报工作的组织，并在具体的实践中发挥了重大的作用，以致最终成为中共山东分局流动的“耳目”与“喉舌”。那么，战邮工作者究竟做了哪些工作，才使得战时邮局真正实现了从理论上的“三位一体”到实践上的“多快好省”？这就要从他们的管理模式和工作职责说起。

说起来，战邮人员的主要角色无非就这么几个：不是开辟交通路线的交通员，就是从事收发工作的发行员，要么是传递包裹信件的邮递员。概而言之，这样的说法似乎也并没有什么大错，因为上文所言确实是战时邮局的主要业务。然而，这种高度化而且想当然的历史态度，恐怕不仅会遮

① 孙欣普．忆山东战邮第五期干训班［G］//山东省邮电管理局．华东战时交通通信史料汇编：山东卷．北京：人民邮电出版社，1997：489-493.

② 陈桂田．忆渤海战邮第二期训练班［G］//山东省邮电管理局．华东战时交通通信史料汇编：山东卷．北京：人民邮电出版社，1997：500-501.

蔽各级各类战邮人员的辛苦付出，更使得我们难以把握战邮工作许多不为人知的历史细节。事实上，无论是战邮局长还是交通员，不管是发行工作者还是邮务员，其工作的琐碎细致远超想象。也正因为如此，他们才会有着非常严格和科学的管理模式。

我们先从一份宏观的人员编制安排来看，在“三位一体”的机制确立以后，山东战邮总局曾经发过一份名为《关于战时邮局组织机构及人员编制的新规定》的文件，意在指导各级战时邮局明确组织任务，并对战邮的各种工作做了初步的要求：

> 战邮总局设局长一人，兼任报社发行部部长，分局交通科科长；设秘书一人，管理干部教育及来往函件、编印教材、管理学习等；设文书一人，专任保管印刷等；设发行科科长一人，兼任边区副局长及滨海区发行科科长，发行服务三人，营业会计三人；设交通科专管党内外一切交通工作，局长兼科长，另设副科长一人，收发员一人，密线巡视员一人，交通员若干人（政治交通员在内）；会计科负责经费开支、生活管理、物资供给，设科长一人、管理员一人、会计员一人、伙夫一人；特派员一人，在内负责技术工作，研究指导改进，在外负责与旧邮局办理一切对外交通事宜，其职务与科长同，参加局务会议。①

不难发现，山东战邮总局的组织管理，大致可以概括为“局长统筹，各科协同，专人特办”的模式，而这基本也是各级战时邮局在组织管理上的标配。在这样的管理方式下，特别是增设了邮务科之后，想要让战时邮局运转得更有效率，几科业务部门能否做到精确具体的分工便显得至关重要。那么，交通、发行、邮务和秘书四大科室具体的职责究竟是什么？各类战邮人员在这些分工之下，又需要开展哪些具体的工作？不妨逐一

① 山东战时邮政档案．关于战时邮局组织机构及人员编制的新规定［A］．1943-03-23，山东省档案馆（馆藏编号 G021-01-0002-003）．

来看。

首先来看交通科。交通科主要承担着公共交通与党内秘密交通的双重任务，并负责党政军民上下级的密切联系、普通邮寄及秘密文件之传送、护送干部、建设交通路线、培养交通干部等。根据工作需要，一般设科长1人，干事1~3人，交通员（公共交通与密线交通）若干人。其中，科长的工作主要有三，其一是计划、推动、检查本科之日常工作，并负责各科间的工作配合与商讨；其二是维护好本区内的交通建设及与邻区的交通联系，特别要掌握干线、交通队、城市及要道交通，保证交通的畅通；其三是管理好本科内干部的教育生活学习。干事的工作以协调、配合为主，一般需要掌握交通人员的工作分配及出发事宜（粮票、路费、路线、时间调整、出发任务、注意事项）；负责文件的收发登记、包扎与保管；物品经费的领发、日常用具的照看；出发巡视交通工作，并负有交通线的调整和交通员的文化政治教育之责。①

对奋战在一线的交通员来说，他们的工作不是一句“开辟交通线路、传送各类文件”就可以概括的。事实上，交通员还分为公共交通员和政治交通员两类：公共交通员主要负责大批书报及一般公开文件的传送，政治交通员承担密件传送、机关联系等直达任务，以及护送干部这样的重要任务。其中，从事秘密交通工作的政治交通员，因为工作职责更加重大，故而对其的工作要求也更为严格。比如，他们需要对各个秘密交通站的地址、番号烂熟于心，并且需要做到在任何环境下，都能保持上下级的密切联系；在敌顽区传送密件还必须学会化装携带，以避免暴露遭受损失；甚至在携带文件出发时，就已经抱着与文件共存亡的决心，在途中任何时间，不准把文件随便乱放，丢掉文件应受组织的处分，坚持工作不得擅离职守。② 在护送干部的时候，也有严格的工作流程和10条具体的工作办

① 山东战时邮政档案．战邮工作条例［A］．1944-04-09，山东省档案馆（馆藏编号G021-01-0015-003）．

② 山东战时邮政档案．战邮工作条例［A］．1944-04-09，山东省档案馆（馆藏编号G021-01-0015-003）．

法，从交通路线的预案到各种“口供串词”，甚至细化到了护送途中的食宿安排、休息间隔。① 此外，他们还需要做到“保守党的秘密”“保守文件的秘密”“保守秘密规则”等规定之下的合计 19 条交通工作纪律，其工作标准之高、要求之细可见一斑。②

其次来看发行科。发行科的主要任务自然是报刊的出版发行工作，具体包括制定发行制度、完成发行任务，特别是组织读报小组以使党报深入群众内部。在日常的发行工作中，核心环节无疑就是发行和保管。故而发行工作人员也有着非常严格的发行条例和保管条例。根据 12 条发行条例和 4 条保管条例的要求，发行人员的主要工作包括在收到报纸书籍后，首先务必要实行复查制，看看是否与发单数目相符并明确分工（谁发、整批、零份都要分清）；所发出的书报回执要按时收回、随时整理，检查统计是否有错或是快慢，不得把回执随意乱放乱丢，每月都要将分发情况及收到日期等向上级汇报一次；对读者续订通知信，应于到期前 20 天通知各订户，所有续订者应在每月 28 号前，将续订通知单交给书报机关，以便下月发报；对一切党内刊物的分发一律编号码，用布包装，从密线双挂号传送，对文件回执应单独用信皮封装妥当，按时寄回发件机关以便登记；在各种文件发出后，收数与发数余数应相等，如有错误应立即彻底检查，将剩余的固存文件随时交保管员固存起来……③

这里需要特别指出的是，当时山东分局曾提出发行人员要起到“宣传员、组织员和读报员”的“三员”作用。④ 所以，如何组织读报小组以使党的声音传递到群众内部，是他们必须面对且十分急迫的重要工作。为

① 山东战时邮政档案．战邮工作条例［A］. 1944-04-09，山东省档案馆（馆藏编号 G021-01-0015-003）.

② 山东战时邮政档案．战邮工作条例［A］. 1944-04-09，山东省档案馆（馆藏编号 G021-01-0015-003）.

③ 山东战时邮政档案．战邮工作条例［A］. 1944-04-09，山东省档案馆（馆藏编号 G021-01-0015-003）.

④ 王烽．山东战邮的几件事［G］//山东省邮电管理局史志办公室．山东战邮回忆资料专辑：第一集．济南：山东省邮电史志编纂委员会办公室，1988：373.

此，发行人员集思广益，也在不断摸索中找到了组织读报小组工作的“窍门”。比如，可以从冬学识字班、民兵夜校等组织中进行领导；必须根据工人、农民、青年、妇女等不同群体的需求去选择读报材料，以引起他们的兴趣；为了保证读报小组的经常性，特制定优待会员证，凡成绩优良者，由登记机关发给此证，以享受购书订报的优待政策等。① 此外，对发行科内部的会计人员而言，处理报刊发行的收支、预算等问题，维持战时邮局的经费稳定也绝非易事。②

再来看邮务科。它的任务是以精密的手续辅助交通发行工作的准备完成，在“服务抗战为主，先公后私”的原则下兼办民邮，为群众服务。相比交通和发行，邮务工作可能更为烦琐一些，比如，仅仅在收发手续上，邮务人员就必须按照各种邮件的公私缓急和重要程度分类办理：凡党政军各机关之信函、指示、决定、通知等，不论抄写或油印，皆属公文类。邮务人员在处理普通公文时，由发件机关加盖“公文”戳记，附贴普通公文邮资，由普通邮线寄送，如遇机要公文，则加盖“机要”戳记，附贴机要免资邮票，按双挂号手续由密线寄送。凡定期出版之党报、杂志等公开宣传刊物则皆属新闻纸类，均由邮线寄送，但特殊情况下，也需要承担党内刊物密件的传递。此外，在遇到一切不定期之小册子、特辑或临时宣传品等书籍印制类邮件时，邮务人员必须封装牢固并加注册数，重要的可按挂号寄送。而对于战争期间紧缺的衣服物品等包裹类邮件，邮务人员还务必以坚实之手段，如布皮、木箱等封装牢固，以防中途破坏。不仅如此，他们还必须做到在收发各种邮件的过程中，每一手续的环节都必须保留存根，定期统计汇总检查，这在当时颠沛流离的环境下，殊为不易。③

---

① 山东战时邮政档案．关于建设战邮工作的决议案［A］．1944-04-09，山东省档案馆（馆藏编号 G021-01-0015-001）．

② 山东战时邮政档案．战邮工作条例［A］．1944-04-09，山东省档案馆（馆藏编号 G021-01-0015-003）．

③ 山东战时邮政档案．战邮工作条例［A］．1944-04-09，山东省档案馆（馆藏编号 G021-01-0015-003）．

为了完成上述的工作要求，战邮总局还制定了7条《邮务人员守则》，以使邮务人员牢记自己的工作使命①：

1. 邮务人员应以对革命对党负责的态度对待邮务工作。

2. 邮务人员不得偷拆他人信件，窃取他人寄件如书籍衣物寄款等行为。

3. 必须养成细心耐心作风，不得粗心大意，致使邮件发生错误或丢失等现象。

4. 必须掌握封发邮件时间，不得无故积压邮件。

5. 必须保守工作上所接触的各种秘密，如机关部队的代号、住址、情报等，并应有高度之警觉性，时刻注意邮件之安全。

6. 必须与各局站间的工作同志密切配合，不得互相推脱不负责任。

7. 必须密切联系群众，养成为群众服务的高尚品质，在执行业务中不得有丝毫傲慢，怠忽表现。

最后来看秘书科。相比交通、发行和邮务三大业务部门来说，秘书科的工作可谓“不显山不露水”，但秘书科的人员在背后的辛勤工作，也是战时邮局得以顺利运转并发挥作用的关键。他们相当于战时邮局的大总管，既需要保管文件、编辑邮报、印制文件，又需要节约生产保证供给，管理战邮人员的伙食、学习、会议、作息时间等，还要辅助局长进行思想教育——训练干部及其他不属于各科的工作。一般来说，秘书科下设科长、总务股、编辑股、文印股。其中，工作量最大的当数编辑股和文印股，编辑股的人员主要负责《邮报》特辑及教材的编写，与通信员之通信联络及组织邮报通信等工作；文印股的人员则需要承担印写邮报特辑、各

① 山东战时邮政档案．战邮工作条例［A］．1944-04-09，山东省档案馆（馆藏编号G021-01-0015-003）．

种文件表、册等烦琐事务。①

为了保证编辑与文印工作的有序展开，战邮总局甚至专门制定了11条《编辑条例》和6条《文印条例》。根据要求，编辑人员需要做到严守秘密，并根据编委会的指示，为当前的政治任务、工作中心编写稿件，保证按时交稿出版等。最值得关注的是，他们还必须对各地的通信员来信及稿件做到及时回信，并帮助他们改写稿件。② 这一任务和要求的难度之大、强度之高，可想而知。当然，对文印人员来说，在当时的技术条件下，需要在有限的时间内保证各类文稿原稿的清晰准确和复印册数的及时无误，其中的艰辛与不易，怕也只有他们自己清楚。③

综上所述，如果说山东战邮总局通过组织学习的方法，保证了战邮人员在不断提升业务水平的同时，明确了对战邮工作的政治认同，并以一种情感归属的方式进入革命实践。那么在具体的工作中，他们则是通过相对科学的管理方式，对主要核心业务进行了具体分工，从而为战邮人员的各司其职提供了切实可行的抓手，并以此推进了战邮工作的全面展开。

三、自力更生："迫不得已"与"乐此不疲"

相比一般的机关单位，战时邮局最大的特殊性在于，除秘书科之外的大多数工作人员，都长期分散在各地且往往处于单枪匹马的工作状态。特别是在通信技术还不发达的革命年代，无论是交通员还是发行员、邮务员，一旦上路就会面临许多未知的困难，这就使得他们在遇到突发状况时，必须自己做出决断。从基本的衣食住行到如何开展工作，战邮人员经常需要在"迫不得已"下学会"自力更生"。比如，博山第五站的交通干

① 山东战时邮政档案．战邮工作条例［A］．1944-04-09，山东省档案馆（馆藏编号G021-01-0015-003）．

② 山东战时邮政档案．战邮工作条例［A］．1944-04-09，山东省档案馆（馆藏编号G021-01-0015-003）．

③ 山东战时邮政档案．战邮工作条例［A］．1944-04-09，山东省档案馆（馆藏编号G021-01-0015-003）．

线处在敌人盘踞的中心区，沿线地区遍布敌伪大大小小的据点，几乎没有一个村子可以隐蔽通过，坚持这段交通工作的郑金地同志为了文件的安全，只能经常露宿在野外，“有时在不经过一点道路的荒山野坡里开辟交通线；有时通过敌人岗哨下面的山沟里，贴着沟沿穿过去；有时就化装成各种小贩，从敌人面前走过去”①。又如，当泰山区几乎被全线蚕食的时候，战邮人员只能在经常吃不饱饭的情况下，趁着敌人的空隙昼伏夜出坚持工作；鲁南区根据地也曾经在敌人的进攻下，一度被压缩到只剩一条线，固曾有“鲁南天下一线牵”之说。在这样的情况下，鲁南地区的战邮人员为了保证报刊文件的及时传送，只能和敌人斗智斗勇，敌人在山顶放枪，他们就在山下隐蔽前行，敌人在山沟搜索，他们就利用山洞或是爬山绕过。②

此外，还有战邮人员在过河时被水冲走，在爬坡时摔下来，在冰天雪地中冻得手足破裂，十之七八的同志都患了职业病……然而，即便困难重重，战邮人员也依然“乐此不疲”。他们不仅提出了“只要党报能够出版，我们就能发出去!”“党和人民政府活动到哪里，党报就发行到哪里!”“前线在哪里，党报就送到哪里!”“争取每张党报能够10人阅读”等豪迈的战斗口号，③ 还编创出了朗朗上口的《战邮交通员之歌》④：

模范战邮交通员，服从分配守时间，早去早回不偷懒，走起路来一溜烟……

模范战邮交通员，宁肯牺牲保文件，人不死来文件在，不弄丢来不损坏……

---

① 山东省邮电管理局史志办公室．山东邮电史稿［G］．影印本．济南：山东省邮电管理局史志办公室，1982：108.

② 山东省邮电管理局史志办公室．山东邮电史稿［G］．影印本．济南：山东省邮电管理局史志办公室，1982：109.

③ 赵志刚．山东战邮的创建和发展［G］//山东省邮电管理局史志办公室．山东战邮回忆资料专辑：第一集．济南：山东省邮电史志编纂委员会办公室，1988：5.

④ 山东省邮电管理局史志办公室．山东邮电史稿［G］．影印本．济南：山东省邮电管理局史志办公室，1982：110.

模范战邮交通员，越是困难越勇敢，鬼子“扫荡”把路转，一定要把文件传……

模范战邮交通员，敌人捕去心不变，严刑拷打如石坚，不告密来不叛变……

模范战邮交通员，生产节约埋头干，开荒种地身在先，一年节约两物件……

模范战邮交通员，读书识字学写算，多写多念勤练习，自己会了教同伴……

这些标准不算难，完成一件是模范，都能做到英雄汉，大家一起努力干……

从这首顺着秧歌调填词而来的《战邮交通员之歌》中不难看出，战邮人员在极端困难的条件下所流露出的革命意志和乐观主义精神。据曾在山东战邮总局工作过的于渤回忆，这首歌是由他和赵志刚局长等几个同志一起商量编写的，“我教给交通班的同志们学，大家很快都学会了……大家学了之后随走随唱，非常鼓舞人心。听吧，在工作之余，在吃饭的路上，都在‘一溜烟’‘一溜烟’地唱着……他们都向往着未来，充满着必胜信心”①。此外，为了解决生活上的困难，战邮人员也积极响应当时大生产运动的号召，“我们很快就吃上了自己种的菠菜、小白菜等蔬菜，我们种的花生又胖又大，丰收果实在院子里堆了高高的一大堆，大家看了都很高兴……那时在地里干活，还得有人站岗放哨，以免敌人突然袭击”②。

除了不怕牺牲的坚强意志和大无畏的乐观主义精神，战邮人员在行动的过程中还会随时遇到种种困难和重重考验。接下来，我们将以一名普通交通员的一次工作任务为例，试图更加细腻地呈现他们当时的工作和生活

---

① 于渤．我在山东战邮总局的四个春秋［G］//山东省邮电管理局史志办公室．山东战邮回忆资料专辑：第一集．济南：山东省邮电史志编纂委员会办公室，1988：54-55.

② 于渤．我在山东战邮总局的四个春秋［G］//山东省邮电管理局史志办公室．山东战邮回忆资料专辑：第一集．济南：山东省邮电史志编纂委员会办公室，1988：53-54.

状态。故事的主人公叫管兆修，时任山东战邮总局的政治交通员。

1942年冬，虽然由于战时邮局的成立，山东根据地内的各区交通通信工作已经有所好转，但敌人的严密封锁和“三光”政策，仍然导致山东与中央的直达交通始终没能建立起来。因此，有着“飞毛腿”之称的管兆修，便接到了一个非常重要的任务，即受山东分局的委托，打通去中央的干线，把山东和华中的机密文件送到晋中南地区“北方局”，最好能送到延安党中央毛泽东处。考虑到这一任务的艰巨性和重要性，山东分局组织部部长李林曾亲自找他谈话，提醒他此行路途遥远，需要做好各方面的准备，“万一不幸要有人在文件在的决心”①。那么，管兆修在途中会遇到哪些危险？他又是如何克服的？

据管兆修自己介绍，当时在出发前，他已经做好了牺牲的准备，“我反复考虑做了充分准备，首先把身上带的枪擦好，子弹放在阳光下晒了好久，还带上了一盒火柴，是想路上万一遇上敌人摆脱不了，也绝不能把去中央的文件落到敌人手里”②。同时，为了掩饰自己的真实身份，管兆修还特意请求组织为其专门做了一件大棉袍和一包大礼物，以乔装成商人模样。

一切准备就绪后，1942年12月19日，管兆修背着六七斤重的文件，从山东分局所在地莒南县十字路村出发向西挺进，开始了通往中央之路。为了避免敌人在滨海、鲁南、湖西等地的检查追捕，他在到达第一个接头地点枣庄之前，采取了夜间通行的方式。12月23日深夜，管兆修终于在枣庄以南不远的一个村庄，用暗号与当地的工作人员接上了头，并在群众的带领下，找到了当时赫赫有名的铁道游击队，请求他们帮助自己通过此行的第一个难关——津浦路和微山湖。为什么说津浦路和微山湖是一个难关呢？我们从管兆修在日记中留下的几句话便可见一斑，“微山湖东津浦

① 管兆修．艰苦的斗争 难忘的岁月［G］//山东省邮电管理局史志办公室．山东战邮回忆资料专辑：第一集．济南：山东省邮电史志编纂委员会办公室，1988：125.

② 管兆修．艰苦的斗争 难忘的岁月［G］//山东省邮电管理局史志办公室．山东战邮回忆资料专辑：第一集．济南：山东省邮电史志编纂委员会办公室，1988：126.

路，鬼子封锁甚是严，有人要想过湖区，好似通过鬼门关”①。考虑到敌人守备森严，在铁道游击队的劝说下，管兆修选择在12月31日通过，这是因为趁着阳历新年，相对更加安全些。在铁道游击队的护送下，他很快通过了津浦路，但想要过微山湖可没有那么简单。好在有一位铁道游击队员王大元同志，家住在湖岸上，对微山湖的人情地理都很熟悉。经过一夜的共同讨论，他们认为，元旦的时候日军多半会在家里吃酒过年，因此汉奸队来检查过往船只的可能性更大，所以一定要抓住这个时间。为此，他们选择采用“暗度陈仓”的方式过湖，即用两只船，一只由地下党员老张哥掌舵，表面上去卖苇子，实际上是把管兆修的文件捆在苇子里，管兆修化名为胡百达，假装其表弟和他同行；王大元撑另一只船，假装带两条口袋去买粮食，以互相照应。两艘小船于半晌时分随渔民们的多只小舟一起出发，以掩人耳目。然而，敌人的巡逻船还是截住了他们的去路，两个汉奸端着枪询问老张哥和管兆修是否为卖私货的并要求检查，正当一个汉奸想跳上船检查时，王大元同志开了腔：

“今天是你们哥俩巡逻呀！”

“是王相好，你来干什么？”

“今天老日在家过年，你们出来巡逻。咱们地少家穷没有粮吃，到湖西去买点粮食，回去可不要向日本人说哦。”

“哪里哪里！”

说着，王大元趁机不紧不慢地递给他们提前准备好的烧鸡，“两只小鸡不成敬意，你哥俩也一起喝”。而在他们对话之际，管兆修和老张哥的小船悄悄地走开了，并得以顺利渡过微山湖，上岸后找到了鲁西的联络站并接上了头。②

① 管兆修．艰苦的斗争 难忘的岁月［G］//山东省邮电管理局史志办公室．山东战邮回忆资料专辑：第一集．济南：山东省邮电史志编纂委员会办公室，1988：127.

② 管兆修．艰苦的斗争 难忘的岁月［G］//山东省邮电管理局史志办公室．山东战邮回忆资料专辑：第一集．济南：山东省邮电史志编纂委员会办公室，1988：130.

在铁道游击队的帮助下，通过乔装和“行贿”的办法，管兆修总算是过了第一个难关。但是，在抵达鲁西之后，如何越过敌人的封锁线，通过鲁西大平原又是挡在眼前的一道难题，特别是当时日军的冬季大扫荡正逼近鲁西，管兆修只能随当地地委组成小股武装插入他要通过的边沿区，并在与敌人周旋了十几天后，方才趁着敌军深入后方空虚的机会，顺利通过封锁区。为了避免和敌人接触，管兆修只能见村就躲，遇沟就爬，遇水则蹚。鲁西平原和山地不同，敌人一般采取挖大封锁沟的方式以阻隔我党政军民，所谓的大封锁沟通常宽约 8 米，深 3 米左右，并在每隔三四百米处设一座碉堡岗楼。“我把包着文件的包袱紧紧斜背在肩上，手枪使上了顶门火、按上保险札，准备必要时对付敌人……沟既宽又深，我用溜滑梯的办法先滑了下去，因为身上背着文件，手中又握着枪，头重脚轻，不留神摔了个倒栽葱”①。由于常年穿梭在交通线上，管兆修虽然年纪不大，但早已患上了气管炎，这么一摔下来更是止不住地咳嗽，为了不暴露目标，情急之下的管兆修只得“顺手从地上抓起一把泥土塞进嘴里吃下去，连吃了几口果然奏效……”②

除了要直面敌人制造的种种困难，战邮人员还经常需要经受自然环境的挑战。比如，管兆修在严寒中为了躲避敌人的围追堵截，不得不临时改变线路，这就使得他还要面对判断方向、选择路线的考验。“大树皮粗南面光，土地庙门都朝南，天王星正北不动。”这是战邮交通员们在多次生死实践中总结出的指南经验，管兆修在越过敌人的封锁沟后，也是凭借这样的“土方子”得以继续前行。此外，当既定的路线发生偏移时，问路的方式、人员的称呼也至关重要。比如，管兆修也是在途中打听路线时，听到可以去问村长，才坚信自己的方向判断没有错，因为当时只有解放区才称村长，敌占区都叫保长。

---

① 管兆修．艰苦的斗争 难忘的岁月［G］//山东省邮电管理局史志办公室．山东战邮回忆资料专辑：第一集．济南：山东省邮电史志编纂委员会办公室，1988：134.

② 管兆修．艰苦的斗争 难忘的岁月［G］//山东省邮电管理局史志办公室．山东战邮回忆资料专辑：第一集．济南：山东省邮电史志编纂委员会办公室，1988：134.

依靠着这些办法，管兆修终于顺利到达了此行的又一个接头处孔家庄，在这里找到了冀鲁豫区党委交通站，并将挑战此行的最后一道难关：越过平汉线。经过与冀鲁豫区党委交通站的共同研究，考虑到当时的敌我力量，管兆修只能通过渗透进伪军内部的带路人，采取“人件分开”和“瞒天过海”的方式，乔装步行通过。所谓“人件分开”是指文件不随人走，而是经密线交通单独发出，当时“不光我自己，还有到中央党校学习的几个同志，加上带路的我们共六个人，全部化了妆……”① 在带路人的帮助下，管兆修等人得以混入伪军的营房，并顺利通过了平汉路，继续向太行山解放区方向前行。

等到进入太行山区，已是冬去春来了。管兆修在先后通过 240 里（120 千米）路的敌占区后，见到解放区的场景，一时非常激动，“根据地的老百姓正欢欢乐乐地在农田里干活，有的赶着毛驴往地里送粪，村里的妇女们唱着抗日歌曲上识字班……我们都有一个激情——都想尽快到达目的地，于是我们加快了步伐……翻山越岭整整走了三天，才到达了这个根据地的中心——北方局驻地马田村”②。当然，人到了还不算完成任务，等文件也到达北方局后，管兆修的千斤大石方才落了地。

通过管兆修的这次任务，我们可以清楚地看到，战邮人员在工作中所遇到的种种难题：敌人的武装威胁、自然条件的恶劣、生理和心理上的考验……也看到了他们在面对这些难题时，或是与组织配合或是单枪匹马想出的诸多破局之策，更看到了他们在那么多“迫不得已”下的“乐此不疲”。然而，正是这些“迫不得已”下的“乐此不疲”，才为我们描绘出了当时战邮人员最真实的生活状态。

---

① 管兆修．艰苦的斗争 难忘的岁月［G］//山东省邮电管理局史志办公室．山东战邮回忆资料专辑：第一集．济南：山东省邮电史志编纂委员会办公室，1988：137.

② 管兆修．艰苦的斗争 难忘的岁月［G］//山东省邮电管理局史志办公室．山东战邮回忆资料专辑：第一集．济南：山东省邮电史志编纂委员会办公室，1988：137.

第二节　榜样的力量："创模运动"与"三面红旗"

从前节的叙述中不难发现，战邮事业想要取得成功，既需要一个个"管兆修"们的默默付出，也需要集体之间的团结协作，还需要从群众运动中生长出来的革命英雄主义。事实上，早在战时邮局成立后的第二年，山东战邮总局便曾在一份文件中要求要把"劳模运动与战时工作密切结合起来。谁能忍受一切艰难困苦，为党坚持工作及时完成任务，这就是我们的模范和英雄……不仅要创造坚持工作的劳模工作者，还要大批地创造困难中坚持工作的模范局站"①。随着战时邮政工作的开展，英勇顽强的战邮先锋层出不穷，可歌可泣的故事也不断涌现。在这样的情况下，为了发掘工作中的积极分子，培养大批劳动英雄和模范，激发全体战时邮政人员的积极性和创造性，黎玉政委在 1944 年省第一次战邮会议上正式呼吁要"培养创造邮政战线上的英雄……今后我们应更有计划地培养他们，创造出大批的战邮模范和劳动英雄来"②。自此，轰轰烈烈的山东战邮"创模运动"拉开帷幕，并在广大战邮工作者中迅速掀起了一股热潮，"形成了一个群众性的运动，个人与个人，单位与单位间，纷纷提出挑战条件，发起竞赛，推动工作"③。

作为一种选树典型、推广榜样的组织方式，山东战邮的"创模运动"或可被看作对当时陕甘宁边区劳模运动的一种学习和呼应。陕甘宁边区的劳模运动，源于党中央试图通过表彰在大生产运动中做出突出贡献的劳动

① 山东战时邮政档案．关于布置敌人"扫荡期间战邮工作的通知"［A］．1943-05-20，山东省档案馆（馆藏编号 G021-01-0013-002）．

② 山东战时邮政档案．战邮建设问题［A］．1944-04-09，山东省档案馆（馆藏编号 G021-01-0015-004）．

③ 山东省邮电管理局史志办公室．山东邮电史稿［G］．影印本．济南：山东省邮电管理局史志办公室，1982：133．

者的方式，促使其“不仅成为边区经济建设的重要形式，更发展演化为边区民主政治、社会建设的有效途径”①。在这一过程中，被选树出来的吴满有、赵占魁等劳动英雄模范，甚至成了当时激励广大边区人民群众投身生产和革命的一种红色符号及精神寄托。

从本质上来说，开展劳模运动其实仍是中共践行群众路线的一种具体体现。虽然这种方式并非由群众自发组织而成，而是通过中共自上而下大力动员而来，但“典型是从广大人民中间选举出来的，各种生产方法又都是由人民在实际工作中创造出来的，劳模运动就是要将群众创造出来的宝贵经验，再推广到群众中去”②。毛泽东认为，选树出来的劳模往往具有“带头、骨干、桥梁”的作用，“他们是群众中的骨干，又在群众中起带头作用，他们把群众的意见向领导集中，又把领导的方针贯彻到群众中去”③。

此外，山东战邮的“创模运动”也试图通过这种巧妙的动员与群众路线相结合的方式，一方面继续加强战邮人员对战时邮务工作的情感认同，另一方面也希望借此总结经验并推动战邮工作的深入开展。在这一运动的号召下，沂山区邮局甚至还专门举行了动员大会，收发员表示要在保证不出错的情况下，缩短邮件登记时间；交通员立下军令状说要加快传递速度，做到人在文件在，并制定了自己的工作学习计划，互相鼓励、彼此挑战，以致原本由区邮局来回各县 140 里左右的路程，从需要两天的耗时，基本缩短到了当日往返。此外，日北线邮局、诸城县邮局的干线邮运速度也都有着不同程度的提高。④

可以说，在“创模运动”的感召下，战邮人员的积极性得以充分调

---

① 韩伟．毛泽东与陕甘宁边区劳模运动［J］．毛泽东思想研究，2019，36（1）：20.

② 王明生，董颖鑫．陕甘宁边区劳模运动的政治分析［J］．学海，2010（5）：49.

③ 刘景范．更加推广劳动英雄和模范工作者的运动［M］//抗战时期陕甘宁边区财政经济史料摘编．西安：陕西人民出版社，1981：570. 转引自韩伟．毛泽东与陕甘宁边区劳模运动［J］．毛泽东思想研究，2019，36（1）：26.

④ 山东省邮电管理局史志办公室．山东邮电史稿［G］．影印本．济南：山东省邮电管理局史志办公室，1982：134.

动，进而促使山东战时的邮务工作进入新的阶段。为了让各区推选出来的英雄和模范成为战邮工作中的一面旗帜，1945 年 2 月 7 日，在战时邮局成立三周年的纪念日里，山东战邮总局特意召开了全省战邮劳动英雄和模范工作者代表大会。在这次会议上，经过三四层逐级评选出来的各战略区的代表们，更进一步互相交流彼此的斗争经验和工作方法，并最终选出了葛春亭、庞耀、丁立安、郑金地等 33 位战邮模范，其中葛春亭和庞耀同志更是获得了“山东战邮英雄”的称号，具体名单如下①：

山东战邮英雄：

葛春亭、庞耀

山东战邮模范：

陈明生、郑金地、李国松、单汝栋、栾有登、彭友交、祝东贵、马效良、丁立安、孙在学、任凤全、房汝美、杨延坤、王延范、崔延岭、李　东、许维祯、刘同凤、李同浩、徐宝瑞、顾秀峰、刘敬美、尉玉玺、赵守卿、王希全、樊景芳、李凤珍、李业俊、徐学思、张云鹏、葛维香

“二七劳模大会”结束后，当选的战邮模范们回到各自的工作岗位上，不仅积极传播会上交流的工作经验，而且纷纷在工作中起带头作用，特别是沂北县邮局受丁立安同志的影响，专门成立了一个模范交通班，向各县提出挑战，这就使得轰轰烈烈的“创模运动”，开始从个体化、典范化的形式逐渐向普通化、集体化转变，进而使得整个战邮队伍的工作积极性和工作效率都在提高。② 从这个意义上来说，山东战邮“创模运动”所带来的影响，恐怕不只是全体战邮人员对战邮工作的情感认同，更在根本上实

① 名单源于山东省邮电管理局史志办公室．山东战邮专题资料：人物部分［G］．济南：山东省邮电管理局史志办公室，1988：71-104. 需要说明的是，著名的发行英雄凌文起，是在 1947 年才获得“发行英雄”这一荣誉称号的。

② 山东省邮电管理局史志办公室．山东邮电史稿［G］．影印本．济南：山东省邮电管理局史志办公室，1982：137-138.

现了对他们人心的凝聚和精神的振奋，让他们充分意识到并且相信只要经过他们的努力，邮政、交通、发行等工作同样可以为党的革命事业做出巨大的贡献。

当然，“创模运动”之所以能够取得如此成效，始终离不开那些英雄模范。那么，这些起着“带头、骨干、桥梁”作用的榜样们，究竟是一群什么样的人？他们到底有着怎样的故事，可以让广大战邮人员成为彼此的力量？接下来，我们将分别从一位战邮英雄、一位发行英雄和一位普通战邮局长的故事，来为大家呈现山东战邮工作者中的“三面红旗”。

一、战邮英雄庞耀：“为革命哪怕千辛万苦！”

“老庞，路途这么远，又不熟悉，中间还得经过环境比较复杂的敌顽地区，又得过津浦路和运河，困难重重，恐怕这一去就‘海’了，肉包子打狗——有去无回了！”

“干革命还能怕死吗！为革命工作就是牺牲了，也是光荣的。至于说到困难，那是没有不能克服的。”

这是庞耀在一次长途任务前和战友的对话。往返冀、鲁、豫来回两千多里的交通线，在当时的条件下，其难度之大可想而知。

出生于赣榆的庞耀，少年时因家乡战乱不断，备受欺凌，直到1940年共产党来了赣榆之后，他才得以翻身解放，并入党参军，抗日救国。从1942年调到山东分局接受交通训练起，庞耀的主要工作就与交通紧密相关。特别是战时邮局成立之后，因为其以往业绩突出、经验丰富，故而被抽调到了山东战邮总局交通科，专门负责当时难度最大的交通任务之一——晋冀鲁豫边区的长途交通。上文的对话，便是在一次出发前他与战友的日常交流。

自1937年抗日战争爆发以来，交通工作的“神经与血管”之作用日益突出。山东战邮总局便曾呼吁广大交通邮务人员：“如果能把各种对敌斗争的东西早1小时送达目的地，我们就可以少留许多血，可以争取到数千万小时的胜利成果。相反，在我们这儿多积压1小时，就会造成所有工作上的无数小时的损失，这会造成对敌斗争中的罪恶。”① 对此，经验丰富的庞耀更是深以为然，在他看来，时间就是胜利，只要能早一秒完成运输任务，组织就会多一秒决策时间。

因此，为了抢时间，他可以在寒冬的深夜赤脚渡河送信，不顾脚上的伤口裂了又结冻，像“扎了无数的钢针疼痛难忍”；为了抢时间，他可以冒着山洪暴发的危险，靠着野藤荆棘翻山越岭按时完成任务，赶到指定地点时“成了个泥人，文件却一点也没湿”；为了抢时间，他可以在一夜疾驰120多里后，因多食了药品而不停腹泻的情况下，“干脆脱去了裤衩，边泻边走，终于赶上了他们”②。

对交通员来说，风餐露宿更是家常便饭。1943年的除夕，庞耀临时接到任务，要将一份紧急文件送到离他们驻地五六十里远的独立团。还是为了抢时间，庞耀连中饭都没有吃，就骑上一辆破旧自行车匆匆前去送文件。因山路崎岖难行，等到达独立团时已是深夜，且下起了大雪。根据当时的规定，交通员都是分散到老百姓家去吃饭，但庞耀考虑到老百姓们过年吃顿饺子已属不易，自己饭量又比较大，所以便硬是饿着肚子过了除夕夜。等到了第二天一早，他连早饭也没吃便往回赶。山里寒风凛冽，路上积雪封霜，本就奔波一天又饿着肚子的庞耀，一不小心就连人带车一起跌进了雪坑。等他好不容易拼尽全力爬了出来，才发现那辆自行车还在雪坑里。在当时大部分交通工作都只能依赖于交通员双腿的特殊时期，拥有一辆破旧自行车已经实属不易。为了不让这“先进”的工具落在坑里，庞耀“解开裤带，二次跳进雪坑，将裤带系在车后座上，然后爬上来，再把车子拉上来。这么反复两次，身上沾满了雪，还灌进内衣，雪化开后，不时

---

① 山东战时邮政档案．山东战邮工作建设概况［A］．1945-08，山东省档案馆（馆藏编号G021-01-0019-001）．

② 三个故事均源于庞耀的亲身回忆，分别是1941年11月的深夜过沂河、1943年夏天去省直机关送信和同年7月上级派他和王玉贵、田宏彪同志去冀鲁豫边区送信。详情可参见庞耀．我难忘的战邮生涯［DB/OL］．烽火HOME革命人物数据库，2018-11-23．

又冻起来，裤子冻得像个冰桶，整个身体像置于冰桶中……”①

除了有坚韧不屈的意志，交通员往往还需要随机应变以迅速在战情发生变化时做出决策。庞耀有一次便是凭借着他的机智勇敢挽救了战邮总局和军区机关。那是在1944年8月，日军正企图用拉网战术在滨海地区进行扫荡，在这种紧急的情况下，很多机关单位也会临时进行搬迁，这就给交通通信工作带来很大的麻烦。庞耀当时便曾接到任务，要去离总局10里远的某分局去送信，可等他到了指定的地点，却发现分局已经转移了。然而，经验丰富的庞耀深知，越是在这种危急关头，越不可耽误片刻，因为文件信息一旦延误，就可能会给我党政军带来不可挽回的损失。或许是天佑中华，刚下过雨的地上留下了许多马蹄印，庞耀凭借经验判断这很可能是机关单位撤退时留下的，因此便惊喜地顺着脚印一路追一路问，终于在傍晚找到了分局，完成了工作任务。

然而，等到庞耀赶回战邮总局时，却发现连总局也转移了。为了不与总局失去联系，他又连忙上路试图找到总局的临时驻地。在行进的路上，他恰巧发现了一部分敌人正向一座小山层层包围。多年的交通工作经历让庞耀迅速警觉起来，他担心如果总局转移到了这座山上，那么一旦被敌人包围，后果会不堪设想。想到这一点，他便独自一人向敌人靠拢，决定探清敌人的虚实，结果却发现把守大路口的敌人并不多，他们只是点着火把，做样子吓唬人。据此，他判断敌人很可能是在“声东击西”，把主要兵力都布置在了树林小路里。于是，他便当机立断，决定从大路突破敌人的封锁线，并最终在一个小山脚下找到了因摸不清敌人虚实而不敢突围的战邮总局和军区等机关单位。庞耀根据自己的所见所闻，把敌人的布置情况立马向战邮总局局长赵志刚同志做了汇报，在经过详细研究和部署后，他们最终决定趁着天还未亮从东面大路口突围。在突围过程中，庞耀又主动跑在队伍前面当向导，最终使得战邮总局和其他机关单位顺利突围，从

① 庞耀．我难忘的战邮生涯——（四）为革命哪怕千辛万苦［DB/OL］．烽火HOME革命人物数据库，2018-11-23.

而保留了山东战时邮政的革命火种。[①]

“为革命哪怕千辛万苦！”这不仅是庞耀对战邮工作的认可，更是他对中国革命的承诺。他是一位普通的战邮交通员，更是一位英雄战邮交通员。

二、“凌文起运动”：“独立营”吹响的口号

如果说庞耀是战邮交通员的英雄榜样，那么凌文起或可被视为战邮发行员的一面旗帜。战邮总局局长赵志刚便曾在一篇回忆文章里专门提及凌文起，介绍他长期一个人单独在远离县局的敌顽区，发行张贴我党的党报党刊，致使当地的敌伪武装力量误认为有一个“独立营”在活动。[②] 那么，凌文起究竟是如何吹响“独立营”这个口号的？这首先要从发行工作本身说起。

发行工作意味着什么？一位发行战线上的老战邮曾说，他们自己把“发行报纸视为党的喉舌，马列主义的传播者，是投向敌人的一颗炸弹”[③]。上文我们曾经提及，相比我方民主地区较为稳定的治安环境和政治条件而言，敌顽区的发行工作无疑要严峻得多。为了让更多的群众认识到我党我军的性质和政策，凌文起在八年的抗战和后来的解放战争中，经常不顾个人安危，独自穿梭在敌后和边沿区，或是秘密张贴报纸，或是口头相传，将光明和希望的种子播撒给黑暗中的敌区人民，使得许多村庄每夜都能看到最新的党报党刊。起初，人们还不相信这些报纸、标语等宣传品是他一个人送的，等日子长了之后，乡亲们才发现这确实是凌文起一人所为。而所谓“独立营”的名号，也是源于他在一次夜间送报纸时的急中生智。

---

① 庞耀．我难忘的战邮生涯——（六）转移和突围［DB/OL］．烽火 HOME 革命人物数据库，2018-11-23.

② 赵志刚．山东战邮的创建和发展［G］//山东省邮电管理局史志办公室．山东战邮回忆资料专辑：第一集．济南：山东省邮电史志编纂委员会办公室，1988：1-9.

③ 李长有．沂蒙区战邮简况［G］//山东省邮电管理局史志办公室．山东战邮回忆资料专辑：第一集．济南：山东省邮电史志编纂委员会办公室，1988：547.

解放战争爆发后，战邮组织虽然在名义上不复存在，但以军邮的身份参与交通发行和情报通信等工作，广大战邮职工也始终在不同的战线上各司其职。1947 年，国民党占领临沂后，凌文起不顾上级的再三劝说，一直带病工作在临沂前线，每天在取到最新的报纸后，都要扛起大枪“往沂河东岸敌占区投递，夜间再去沂河西岸张贴宣传品和报纸”①。有一次，他在夜间送报纸时，突然被一群国民党支持的地方反动武装组织还乡团碰上。

“干什么的！”对方喝问。

凌文起急中生智，使劲拉动枪栓，厉声答道：“独立营！”②

还乡团的成员们虽然平时耀武扬威、欺压百姓，但遇到中共的军队则一般不敢造次。所以在黑暗中被凌文起这么当头一喝，摸不清虚实的他们更是吓得急忙脚底抹油——溜之大吉。“独立营”的这个名号，也从此在老百姓的口中流传开来。

在长期的敌后战争中，凌文起还和当地群众建立了亲如骨肉的密切关系。每逢深夜送报纸，只要他在群众的门上敲两下说上一句：“我是老凌啊！”群众就会“马上打开门拉他进去，拿出为躲国民党军抢劫而藏好的馒头、肉、蛋等让他吃”③。有一次凌文起在送报纸的时候，国民党军队突然包围了村庄，一个老大娘为了掩护他，第一时间将他的报纸和大枪藏了起来，并不顾个人安危地领着他向街里走。

“干什么的？”一个国民党军拦住问。

“这是我的表侄子。”老大娘忙抢着回答，说罢就想拉着凌文起离开。

“你究竟是干什么的？”

“老少爷们！”正当凌文起担心暴露时，老大娘却不慌不忙，大声向周围的乡亲们说：“这是我的表侄呀，大伙都来认认吧！”

---

① 张衍霞．山东战时邮政的党报党刊发行［J］．理论学刊，2008（7）：38.

② 山东省邮电管理局史志办公室．山东战邮专题资料：人物部分［G］．济南：山东省邮电管理局史志办公室，1988：79.

③ 山东省邮电管理局史志办公室．山东战邮专题资料：人物部分［G］．济南：山东省邮电管理局史志办公室，1988：80.

“是呀是呀！”人群中立刻响起异口同声的回答。①

就这样，在老大娘和全村人民的保护下，国民党军无可奈何地走了，凌文起也因此常说自己的命是另一个母亲给的。

在凌文起不遗余力的努力下，不仅敌区的人民群众对我党政军的政策、精神有了更深的理解，就连不少敌伪人员都在看到报纸后，改变了对我党政军原先的偏见。据记载，有两个还乡团的成员正是因为看了凌文起贴的报纸，才知道了人民解放军的政策，并且主动投诚，为此，上级还特意给凌文起记了两个一等功。此外，他还配合武工队组成宣传组，3 个月插入敌占区 8 次，进行口头宣传，并张贴《大众日报》、画报、宣传品等 2300 多份。在他和其他战邮人员的努力下，敌还乡团、伪自卫队陆续有队员来解放区投诚。②

凌文起的优异表现，不仅使得其在 1947 年被推选为“发行英雄”，更带动各战时邮局掀起了一个“凌文起运动”的热潮。这一运动最初由沂东县局发起，开展这一运动后，沂东县局的战邮工作者们积极性普遍提高，甚至纷纷立下各种“挑战书”和“军令状”。在敌人几次封锁扫荡的情况下，他们或通过穿越公路的办法，或采取偷渡沂河的方式，坚持进行交通发行工作，从而保证了沂东至沂南的联系始终不断。此后，白彦、临沂、莒县等战邮组织，也纷纷加入了“凌文起运动”的队伍，“凌文起运动”就像从“独立营”吹响的口号一样，鼓舞了交通发行人员的革命斗志，不仅为战邮工作竖起了一面红色的大旗，更使得敌后交通发行工作有了很大的转变。③

---

① 山东省邮电管理局史志办公室．山东战邮专题资料：人物部分［G］．济南：山东省邮电管理局史志办公室，1988：80-81.

② 山东省邮电管理局史志办公室．山东战邮专题资料：人物部分［G］．济南：山东省邮电管理局史志办公室，1988：81.

③ 山东省邮电管理局史志办公室．山东战邮专题资料：人物部分［G］．济南：山东省邮电管理局史志办公室，1988：82.

三、“好伺候的贾主任”：鲁中人民最优秀的邮政勤务员

初闻病重近闻夭，晴天霹雳问哀悼。忆昔当年蒙山巅，冰天雪地枕石眠。

碉堡林立公路网，山高水深夜又长。敌后交通创伊始，千斤重担交予你。

交通发行要统一，不偏不倚持真理。苦斗八年如一日，个人得失何所计。

埋头苦干日继夜，鞠躬尽瘁致成疾。邮政事业赖以立，针药无效竟长逝。

蒋家当权似豺狼，背信弃义太猖狂。战火弥漫全中国，江山半壁蒋儿皇。

事业未竟身先亡，常使烈士恨难忘。誓继先烈未竟志，争取胜利慰英灵。

——孙敬愿《悼贾侗同志诗》[①]

这是曾任鲁中战时邮务管理局秘书的孙敬愿，在得知他的老战友贾侗逝世时写下的悼诗。不同于庞耀、凌文起的“英雄模范”身份，贾侗只是一个经验丰富的老战邮，尽管在1946年去世时，他才28岁。[②]

出身于书香门第的贾侗本是一名小学教师，“七七事变”爆发后，他毅然投笔从戎，参加抗日救亡运动，并于1938年加入共产党。在经过抗大山东分校的3个月学习后，被分配到鲁中区主要从事党的交通工作，作为鲁中地区战邮的创始人，贾侗曾先后担任过鲁中战时邮务管理局局长、鲁中邮政办事处主任。

---

① 孙敬愿．悼贾侗同志诗［G］//山东省邮电管理局史志办公室．山东战邮专题资料：人物部分．济南：山东省邮电管理局史志办公室，1988：153.

② 刘明．终生难忘的一件事［G］//山东省邮电管理局史志办公室．山东战邮专题资料：人物部分．济南：山东省邮电管理局史志办公室，1988：161.

没有担任干部之前，贾侗主要在前线负责交通工作，他“走起路来特别快，一般人同他一起走，小跑才能跟上。因此他在通过敌人封锁线和打游击时，任何敌人也无法赶得上他”①。交通工作不仅需要良好的身体素质，更需要在具体的工作中懂得灵活变通，贾侗随机应变的能力和“化妆术”之高给战邮的其他同志留下了深刻的印象。比如，在负责鲁中通鲁南交通线的时候，因为处在顽军的势力范围内，他就干脆将工作转移到了箕山古庙，通过拜老道士为师来隐藏自己的身份，每天上山下山往返30多里收发文件，坚持了四五个月后，甚至还教化了道士，使得其也协助我党开展工作。在1941年冬天，为了尽快恢复滨海和鲁中两大解放区的交通联系，贾侗不顾敌人的大扫荡，冒雪迎难而上，可刚走到沂河公路上，就碰见了一股敌人。面对这一情况，贾侗急中生智，迅速将自己的棉裤反穿，把白色的里子裹在身上，利用冰雪的“保护色”让自己不被敌人发现，并最终平安抵达滨海，恢复了两区的联系。

另外，交通员在冬天过水渡河时，常因为没有船只，只能用腿脚强行蹚过，这就难免会被冰水刺破或冻伤皮肤。为了让同志们免受冻害之苦，贾侗根据自己的经验想到用油布制成高筒油布靴子的办法并加以推广，从而极大地提高了冬季交通工作的效率。② 时任沂河武装交通队队长的常树桐便曾回忆：“冬季里河水结冰，特别是冰层不厚时，稍一不慎，容易双足插入冰洞，甚至足破流血。后来由贾侗局长创造了一双‘过河靴’，每人发一双，被冰划破流血的事才得克服。”③

除“箕山当道士”“保护色”和自制“过河靴”这三个故事令战邮同

---

① 王志勇．鲁中战邮史的几点回忆［G］//山东省邮电管理局史志办公室．山东战邮回忆资料专辑：第一集．济南：山东省邮电史志编纂委员会，1988：324.

② 这两个小故事可详见方刚．贾侗同志的轶事片断［G］//山东省邮电管理局史志办公室．山东战邮专题资料：人物部分．济南：山东省邮电管理局史志办公室，1988：156-157.

③ 常数桐．沂河组装交通队概况［G］//山东省邮电管理局史志办公室．山东战邮回忆资料专辑：第一集．济南：山东省邮电史志编纂委员会，1988：514-515. 另，关于武装交通队的情况，下文将专门论述。

事们津津乐道之外，贾侗艰苦朴素的生活作风也是令大家对其叹服的关键。早年从事一线交通工作的他，本就落下了一身职业病，后来创建鲁中战邮并担任主要领导职务的他，更是因为工作的原因长期带病坚持，哪怕胃病犯得再厉害，也从未在生活上寻求过优待。反倒是组织上为了照顾他，专门给他弄了点小菜，但他却还是和普通战士们一样，"吃盐水汤泡小米"，以至于炊事员都感慨："贾主任好伺候！"①

作为鲁中地区战邮工作的开创者，贾侗的言传身教使得"凡经他建立的干线，不管在怎样恶化的条件下，都能坚持工作，至于那种埋头苦干，说漂亮话少，做实际工作多的精神，更是他一贯的十分明显的优点"②。有战邮人员回忆，自己曾一度因为从事交通发行工作而出现过思想波动，甚至不安心工作，是贾侗诚恳地找他谈话，让他明白了"革命战士不能计较名誉地位，应当埋头苦干，为人民服务的战士，做任何工作，都是安心老实的……"③ 在贾侗的呕心沥血下，鲁中地区的战邮工作在敌人的严密封锁下，依然取得了很大的进步：在交通方面，建立起一条仅需要一天两夜便可通行 220 里的交通干线；④ 在发行方面，除《大众日报》之外，截至 1945 年《鲁中日报》的发行量也达到了 8000 多份，且基本完成了总局有关预订工作的要求。⑤

虽然贾侗没有庞耀那样独自拯救战邮总局的英雄事迹，也不似凌文起

① 详见亓汉三．贾侗同志给我留下的印象［G］//山东省邮电管理局史志办公室．山东战邮专题资料：人物部分．济南：山东省邮电管理局史志办公室，1988：152；刘明．终生难忘的一件事［G］//山东省邮电管理局史志办公室．山东战邮专题资料：人物部分．济南：山东省邮电管理局史志办公室，1988：152.

② 王冠杰．悼贾侗同志［G］//山东省邮电管理局史志办公室．山东战邮专题资料：人物部分．济南：山东省邮电管理局史志办公室，1988：150.

③ 刚毅．我对贾侗同志的回忆片段［G］//山东省邮电管理局史志办公室．山东战邮专题资料：人物部分．济南：山东省邮电管理局史志办公室，1988：158.

④ 山东战时邮政档案．两年来山东战邮工作总结及今后任务［A］．1944-08-15，山东省档案馆（馆藏编号 G021-01-0015-002）.

⑤ 山东战时邮政档案．山东战邮工作建设概况［A］．1945-08，山东省档案馆（馆藏编号 G021-01-0019-001）.

一样吹响了发行运动的号角，但这位普通的战邮干部，却依然用自己的一言一行，影响着鲁中地区乃至全山东的战邮同志。他因病不幸逝世后，滨海战邮局的局长王冠杰便在悼念文章中动情地说道："山东邮政事业失去了一位健将，鲁中人民失去一位最优秀的邮政勤务员。"①

第三节　神秘的护邮卫队："碰不得"的武装交通队

> 看，
> 武交队健儿们，
> 手握钢枪，身背文件，艰苦奋斗，不屈不挠。
> 谁有你挺得硬，扎得稳，站得高。
> 九万里雷霆，八千里风暴，劈不歪，砍不动，轰不倒。
> ——《武交队赞》②

在艰难的革命年代，山东战时邮局之所以能发挥好"运输血管"的作用，并渐渐成为党和人民无处不在的"耳目喉舌"，除有赖于战时邮局"一元化"领导下的"三位一体"传播机制和广大战邮工作者的奋不顾身之外，还离不开一支护邮卫队的长期配合与保护。那么，这支神秘的护邮卫队究竟是一支什么样的队伍？它是如何建立起来又是怎么样与战时邮局互相配合的？在战时的交通发行工作中，到底发挥了什么作用？

1940年，时任山东纵队交通总站巡视员的张公才，奉命到太（泰）山区巡视交通工作。在巡视的过程中，张公才留意到太（泰）山支站有一个30多人的武装交通排很是特别，战士们不仅配有军服和枪支，还专门

① 王冠杰．悼贾僩同志［G］//山东省邮电管理局史志办公室．山东战邮专题资料：人物部分．济南：山东省邮电管理局史志办公室，1988：149.

② 李有璋．武装交通队的一些情况［G］//山东省邮电管理局史志办公室．山东战邮回忆资料专辑：第一集．济南：山东省邮电史志编纂委员会办公室，1988：534-535.

准备了便衣。每当有上传下达的文件过来时，战士们换上便衣去转运接送，如果遇到大批的文件书报等宣传品，则以班、排的编制，统一武装运输。这么一来，不仅运输速度得以提高，安全性方面也有了更好的保证。“交通线上为什么不可组织小型武装通过敌伪封锁线！”① 正在为如何提高交通发行效率，特别是安全突破敌人“扫荡围剿”而发愁的张公才，见到这一情况后欣喜异常。

回到总站后，他就把巡视的情况向时任站长的贾倜做了汇报，并提议组建小型武装交通以保护邮务工作的开展。在贾倜和政治指导员连醒军的支持下，张公才、李长青、王成厚、王日桂、刘曰奎和王绍富合计 6 人，配发 3 支枪、16 枚手榴弹，开始了第一次集体武装通过敌顽区运输文件的尝试。虽然这次尝试造成了王成厚同志的光荣殉职，但还是完成了既定的任务，并坚定了他们通过武装护邮以突破敌人封锁线的决心。② 而这个仅有 6 人的小队，也被视为后来那只神秘的护邮卫队——武装交通队之前身。

实际上，关于武装护邮的重要性和急迫性，不仅是一线的交通工作者看在眼里，就连军政干部也都急在心头。朱德总司令曾发出电文，要求：“各地区军队视察或局长为保护邮件之安全或开辟邮路之必要，得请求当地驻军或政府给予协调保护。遇有紧急敌情时，军政当局应及时通知邮局并尽量予以运输之便利与保护”。③ 随着山东根据地交通形势进一步恶化，战邮总局也开始着手建设武装交通队。

1942 年 2 月 25 日，沂河西岸的土山交通干线站，在从战邮总局调来了几位“援兵”之后，正式组建了第一支武装护邮卫队——沂河武装交通

① 张公才．战斗在交通干线上［G］//山东省邮电管理局史志办公室．山东战邮回忆资料专辑：第一集．济南：山东省邮电史志编纂委员会办公室，1988：500.

② 张公才．战斗在交通干线上［G］//山东省邮电管理局史志办公室．山东战邮回忆资料专辑：第一集．济南：山东省邮电史志编纂委员会办公室，1988：500-501.

③ 山东战时邮政档案．关于邮务问题的通令［A］．1942-01-14，山东省档案馆（馆藏编号：G021-01-0001-001）.

队。该队成员最初只有常树桐、张公才、秦德勤、任树仓、刘曰苓、李树营、马逢梅、马挺坤和高洪民9人。由于时间紧迫，这支武交队仅经过一天的专业训练，便直接踏上了去滨海运输文件书报的任务。“从此，我沂河武装交通队战士，身背三四十斤文件、书报，全副武装，通夜穿行在敌人封锁线中，把鲁中、滨海两个战略区紧密联系在一起。”①

沂河武装交通队组建以后，先是顺利冲破了敌人60里的封锁线，恢复了战略区之间的联系，后又陆续完成了沂蒙到滨海两地党政军民的物资转运、护送干部和交通通信等任务。对此，山东战邮总局特通过机关刊物《山东战邮》予以了宣传表扬，并希望这一经验可以推广至全省各战邮管理局。② 因此，半年后，滨海地区也成立了沭河武装交通队，由刘坤同志担任队长，主要从事报刊文件的收发工作。从此，鲁中至滨海的交通联系便主要由沂河、沭河两支武装交通队共同负责。据沂河武交队的队长常树桐回忆，当时两队每3天对跑一次，“将邮件、报纸以及机密文件，打成像解放军背包样大的包，肩背步行，都是在黑夜执行任务”③。

尽管沂河、沭河武交队总在夜间出任务，可毕竟是长期活动在敌人的封锁线上，因此自然也引起了敌人的注意，遭到的埋伏和袭击更是举不胜举。但他们总是能化险为夷，从而保证了邮路畅达不断，党报党刊和机要文件也未曾有过丢失或积压的情况出现，甚至还能配合地方党政军组织完成对敌的军事攻势或政治攻势，以至于敌伪分子提到武装交通队，只能犯怵说：“都是些不要命的人，千万碰不得……”④ 那么，为什么武装交通队分明人数少装备差，却可以给敌人以如此的震慑，并能顺利完成任务

① 张公才．战斗在交通干线上［G］//山东省邮电管理局史志办公室．山东战邮回忆资料专辑：第一集．济南：山东省邮电史志编纂委员会办公室，1988：502.

② 张公才．战斗在交通干线上［G］//山东省邮电管理局史志办公室．山东战邮回忆资料专辑：第一集．济南：山东省邮电史志编纂委员会办公室，1988：510-511.

③ 常树桐．沂河武装交通队概况［G］//山东省邮电管理局史志办公室．山东战邮回忆资料专辑：第一集．济南：山东省邮电史志编纂委员会办公室，1988：514.

④ 张公才．战斗在交通干线上［G］//山东省邮电管理局史志办公室．山东战邮回忆资料专辑：第一集．济南：山东省邮电史志编纂委员会办公室，1988：507.

呢？据张公才分析，武装交通队之所以能圆满完成护邮的任务，除离不开党的领导和人民群众的大力支持之外，另一个重要的原因在于武装交通队一般由当地邮局或交通站的同志组建而成，故而熟悉本地的一切情况，是他们在执行任务时得天独厚的优势。具体来看，所谓的熟悉一切，主要包括以下四点：其一是熟悉敌伪军的情况。由于长期的工作积累，武交队的同事们对于敌伪据点的兵力分布和活动规律几乎了如指掌。其二是熟悉地形和线路。哪里有沟有岭，哪儿有大路小路、树林村庄，都知道得一清二楚，所以当时在武交队内部流传着这样一句话，“出门千条路，你封锁你的，我走我的，封锁再严，也有空隙”。其三是熟悉当地的人民和社会情况，能够分辨出敌伪所采取的一些方式办法，并提前做好应对。其四是熟悉我军在地区活动的规律和方式，和我军政机关联系密切并相互配合。①

由于武装交通队在战时邮务工作中的作用越发明显，中共山东分局便在1942年9月发出了一份名为《关于护邮的电报》，明确要求鲁南、清河、胶东、湖西军区以“武装力量确保各根据地交通联系……抽出一个排或一个连的兵力专门担任护邮工作，他们经常随邮局行动，管辖及供给仍归原建制……”②。接着，山东省军区司令员兼政委罗荣桓也对武交队的工作做出具体指示，明确了武交队队员的八路军身份，享受现役军人待遇，其家属也按照抗日军人家属优待，这就更加鼓舞了全体武交队员的革命热情和工作干劲。③

随着武装交通队的不断发展壮大，且在护邮工作中扮演的角色越发重要，山东战邮总局也在总结前期经验的基础上，对其进行了系统的研究，并于1944年春在《关于建设战邮工作的决议案》中，对武交队的工作性

---

① 张公才．战斗在交通干线上［G］//山东省邮电管理局史志办公室．山东战邮回忆资料专辑：第一集．济南：山东省邮电史志编纂委员会办公室，1988：503-504.

② 山东省邮电管理局．关于护邮的电报［G］//山东省邮电管理局．华东战时交通通信史料汇编：山东卷．北京：人民邮电出版社，1997：99.

③ 张公才．战斗在交通干线上［G］//山东省邮电管理局史志办公室．山东战邮回忆资料专辑：第一集．济南：山东省邮电史志编纂委员会办公室，1988：511.

质、主要任务、方式方法、组织形式等方面做出了详细的要求。战邮总局认为，在战略区与战略区之间，以及战略区与军分区之间，有必要成立10~30人上下的武装交通队，定期往来于敌区或边沿区，以密切战略区的联系、冲破敌人封锁，并迅速传送各种邮件。武装交通队的主要任务是输送党政军民的一切公用与秘密文件、党报党刊以及护送干部等，因此在工作方法上，需要全队便衣武装，通过沿途建立的敌伪关系及社会关系隐蔽活动，特别是涉及党政军的机要文件，都必须指定专人负责携带送达目的地。

此外，战邮总局还对武装交通队的组织形式和领导关系做了明确的规定，要求武交队凡10人上下者，由县局直接领导，与县独立营、武工队等均属工作上的配合关系，可设正副班长各一人，负责领导本队一切工作；30人上下者，属于战略区的，由管理局或区局及所在地县局管理，管理局与区局负责分组路线调整与建设干部配备、武器弹药的补充及政治原则的领导，县局负责具体工作的督促检查，可设队长（最好由交通站长兼）、指导员各一人，共同负责本队的一切工作（军事管理、组织生活、政治教育、敌伪关系、群众工作、部队生活等）。①

作为护邮卫队，武装交通队除上述运送报刊文件和护送干部之外，还肩负着在敌顽区配合战时邮政的发行员、邮务员从事发行工作。通常来说，他们以五六人为单位，利用夜色的掩护，通过有空就钻，有缝就挤的突击蚕食法向敌顽区发行报纸、张贴标语等宣传品。② 有的武交队甚至还配合地方组织民兵“攻打伪据点、反扫荡、反抢粮、破坏敌伪电话线等”③。当然，武装交通队虽然冠以“武装”二字，但在执行任务的时候，

① 山东战时邮政档案．关于建设战邮工作的决议案［A］．1944-04-09，山东省档案馆（馆藏编号 G021-01-0015-001）．

② 山东战时邮政档案．关于建设战邮工作的决议案［A］．1944-04-09，山东省档案馆（馆藏编号 G021-01-0015-001）．

③ 张公才．战斗在交通干线上［G］//山东省邮电管理局史志办公室．山东战邮回忆资料专辑：第一集．济南：山东省邮电史志编纂委员会办公室，1988：510．

一般还是以安全迅速为第一要务，“在穿越敌封锁线时，我们都是弹上枪膛……但是，我们的子弹不是轻易打出的，不是遭敌人伏击，我们一般是不会主动打枪的，因为我们的任务是安全、迅速地传递党、政、军的文件。有一次我队两个班出发执行任务，刚要从纪家河庄北过铁路时，发现从杨家庄方向开来几辆敌军汽车，车灯照得明晃晃的。我们迅速隐蔽在壕沟旁，端着枪，怒视着敌车，八辆敌人汽车瞬间从我们眼下驰过。若不是我们身上背着重要文件，满可以打他个伏击……”①

《关于建设战邮工作的决议案》（以下简称《决议案》）的出台，使得武装交通队的工作进一步蓬勃发展起来。尽管当时武交队面临着艰苦的生活环境，物资装备除武器之外，只有一个包文件的布包袱，莫说没有防雨用具，甚至连跑交通最重要的鞋子都不够穿，只能缝了又补。② 但就是在这样的情况下，据不完全统计，在该《决议案》出台仅 4 个月后，山东各战略区还是创立了 21 个小型的武装交通队，累计有 224 名武装交通战士，穿梭在交通生死线上为党的交通发行和邮务工作保驾护航。③ 这支“碰不得”的神秘护邮卫队，也凭着“待遇高低不计较，爬过山头立功劳”等精神口号和出色的战斗力，成了广大战邮人员最亲密和最值得依靠的战友。

① 庄元习，王建华．战斗在胶济线上的益都武交队［G］//山东省邮电管理局史志办公室．山东战邮回忆资料专辑：第一集．济南：山东省邮电管理局史志办公室，1988：615.

② 详见庄元习，王建华．战斗在胶济线上的益都武交队［G］//山东省邮电管理局史志办公室．山东战邮回忆资料专辑：第一集．济南：山东省邮电管理局史志办公室，1988：613. 杨秀山．忆滨北武交队［G］//山东省邮电管理局史志办公室．山东战邮回忆资料专辑：第一集．济南：山东省邮电管理局史志办公室，1988：265.

③ 山东战时邮政档案．两年来山东战邮工作总结及今后任务［A］. 1944-08-15，山东省档案馆（馆藏编号 G021-01-0015-002）.

本章小结

人类社会的发展早已证明，只有人民群众才是历史真正的创造者和见证人。如果说淮海战役的胜利是人民群众用小车推出来的，那么没有广大战邮人员不顾生死的日夜穿梭，战时邮局也绝无可能成为党的"运输血管"与"耳目喉舌"。因此，不同于上一章侧重于"三位一体"传播机制的论述，本章我们主要通过中观层面的概述考察和微观层面的个案分析，试图描绘出战邮工作者的集体群像和生活状态。我们发现，战时邮局通过组织学习和科学管理的方式，一方面让广大战邮人员形成了对战邮工作的使命认同和情感依赖，另一方面也使得他们分工明确并得以各司其职，进而保证了工作的有的放矢。

具体来看，战邮交通人员的工作并非一句"开辟交通线路、传送各类文件"就可以概括的。除需要承担公共交通与党内秘密交通的双重任务之外，还要负责党政军民上下级的密切联系，以及普通邮寄、秘密文件之传送和护送干部等职责。发行人员的工作当然也并不轻松，他们往往扮演着"宣传员、组织员和读报员"的三重身份，不仅要在各种复杂恶劣的环境中完成发行任务，更需要组织读报小组以使党的声音传递到群众内部，真正发挥出党报"耳目喉舌"的作用。邮务人员虽说主要是辅助交通发行工作的完成，但仅仅在收发邮件的手续上，便足见其工作之琐碎细致，且其制定出的各类手续办法，对于提高战邮工作的效率无疑发挥了重要作用。此外，作为战时邮局的大总管，战邮秘书科的人员，也是战时邮局得以顺利运转并发挥作用的关键。他们既需要编印和保管各种文件邮报，又需要管理和服务战邮人员学习、工作和生活的方方面面，还常常需要从事一些其他不属于各科的工作。

然而，尽管战邮人员有着明确的职责划分和管理规定，但由于交通发行等工作往往需要单枪匹马地面对种种突发情况，所以战邮人员实际上长期处于一种“有机组织的无机化”之生活状态。也正因如此，我们才能在管兆修等具体的个案分析中，看到了不同战邮人员在面对诸多“迫不得已”下，是如何采取种种办法以“自力更生”的鲜活事例，并从中体会出“人在文件在，不怕流血牺牲”的战邮精神。

除了组织学习和科学管理的方式，山东战时邮局还发起了“创模运动”的号召，通过这种巧妙的动员与群众路线相结合的方式，选树出了庞耀、葛春亭、凌文起等英雄模范，不仅进一步总结了战邮工作的前期经验，还通过这样一群榜样的力量，加强了战邮人员对战时邮务工作的情感认同。更值得欣喜的是，随着一面面战邮英雄模范的红旗不断被竖起，“创模运动”也开始从个体化、典范化的形式逐渐向普通化、集体化转变，进而使得整个战邮队伍的工作积极性和工作效率都有显著提高。

当然，山东战时邮局之所以能发挥好“运输血管”的作用，并渐渐成为党和人民无处不在的“耳目喉舌”，还离不开一支护邮卫队的长期配合与保护。如果没有这支“碰不得”的武装交通队一路穿越火线保驾护航，战邮人员想要突破敌人的重重封锁，特别是将报刊文件平安送到敌顽地区，恐怕难比登天。因此，这支作风顽强，高喊“爬过山头立功劳”的队伍，也是广大战邮人员在交通发行这一生死场上，最亲密和最值得依靠的战友。

第五章

“文化炸弹”：战邮事业与中国革命的民众动员

战邮工作在敌后环境下，主要是保证党的交通发行任务完成。这是我们的一个总的基本任务，这个任务在战争环境下，它的政治责任将更加重大……它是为无产阶级革命，为广大群众服务的，是革命组织的一部分……这个任务也是一个战斗的任务，它是一个艰苦的对敌斗争工作，也是服从和服务于整个战争任务的，在一切“为了对敌斗争的胜利”的条件下……我们在对敌斗争中，主要任务是破坏敌人巩固自己。在破坏敌人方面，用我们的交通工作去破坏敌人的封锁，深入敌人心脏中，用我们的发行工作去动摇瓦解敌人，提高根据地及敌区人民的胜利信心，提高抗战的积极性……①

山东省战时邮政总局《两年来山东战邮工作总结及今后任务》

1944年8月15日

通过前两章的考察论述，我们已经看到了山东战时邮局“一元化”领导下的“三位一体”传播机制究竟是如何形成，又是如何在广大战邮人员和武装交通队的密切配合下顺利运转的，以及在这一过程中，山东地区交通、发行、邮务、情报等工作又取得了怎样的进步。那么，除交通路线的开辟和通行里程的增加、发行网络的形成和发行数量的增长、情报信息的提供以及邮务工作的完善等显而易见的贡献之外，战时邮局这一中共所独

① 山东战时邮政档案．两年来山东战邮工作总结及今后任务［A］．1944-08-15，山东省档案馆（馆藏编号 G021-01-0015-002）．

创的交通通信组织，是否还为山东乃至中国的革命发挥了其他意蕴深远的作用？带着这样的疑问，本章试图结合相关史料，并通过对战时邮局部分具体工作的深入剖析，以期在回答上述问题的基础上，尝试对山东战时邮局的历史作用和影响进行相对公允的论述与评价。

当然，这里必须提前说明的是，笔者无意于对山东战时邮局做出“盖棺定论”，因为“学术研究不是先知的事业”①，特别是对历史这门兼具理性与感性的诠释性学问来说，它“可以是一种学术、真理，也可以是族群情感的粘（黏）合剂”②，唯有以开放的心态回到具体的历史语境中去检验曾经发生的诸多实践，或许才能真正为我们提供一种自我理解与反思的历史视野。因此，在考察战时邮局之于山东乃至中国革命的作用与影响时，仅仅将“此刻”的理论谱系和情感态度作为衡量的标尺恐怕并非良策，我们首先需要做的，还是得回到具体的社会历史中，看一看在此前的考察中，是否忽视了一些未曾深掘的历史细节。

第一节 “所到之处 皆为热土”：作为文化传播的战邮工作

> 过去旧邮局虽然对世界交通文化有沟通作用，但基本还是为资产阶级服务的，为老百姓服务只是附带的，它主要是为了资产阶级统治人民、发展工商业以及传播他麻痹人民思想的文化而服务的。因之旧邮局是庸俗性的，它不是革命的组织，我们的战邮组织，是今天对付日本帝国主义的一个必要手段。为传播革命的文化政治观点而组织的手段，应认识这是革命组织的一部分，这是在革命工作上和性质上与旧邮局的不同点，不了解这点，就易产生完全模仿旧邮局的想法，思

---

① 汪晖．别求新声：汪晖访谈录［M］．北京：北京大学出版社，2010：68.

② 葛兆光．宅兹中国：重建有关“中国”的历史论述［M］．北京：中华书局，2011：18.

想上也极其模糊。[1]

山东省战时邮政总局《黎政委在省战邮会议上的讲话：战邮建设问题》

1944 年 4 月 9 日

战邮既不是资产阶级以盈利为主的社会企业式的旧邮局，也不是过去土地革命时期及抗战初期较单纯的交通发行工作。它是在敌后被敌人严重封锁下，民主政府普遍建设中的一种战时邮政工作，是党政军民共同学习的，军用性质的——主要是为党报党刊的普遍发行各级战略区的交通联络……它是各战斗根据地的血管。它是党政军民文化食粮的供应，谁真心地掌握了它，谁就会顺利地开展起各项工作来。[2]

鲁南战邮管理局《关于鲁南战邮一年来的工作总结》

1944 年 3 月 21 日

上述两段文字，分别源于山东战邮总局和鲁南战邮管理局的两份总结性档案文件。从这两段文字来看，无论是战邮总局还是地方分局，在提到战时邮局的性质和作用时，都特别强调了其传播文化、供给精神食粮之功用。实际上，作为以交通和发行为主要业务的组织机构，战时邮局天然便具备传播的功能属性。只是在既有对其的考察中，人们似乎过于聚焦它在开辟交通线路和党报党刊发行上的重要作用，但对于其在文化传播上所扮演的角色，却往往一笔带过甚或只字不提。[3] 那么，除交通发行和邮务情报之外，战时邮局与文化传播之间到底有着怎样千丝万缕的交集？

① 山东战时邮政档案．黎政委在省战邮会议上的讲话：战邮建设问题［A］．1944-04-09，山东省档案馆（馆藏编号 G021-01-0015-004）．

② 山东战时邮政档案．关于鲁南战邮一年来的工作总结［A］．1944-03-21，山东省档案馆（馆藏编号 G021-01-0006-001）．

③ 事实上，即便是目前考察山东战时邮局的几篇佳作中，大多也都围绕其交通发行工作的成就而展开，而对于其背后所带来的文化传播问题却鲜有关注。比如张衍霞．山东战时邮政的党报党刊发行［J］．理论学刊，2008（7）：35-38；范连生．论抗战时期山东革命根据地的战邮工作［J］．抗战史料研究，2014（2）：25-35；王士花．抗战时期中共在山东的交通工作［J］．史学月刊，2018（12）：57-63．

一、为革命而提速：作为媒介技术的战时邮局

想要探寻战时邮局与文化传播之间的交集，我们首先要弄清楚的是，它与传播之间究竟有着怎样的联系。在中国的社会历史语境中，“传播”一词并非早已有之，作为欧风美雨下的舶来品，其在20世纪初进入中国社会时，最开始是被译为“交通”而存在。[①] 当然，这里的“交通”并非今日所通常理解的一种行业名称，而是与陶渊明之名句“阡陌交通，鸡犬相闻”里的用法类似，是一个由“交”与“通”所构成的合成词，具有交流与沟通之双向性传递的意义。[②] 事实上，中共当时的交通工作，也并非仅是修路架桥的工程作业，更重要的还是打通路线，以便建立起交流沟通的一种联系方式，而与之具有密切关系的发行工作，则更是为了“使党的刊物都能扩大推销，直接给群众政治的指导”[③]。从1939年中共中央《关于建立发行部的通知》中，我们可以清楚地看到，中共早已将交通与发行两大工作，视为了一个传播的有机体，“发行部应与在本党领导下的各种交通机关的负责同志取得密切联系，后者在接到发行部交来的出版物后，应尽量保证党的刊物的迅速传递”[④]。

由此可见，以交通发行为主要任务的战时邮局，自创建伊始便隐藏着传播的属性。表面上看，它是中共在山东敌后根据地所独创的一个通信组织，但从某种意义上而言，中共也将其视为了一种新的媒介技术，特别是将交通与发行工作正式纳入所谓“三位一体”的机制之后，这样的倾向实际上已经呼之欲出：在中共山东分局于1943年3月20日发出的《关于党

---

① 刘海龙．中国传播研究的史前史［J］．新闻与传播研究，2014，21（1）：21-36.

② 刘海龙．中国语境下“传播”概念的演变及意义［J］．新闻与传播研究，2014，21（8）：113-119.

③ 详见中共六届二中全会宣传工作决议案（六月二十五日）［G］//中国社会科学院新闻研究所．中国共产党新闻工作文件汇编：上．北京：新华出版社，1980：56.

④ 详见中共中央关于建立发行部的通知（三月二十二日）［G］//中国社会科学院新闻研究所．中国共产党新闻工作文件汇编：上．北京：新华出版社，1980：88.

政交通发行工作统一领导决定》中，便明确了这一创建的初衷是为了“更能发挥工作效率起见”①。而当鲁南战邮管理局论及这一组织对敌后建设人民根据地及党政军民的重要性时，更是将这种媒介技术的倾向展现得淋漓尽致：

> 它是各战斗根据地的血管。它是党政军民文化食粮的供应，谁真心地掌握了它，谁就会顺利地开展起各项工作来。在世界反法西斯胜利即将到来，中国抗战接近胜利的今天，我们在敌伪特的政治共识中，如能在时间上多争取一小时，对整个形势的发展，都是有决定作用的，这个时间的争取，包括对下级密切联系，对敌伪顽匪进行政治攻势，也必须加强战时邮局的建设。②

不难发现，若用一句话来描述山东战时邮局的初衷和作用，恐怕没有什么比“争取时间以提高效率”更为妥帖。在情况瞬息万变的敌后战场，信息情报准确畅达的重要性不言而喻。可是当时，中共既没有现代化的交通工具，又缺少可随时联络的通信设施，为了突破敌人的重重封锁线，山东分局也只能通过不同于中华邮局的战时邮局（新瓶）整合（混）传统交通与发行工作（旧酒）的方法，试图以一种“前现代”的技术形式，来撬开信息阻隔的时空枷锁。明白了这一点，我们也就不难理解为什么在中共的眼中，战时邮局的根本问题始终被归结为一个技术问题，“就是如何战胜时间的问题。不能够冲破这个困难，工作效率就难以提高。这三个工作都是与时间密切结合着的，离开了它就失去了力量。因此我们的工作计划、工作布置都应以争取时间为主要任务”③。

为了让这种“前现代”的媒介技术尽可能地发挥出现代通信装置的作

① 山东战时邮政档案．关于党政交通发行工作统一领导决定［A］．1943-03-20，山东省档案馆（馆藏编号 G021-01-0002-001）．

② 山东战时邮政档案．关于鲁南战邮一年来的工作总结［A］．1944-03-21，山东省档案馆（馆藏编号 G021-01-0006-001）．

③ 山东战时邮政档案．山东战邮工作建设概况：几条经验的介绍——怎样与时间展开了斗争［A］．1945-08，山东省档案馆（馆藏编号 G021-01-0019-001）．

用，中共山东分局通过顶层设计的方式，对交通、发行、邮务工作进行了明确的分工和周密的安排，在保证各项工作独立发展的前提下，形成了提高效率的最大合力，关于这一点，前文已有详述，此不赘言。这里我们仅以当时《大众日报》的发行流程为例，以期更加直观地呈现作为媒介技术的战时邮局，究竟是如何形成了这样的合力：

> 按山东《大众日报》的发行速度，报纸从机器上第一批印出2000来份后，即由工厂送到发行部，立即转送各主要机关。待第二天大批报完全送到发行部后，发行同志们立即紧张地工作起来……为了提高效率减少出错，规定了在工作时间谁也不准大声说话，这样两万三千多份报纸，不到两个钟头即可分发完……然后便一刻不停立即送往邮站上运出。邮站的出发时间是与报纸出厂时间紧密结合的。只有在三位一体一元化的精神下，才能办到报纸到各战略区后，平均两天多就普遍送到各村的读者手中。①

其实，道路交通、邮政系统等物质性的中介，作为一种构成媒介技术的巨大推动力，早已在不知不觉中贯穿人类社会的现代化进程。比如，在18世纪的法国，道路作为一种突破自然时空区隔、联合人群克服偏见的公共载体，促进了当时“民族—国家”有机体的进一步发展。② 到了19世纪的美国，理查德·约翰③的考察更是让我们看到了，如果当时没有邮政系统，美国公共信息的获取，对普通民众而言是相当不易的。

当然，正如詹姆斯·凯瑞（James Carey）提醒我们注意的那样，传播的研究只有放在特定民族的历史经验中，才具有精确性或说服力。④ 同样

① 山东战时邮政档案．山东战邮工作建设概况：目前三个工作的简单介绍——发行工作［A］．1945-08，山东省档案馆（馆藏编号 G021-01-0019-001）．

② 马特拉．全球传播的起源［M］．朱振明，译．北京：清华大学出版社，2015.

③ JOHN R R. Spreading the News：The American Postal System from Franklin to Morse［M］. Cambridge：Harvard University Press，2015.

④ 凯瑞．作为文化的传播：“媒介与社会”论文集［C］．丁未，译．北京：华夏出版社，2005：46.

是一种媒介技术，欧美中世纪以来的道路邮政是一种在现代性精神的指引下，试图以理性塑造资本主义社会“传播构型”的媒介技术，[1] 中国封建王朝时期的邮驿系统，是在“置邮传命”的政治使命中，用来维系帝国统一和行政运转的媒介技术，至于民国时期“官方正统”的中华邮政，则显然更侧重于“裕国富民”的市场资本逻辑。对山东战时邮局而言，虽然其也是为了突破时空的桎梏，以加速信息物资的转移而创新，但在具体的生成和发展过程中，还是逐渐体现出自身独特的技术逻辑和时代印记。

具体来看，除在行政组织上的改良之外，战时邮局这一“前现代”技术形式最大的特点在于回到了人之主体性的解放中：通过组织集体学习班，使得广大战邮人员形成了对战邮高度的使命认同和情感依赖，接着又在“革命/情感”的实践过程中，以“创模运动”这种巧妙的动员和群众路线相结合的方式，进一步促进了工作效率的提高。要言之，战时邮局“三位一体”传播机制的实质，在于形成了一种新的“人—物”关系，这种新的关系通过对战邮情感的认同和主人翁意识的唤醒，逐渐内化为一种看不见的精神，又在看得见的革命救亡实际需求下，最终凝聚成了一股自我实现和民族解放的客观力量，进而加速了革命的进程。

事实上，依靠人的力量来弥补通信技术上的不足，是中共长期在敌后游击战争中摸索而来的实践经验，一本出版于 1938 年的游击队内部小丛书——《游击队的交通与通信》中便曾明确指出，在敌后游击的环境中，我们虽然缺少现代化的交通工具和通信设施，但“只要我们能与人民密切联合，那么，每一个不甘为奴隶的国人，即使是妇女和小童，都可以做我们忠实勇敢的通信干部……总之……人是决定战争胜败的最后因素的概念，在科学技术落后的我国，在凡事困难的游击队中，我们通信网的构

---

① 阿芒·马特拉认为，“每个历史时期与社会阶段都有自己的传播构型”。所谓“传播构型”是指人类财产、人员、信息交往活动的整体性特征，在马特拉看来，“传播构型的历史既是人类多种相互依赖关系的历史，又是大众管理所需要的控制他们情感与冲动形式的历史”。

成，便应排除万难，以人力构成妥当敏捷的通信网”①。

因此，我们可以说，山东战时邮局的技术逻辑和时代印记就在于，它不仅是一种建基于群众政治路线之上的媒介技术，更是人与革命的中介物，在民族救亡的时代潮流中，战时邮局以一种积极互动的“人—物”关系，完成了这种“前现代”技术形式看似不可能完成的“现代化”任务。从这个意义上来说，确实没有一种技术可以置身于历史与政治之外。② 更何况，战时邮局在开展具体的交通发行工作时，往往会利用士农工商、三教九流、作坊学校甚至伪军人员等各种关系掩护，这就决定了其本身需要“高度的政治警惕与斗争艺术，是一个技术与政治相结合的工作”③。那么，当技术与政治的合力汇于抗日救亡的历史之中，作为媒介技术的战时邮局在做好本职工作之余，又扮演了什么样的传播角色？

二、技术与政治的合力：红色文化的形成与传播

本节伊始，我们已经看到黎玉政委曾在 1944 年山东省战邮建设会议上明确指出，战时邮局是“为传播革命的文化政治观点而组织的手段……党的一切机关依靠它去推进其政治文化”④。作为一种媒介技术，战时邮局在传播过程中所扮演的角色，我们也已在第三章以“千呼万应的喉舌”与“无处不在的耳目”为喻，进行了系统且细致的考察。因此，此处需要讨论的关键问题，其实不在于回顾战时邮局究竟是如何传播文化政治观点的，而是进一步探索出在传播过程中，它到底输出了怎样的政治文化。这

① 希明．游击队的交通与通信［Z］．内部资料，1938：55-56.

② 著名传播史学家理查德·约翰在访谈中曾提醒我们注意，不要“忘记机器、技术发明甚至形形色色的传播网络不仅有其发展的历史，而且也拥有由政府机构和公民理念所赋予的行动逻辑。技术从未置身于历史与政治之外”。详见常江，田浩．理查德·约翰：技术从未置身于历史与政治之外：传播史研究的当代价值［J］．新闻界，2019（11）：6.

③ 山东省邮电管理局史志办公室．山东邮电史稿［G］．影印本．济南：山东省邮电管理局史志办公室，1982：104.

④ 山东战时邮政档案．黎政委在省战邮会议上的讲话：战邮建设问题［A］．1944-04-09，山东省档案馆（馆藏编号 G021-01-0015-004）.

就需要我们对黎玉的讲话，做进一步的解读。

黎玉认为，过去旧邮局（中华邮局）“虽然对世界交通文化有沟通作用，但基本还是为资产阶级服务的，为老百姓服务只是附带的，它主要是为了资产阶级统治人民、发展工商业以及传播他麻痹人民思想的文化而服务的”，而战时邮局却“是今天对付日本帝国主义的一个必要手段。为传播革命的文化政治观点而组织的手段……这是在革命工作上和性质上与旧邮局的不同点，不了解这点，就易产生完全模仿旧邮局的想法，思想上也极其模糊”。[①] 细究这段文字不难发现，黎玉的态度实际上表明，与过去的中华邮局相比，战时邮局在文化传播上最突出的特点在于其具有的鲜明阶级性与革命性。而从具体的历史实践来看，正是这种阶级性与革命性，在技术与政治的合力中，通过每一位战邮人员的努力和每一份报刊宣传品的发行，最后像毛细血管一样渗透进了根据地群众的内心深处，进而形成了一种鲜明的红色文化。那么，这种红色文化究竟具有哪些特质？为什么说是战时邮局的推动，使之得以流传甚广并直抵人心？

在文化社会学的语境中，文化既不是那些往往被束之高阁的经典文献，也不是被精英主义所概念化和程式化的范畴形式，而是被纳入物质基础的社会互动中，具有自身独特的实践性和自主性。就像马克思所说的人是一切社会关系的总和那样，文化也需要站在社会关系的立场上，从一种“生活方式”的角度去理解。事实上，人的一切行为活动都是文化的具体表现，它是每一位普通人在日常生活的种种实践中所获取的活的经验。[②] 因此，想要探寻此时红色文化的特质，我们也只有回到其传播的具体实践中，即通过对战时邮局传播手段的细致分析，试图找出隐藏在历史云烟中的文化潜流。

毋庸置疑，在文化传播的具体实践中，传播的人和传播的“物”显然

---

① 山东战时邮政档案．黎政委在省战邮会议上的讲话：战邮建设问题［A］．1944-04-09，山东省档案馆（馆藏编号 G021-01-0015-004）．

② 威廉斯．马克思主义与文学［M］．王尔勃，周莉，译．开封：河南大学出版社，2008.

是两个决定性因素。对战时邮局来说，传播的人当然主要是指从事战时邮务工作的广大战邮职工，尤其是和群众打交道最多的交通员和发行员；传播的“物”，主要指传播的载体、形式和内容。此外，在“人”与“物”的互动中所体现出的实践经验，无疑也更能直观地让人感受到某种文化的意蕴精髓。所以，想要开掘出隐藏在历史深处的文化潜流，我们有必要从山东战时邮局的“人”与“物”，以及二者的互动中展开考察。

先看最明显的“物”。我们已经知道，战时邮局主要的任务之一就是负责党报党刊等宣传品的传递与发行工作。既是党报党刊，其所承载的内容自然也是以宣传党的政治主张和精神文化为主，毕竟党报党刊素来就有“党的集体宣传者和组织者”之称，党的政策和任务“都是通过党报传达到群众中去”。[①] 像当时战时邮局传递与发行的主要报纸《大众日报》，就被誉为“建设山东抗日根据地的指针”，是“展开对敌斗争的锐利武器，也是抗日人民的喉舌”。[②] 除《大众日报》之外，各地方战邮管理局也会想尽办法保证本地区党报党刊的发行，像鲁中地区的《鲁中日报》、鲁南地区的《鲁南时报》、渤海地区的《渤海时报》、胶东地区的《胶东大众报》等，它们和《大众日报》一起，将革命的战斗精神和党的政策主张传递到了山东根据地的每一个角落。

这里我们无须将每份报刊的具体内容加以文本细读，仅从人们读了这些报刊后的反应，便可管窥这些刊物的革命性与战斗性之强。比如，据山东战邮总局局长赵志刚回忆，有时候哪怕我军不在某一地区，但只要敌人发现这一地区有《大众日报》，就往往会“吓得乱作一团，如临大敌，猖狂开枪、放炮，不敢前进”[③]。而拿着《大众日报》来我军投诚的敌伪人

① 党报的发行工作：陈沂同志在省战邮会议上的报告［G］//山东省邮电管理局．华东战时交通通信史料汇编：山东卷．北京：人民邮电出版社，1997：128．

② 山东战时邮政档案．关于发行与交通工作的决定［A］．1942-09-11，山东省档案馆（馆藏编号 G021-01-0001-005）．

③ 赵志刚．山东战邮的创建和发展［G］//山东省邮电管理局史志办公室．山东战邮回忆资料专辑：第一集．济南：山东省邮电史志编纂委员会办公室，1988：6-7．

员也不少见，以至于当时的群众甚至编了一段顺口溜来形容这一现象，“邮局同志真是好，张贴报纸到处跑，瓦解敌人开小差，不用枪来不用刀”①。

如果说公开发行的《大众日报》等党报党刊鼓励了广大人民群众的革命热情，起到了打击敌人士气、瓦解伪军意志的作用，那么战时邮局内部所编印的机关报《山东战邮报》，则提高了战邮人员自身的革命主人翁精神和政治意识。在《关于建设战邮工作的决议案》中，山东战邮总局便明确指出，该报应当具有鲜明的政治任务属性，文章要力求短小精悍、切合实际，以交流经验、指导工作、领导思想、纠正偏向、培养大批模范工作者、发扬革命的英雄主义为主。在版面设置上，一、二版登载指导性和工作经验介绍的文章；三、四版以邮务通信、生活及表扬模范等为主；此外四版还应尽量登载工农稿件。② 若用今天的话语来形容，《山东战邮报》显然是一份“又红又专”的刊物，而长期浸润在这一文化精神下的战邮工作者，所培养出的气质自然也不难想象。

关于这一点，我们在第四章已经有所提及。作为革命精神的播种机，战邮人员在长期的文件传递和报刊发行张贴等宣传工作中，所体现出的精气神，自然也会在无形中感染与他们打交道的广大人民群众。比如，为了保证报刊的及时传递与发行，战邮人员冒着敌人枪林弹雨却毫不畏惧的牺牲精神；为了争取时间提高工作效率，交通员与发行员精诚协作的团队意识；哪怕条件再艰苦，也绝不拿百姓一针一线，而是自己动手生产的严明纪律；等等。其中，发行人员作为党报党刊的宣传员、组织员和读报员，更是直接肩负着党的民主文化事业的发展。如果没有他们从政治的角度认识发行工作是党报工作不可分割的一部分，没有不知疲惫为党报服务的忠实态度，没有用尽一切办法将党报党刊等宣传品散发到山东根据地的广大

① 赵志刚．山东战邮的创建和发展［G］//山东省邮电管理局史志办公室．山东战邮回忆资料专辑：第一集．济南：山东省邮电史志编纂委员会办公室，1988：6-7.

② 山东战时邮政档案．关于建设战邮工作的决议案［A］．1944-04-09，山东省档案馆（馆藏编号 G021-01-0015-001）.

农村中，党报的威信、敌后群众的胜利信心及对我党和我军的热爱与拥护便无从谈起，[①] 更不会使得战邮人员无论在何种环境中，总能受到人民群众的保护，“年纪大的人，视他们如同自己的儿子；年轻同龄的则亲如兄弟。大家和群众同吃、同住、同劳动，工作外帮群众种田、担水、推磨”[②]。正是在这种“军民鱼水一家亲”的环境中，不仅战邮人员的精神气质于潜移默化间影响了人民群众，更让党报党刊成了中共践行群众路线的新武器。

事实上，相比于党报党刊的具体内容和作为传播主体的战邮职工，这种群众路线的生活经验，才最能体现并传播出战时邮局乃至中共所独有的红色文化。因为决定某一社会文化基因和变化的，始终是源于生活经验而又内化于人心的一种不稳定的“情感结构”（structures of feeling）。[③] 作为“文化的集体无意识和意识形态的混合物”，这样的情感结构会以一种“随风潜入夜，润物细无声”之方式，让每一个生活在这一环境中的人，都会在不知不觉中以它为标准去待人接物。当然，对战时邮局来说，群众路线既是一种与百姓同吃、同住、同劳动的生活经验，又是其组织传播党的政治文化观点的工作方式或技术手段。

我们以战时邮局的发行工作来具体分析。通过上文的考察我们已经知道，在战时邮局所发行的宣传品中，党报无疑是其中最重要的一环。而《解放日报》改版以来，中共的党报工作实际上已经包含党性和群众性的

---

① 山东战时邮政档案．两年来山东战邮工作总结及今后任务［A］．1944-08-15，山东省档案馆（馆藏编号 G021-01-0015-002）．

② 李永年．冀鲁边区的交通工作情况［G］//山东省邮电管理局史志办公室．山东战邮回忆资料专辑：第一集．济南：山东省邮电史志编纂委员会办公室，1988：741.

③ “情感结构”一词，是雷蒙·威廉斯在进行文化研究时，为了摆脱文化的经济决定论所创造的关键概念，在他看来，“情感结构”是一定社会中人们共同的生活经验，社会中的每个人都置身其中，却很难感觉到它的存在，但又都会按照它去行事。因此，源于生活经验的“情感结构”是判别文化的关键。详见威廉斯．马克思主义与文学［M］．王尔勃，周莉，译．开封：河南大学出版社，2008.

双重诉求。① 对此，山东战邮总局看得很是通透，他们在《两年来山东战邮工作总结及今后任务》的文件中便明确地写到，必须从政治的作用来看待发行工作，作为党报工作不可分割的一部分，发行工作的实质就是：

与群众密切接触的工作，在党报编辑改造上，在党报的直接起作用上，都是与发行分不开的……自从1942年改进党报后，经过1年多的努力，一般同志的党报观念上比过去普遍加强了，在工作上党报真正发挥了它的指导作用。尤其近半年来，许多同志一见不到报纸，比吃不着饭还难受，这说明党报真正给读者解决了问题，但同时也可说是我们的发行工作还没有满足读者的要求，读者还不能及时看到报纸……在发行工作上如能及时地送到读者手中，党报威信就会更高，相反报纸如失去了时间性，在作用上就成了历史的参考材料，就失去了报纸的作用，正如作战失去了先机一样。②

因此，为了让党报发挥最大的作用，“不使党报变成半个哑子，不使广大群众变成半个聋子”③，战邮人员除想尽一切办法突破敌人的重重封锁，以保证“党活动到哪里，就把报纸发行到哪里”之外，更重要的就是通过组织读报小组和实施“检查—收回”制度的方式去实现党群之间的有效互动。从操作层面而言，明确要求战邮发行人员组织读报小组，“把报纸上所登载的号召和经验以及重要的消息等，讲给群众听，提高群众的政治认识和抗战信心”④ 和“从读报组、订户建议会中收集他们对党的政策

① 李海波．党报、列宁主义政党与群众政治参与：延安新闻业群众路线的运作机理分析[J]．国际新闻界，2018，40（3）：24.

② 山东战时邮政档案．两年来山东战邮工作总结及今后任务［A］．1944-08-15，山东省档案馆（馆藏编号G021-01-0015-002）.

③ 山东战时邮政档案．两年来山东战邮工作总结及今后任务［A］．1944-08-15，山东省档案馆（馆藏编号G021-01-0015-002）.

④ 山东省档案馆．关于建设战邮工作的决议案［A］．1944-04-09，山东省档案馆（馆藏编号G021-01-0015-001）.

有何意见以及呼声与要求是什么"①，无疑就是尽力确保信息（意见）的对称流动。此外，通过开展通信员运动，规定"每一个局站都有一个通信员，邮报编辑对通信员的来稿要尽量及时回信"②，不仅是对陶铸所谓"把报纸办成群众自己的舆论机关"的实践尝试，更是"从群众中来，到群众中去"的直接体现。③ 而在这一过程中，中共"一切为了群众，一切依靠群众"的政治价值和文化追求实际上也已呼之欲出。

因此，表面上看，山东根据地的人民群众（特别是工农群众）只是在这一系列宣传教化的细腻组织下，共享了同样的生活方式，实际却于不知不觉中经历了一场文化上的"翻心"革命：素来在文化领域没有发言权的他们，不仅第一次有了为自己说话，反映自己的问题的权利，更借助读报小组、识字班等形式，完成了本阶级的一次"知识化"过程。

概而言之，出于抗日救亡的时代需要和政党意识形态的终极诉求，山东战时邮局在"一切服务战争，一切为了人民"的宗旨下，通过改良通信组织的技术手段（确立"一元化领导"下的"三位一体"传播机制），以一种群众路线的工作方式，最大可能地保证了信息在党群之间的对称流动，并于生活方式的共同体验中，将中共全心全意为人民服务的宗旨，实事求是的工作作风，勇于牺牲的革命精神和清正廉洁、自我批评的纪律规范，渗透进了山东根据地群众的内心深处。在帮助他们完成一场文化上的"翻心"革命之后，也使得自己独有的政党文化成为当时战乱纷飞中难得一见的旭日朝霞。霞光所到之处，更是孕育出一片片新的革命热土。那么，在这红色的革命沃土之上，战时邮局还发挥了什么样的作用呢？

---

① 山东省档案馆．关于建设战邮工作的决议案［A］．1944-04-09，山东省档案馆（馆藏编号 G021-01-0015-001）．

② 山东省档案馆．关于建设战邮工作的决议案［A］．1944-04-09，山东省档案馆（馆藏编号 G021-01-0015-001）．

③ 复旦大学新闻系新闻史教研室．中国新闻史文集［M］．上海：上海人民出版社，1987：278-287.

第二节 “一张报纸就是一颗炸弹”：文化传播与革命动员

其实，黎玉的讲话已经告诉了我们答案。战时邮局是“革命的组织”，是为了“传播革命的文化政治观点而组织的手段”。那么，很显然传播红色文化只是它的工作方式，其最终目的还是在于以文化宣扬革命，以民众动员民众。因此，战时邮局除完成党报党刊和情报信息的传递之外，最重要的任务和作用就是对山东根据地的广大人民群众进行革命动员。① 毫无疑问，这样的动员需要以“民众广泛的文化参与相对应的文化自觉和政治认同”为前提。② 换言之，革命动员是战时邮局传播文化的动力与目的，而红色文化的传播又推动着革命动员的发展，二者相互缠绕。但是，在战时邮局创建之前，因为敌、伪、顽的交通控制与封锁，山东根据地的文化生态可谓是“一穷二白”。也正是在这样的情况下，中共山东分局才会选择将邮政、交通、发行三大业务统一于战时邮局。接下来，我们就从战时邮局的传播工作入手，看一看中共是如何利用其进行文化上的设置，进而实现了与人民群众之间的默契。

一、连接基层社会：从开辟交通线到组建发行网

想要动员广大的乡村工农群众投身革命，仅从抽象层面的“救亡图存”“报国保种”等民族大义来进行宣教，恐怕还远远不够，“它必须转化为一种更加感性并同人民的日常生活息息相关的社会形态”，只有这样，

① 作为源于德国，又经日俄战争才舶入中国社会下的“动员”一词，最初仅适用于军事语境。经过岁月流转，其已可广泛运用于其他语境，如文化动员、舆论动员等，大致意义基本是“鼓励发动人们从事某项活动”。本书所谓的“革命动员”，其实有些近似于一种词源上的复古，即指中共为了抗日救亡的革命目标，利用一切文化手段发动人民群众投身于中国领导下的政治、经济、军事、文化等各项活动。

② 乔傲龙．《晋绥日报》与边区社会文化动员研究［D］．太原：山西大学，2019：16.

这些倡议口号才可能在日积月累的言传身教中转化为多数人的信念。① 由上文的叙述可知，战时邮局的交通发行员们因为与当地群众同吃、同住、同劳动的关系，已经和他们成了"一家亲"，且在日常的交往过程中，逐渐赢得了他们的信任，并且取得了文化上的某种认同，这就为点燃革命的火种做好了准备。用相对学理一点的话说，战邮人员已经利用各自的"亲人资源"，顺利进入了中国基层乡村的"熟人社会"。然而"工欲善其事，必先利其器"，对当时被敌人蚕食分割的山东根据地而言，想要让革命之火星星燎原，还有两个亟待解决的难题摆在眼前，其一是如何持续提供"动员的武器"——党报党刊等宣传品，以便让战邮人员进行"武器的动员"；其二是如何才能把分散的基层地域打通，使彼此得以联动呼应起来。两大难题虽各有侧重，却指向同一个环节：重新连接基层社会。从这个意义上来说，战时邮局的交通发行工作也就具有了更深刻的意义。

作为战时邮局的基本环节，交通工作素来以"党活动到哪里，我们就畅通到哪里"为口号，以"争取时间，掌握干线，打通敌区，主动联系"为目的，面对着日军一度占领3000余个据点，甚至最多时平均每3~5里便有一处，平原地区差不多每5个村庄就有2~3个据点的情况下，② 战时邮局以一种"前现代"的方式，硬是走出了5条总计长5827里的干线交通，以满足党政军的文件传输需要；后又在此基础上衍生出69条总计长7978里的乡交支线（截至1944年8月的数据），以满足党报党刊的"下沉"任务，并创建出日夜不停的出发制度，进而将原先的通行速度提升了1~8倍。③ 此外，随着交通线的不断开辟，沿途所设邮政局站、代办所的

① 蔡翔．革命/叙述：中国社会主义文学—文化想象（1949—1966）［M］．北京：北京大学出版社，2010：78.

② 山东省邮电管理局史志办公室．山东战邮专题资料：人物部分［G］．济南：山东省邮电管理局史志办公室，1988：5.

③ 山东战时邮政档案．两年来山东战邮工作总结及今后任务［A］．1944-08-15，山东省档案馆（馆藏编号G021-01-0015-002）．山东战时邮政档案．山东战邮工作建设概况：目前三个工作的简单介绍——交通工作［A］．1944-08，山东省档案馆（馆藏编号G021-01-0019-001）．

数目也显著增加，在战时邮局成立两年的时间里，以县为单位的邮局已达83个，村镇邮寄代办所更是发展到了惊人的631个，从事战时邮务工作的人员也比1942年翻了一番，达到了2462人。① 在几乎各个村庄都有交通员的足迹下，山东根据地的交通路线，也由最初简单的干线联系，走向了线网联动的全新局面。

不消说，交通线网的重新连接，无异于基层社会的一次局域网改造，在告别旧有的天堑、壕沟、封锁线之后，山东根据地内部的信息流通自然变得相对顺畅。更重要的是，交通网络的重新铺设，对发行工作而言，意味着一个天然的发行系统可以直接拿来使用，山东战邮总局便曾在1945年的总结文件中明言："在发行工作上，整个网状的交通系统就是我们的发行系统。发行工作在根据地内已普遍到每个大小村庄中。"② 而随着发行工作的日益渗透，一大批党报、党刊、小册子、宣传画等"动员的武器"自然也会被源源不断地送到基层发行人员的手中，并经过他们的"十八般武艺"，使之充分发挥出"武器的动员"之功效。③ 有资料显示，战时邮局仅仅用了两年的时间，就将山东地区的党报发行量从4000多份提高到了16 000多份，并在党报的发行速度上也取得了质的飞跃。"过去由滨海到泰山区，至少要半月，现在最快的只四五天就能到达。因此泰山区有人说，这是坐飞机来的吗？"④

由此可见，战时邮局通过交通与发行工作的并行展开，不仅重新盘活

---

① 山东战时邮政档案．两年来山东战邮工作总结及今后任务［A］. 1944-08-15，山东省档案馆（馆藏编号 G021-01-0015-002）.

② 山东战时邮政档案．山东战邮工作建设概况：目前三个工作的简单介绍——发行工作［A］. 1944-08，山东省档案馆（馆藏编号 G021-01-0019-001）.

③ 尽管随着交通网络的重组，发行人员的渠道变得日益多元，但想要在敌、伪、顽三面封锁下完成发行任务，仍然需要战邮发行人员采取种种办法，特别是在敌顽地区，有些发行员为了顺利张贴发行报纸，或乔装成商贩，或昼伏夜出，甚至还有假装奔丧来携带报刊。关于这些故事，可参见山东省邮电管理局史志办公室．山东战邮回忆资料专辑（全三册）［G］. 济南：山东省邮电史志编纂委员会办公室，1988，1990，1991.

④ 党报的发行工作：陈沂同志在省战邮会议上的报告［G］//山东省邮电管理局．华东战时交通通信史料汇编：山东卷. 北京：人民邮电出版社，1997：129.

了山东根据地各区村的交通联系，在保证党政军情报信息及时传递的情况下，更逐渐编织出了一张深入基层社会的局域通信网。当然，通信网的建立，仅仅意味着基层社会的连接有了理论上的可能和物质上的准备，但在文化基础薄弱的基层乡村，有了“读物”却未必有合适的“读者”。对绝大多数老百姓而言，莫说在当时的战乱条件下让他们真正读懂党报，就是让他们单纯地去读报看书都并不轻松，更不用说想要他们长期订阅并形成忠实的读者群。根据时任中共山东分局宣传部部长的陈沂回忆，不少群众起初对党报的认识就相当有限，有的老百姓便曾直言“订报只是看八路的面子，‘面子’是什么？就是枪杆子”，更有甚者虽然选择了订报，却是因为“看到报纸定价更便宜，可以包东西，一旦看见报纸定价改为十元一月，就有人不订了”。①

这样的局面，对将发行视为一项与群众密切联系之工作的中共来说，显然还远远不够。在敌后环境举步维艰的情况下，中共仍然不惜一切地组织力量从事报纸的编辑出版与交通发行工作，其目的绝不仅在于使党报党刊成为党内沟通的信息交流方式，更重要的意义恐怕还是寄希望于借助党报党刊这一平台，将其政党文化和革命的意识形态追求渗透进根据地的基层社会，进而试图与普通群众之间形成一种从生活经验到理想信念上的若合一契，并最终将革命根据地的广大劳动群众改造为党领导下的翻身主人。正因如此，陈沂才会一再强调战邮人员在进行发行工作时，务必要告诉读者“报纸是给他办的，是他们自己的报纸，是替他们说话的”②。毕竟，“不以同呼吸、共命运的政治共同体为目标，理论联系实际、密切联系群众、批评和自我批评都将是无的之矢，自然，群众路线也将毫无意义”③。

所以，尽管战时邮局在极端困难的条件下，已经利用交通发行工作，

① 党报的发行工作：陈沂同志在省战邮会议上的报告［G］//山东省邮电管理局．华东战时交通通信史料汇编：山东卷．北京：人民邮电出版社，1997：130.

② 党报的发行工作：陈沂同志在省战邮会议上的报告［G］//山东省邮电管理局．华东战时交通通信史料汇编：山东卷．北京：人民邮电出版社，1997：130.

③ 乔傲龙．《晋绥日报》与边区社会文化动员研究［D］．太原：山西大学，2019：114.

将山东根据地的基层社会重新连接起来，并把党的声音传播到了基层群众中间，但需要注意的是，“入耳”并不意味着“入心”。在缺少读者且几乎没有读报空间的情况下，想要真正让党报成为人民的朋友，令党的声音走进群众的心坎，战时邮局除需要提供“动员的武器”之外，更需要做的就是进行“武器的动员”。那么，这最后却最重要的一步，战时邮局可以从容迈过吗？

二、将传播进行到底：发报、读报与办报的合奏

事实上，中国基层乡村的文教资源本就薄弱，战争的阴霾更是令这一情况雪上加霜，这就意味着中共若想在山东根据地进行大规模的革命动员，就必须在短时间内提高大量普通民众的文化素质。面对着与基层群众的“一步之遥”，战时邮局选择“有志与力，而又不随以怠”，决心将传播/动员进行到底：既然缺少读者，那就“创造”读者；没有读报空间，那就想尽办法营造读报空间。那么，读者和读报空间究竟是如何“创造”出来的？

1944 年 4 月 18 日，此时的山东根据地已在战时邮局两年多的努力下，初步建立起了新的交通发行网。基于此，山东战邮总局发出了一份名为《关于公布读者会组织简章的通知》的文件，在这份文件中，总局除明确表达组织读者会是为了“及时收集各界对本社出版发行意见，以便帮助改进本社出版发行工作”之外，更是公开呼吁“凡赞成并热心于抗日民主事业，愿为群众服务的农民，特别是知识青年士绅名流学校教师，不分性别职业，只要有阅读书报能力者，均可为本报读者会会员”①。此外，尤为重要的是，这里对于读者会会员的义务要求，已经隐约体现出战时邮局在突破最后那“一步之遥”时的逻辑思路。不妨具体来看，这些要求包括以下 5 条：

① 山东战时邮政档案．关于公布读者会组织简章的通知［A］．1944-04-18，山东省档案馆（馆藏编号 G021-01-0014-013）．另注，“本社”指的是“大众日报社”。

①收集书报发行后的一般反映，统计调查书报作用。②按期阅读本报，扩大本报宣传推广发行。③组织指导附近地区读报组。④不断为本报供给新闻通信并发展通信员。⑤每组将工作情况向登记机构书面或口头汇报一次。①

不难发现，呼吁各类群众成为读者会会员，并试图通过他们的关系网不断“下沉”以扩大读者来源，这一思路所体现的仍是“从群众中来，到群众中去”的工作方法和“一切依靠群众，一切为了群众”的群众观点。当然，想要让呼吁的蓝图落地，还离不开战时邮局的具体组织。就像毛泽东在1943年延安劳动英雄大会上的讲话那样，把群众的力量组织起来，“这是人民群众得到解放的必由之路，由穷苦变富裕的必由之路，也是抗战胜利的必由之路”②。因此，除《关于公布读者会组织简章的通知》之外，山东战邮总局还就组织读者读报问题，专门做了讨论并将其写入了《关于建设战邮工作的决议案》。他们认为，若想让读者会真正下沉基层发挥作用，各地区村必须充分担任好组织者的角色，故而决定“以县为单位，由党委来负责领导，县文教科协助县委宣传部门共同负责，特别是各局站首先应在自己的驻村内，有计划有重心地组织读报小组，各地交通发行人员全力推动并具体组织读报领导工作”③。

在战时邮局的牵头组织和号召下，当地为数不多的教员和识字青年成了这场“创造读者”运动的排头兵，他们带领着山东根据地各“村干部、民兵、工农青妇等团体、小学、夜校、识字班，组成各种各样的读报小组，开展群众性的读报活动”④。其中，为了确保读报小组的长期正常举

---

① 山东战时邮政档案．关于公布读者会组织简章的通知［A］．1944-04-18，山东省档案馆（馆藏编号 G021-01-0014-013）．另注，“本社”指的是“大众日报社”。

② 详见毛泽东．组织起来［N］．解放日报，1943-12-02.

③ 山东战时邮政档案．关于建设战邮工作的决议案［A］．1944-04-09，山东省档案馆（馆藏编号 G021-01-0015-001）．

④ 赵志刚．山东战邮的创建和发展［G］//山东省邮电管理局史志办公室．山东战邮回忆资料专辑：第一集．山东省邮电史志编纂委员会办公室，1988：5-6.

行，战邮发行人员更是功不可没。他们除承担着大量的发行任务之外，还肩负着宣传党的大政方针和对敌斗争形势，根据读者对象的不同选择相应材料以组织有效读报，以及在特殊情况下自己带头为百姓读报说文的诸多任务。因此，当时战时邮局对发行员的工作要求便是要做好“三员”——宣传员、组织员、读报员。[①] 就像陈沂所总结的那样，“不光能把报纸发下去亦能将钱收上来就够的，还得设法组织读者，了解读者是干什么的，并把读者对报纸的反映收回来，以便随时改造党报，改进党的工作，只有这样才算是对党报发行有了较完整的认识”[②]。

随着各类识字班、读报小组的不断发展壮大，党报创造“读者”与营造读报空间的努力也初见成效。到了抗战胜利前夕，“发行报纸已由分派走到自愿订阅，已有十分之七实行了预订，群众对报纸的威信增高了”[③]。他们不再因为“给八路面子”而读党报，而是直言《大众日报》“是不远千里而来的好朋友！是散发到地区的文化炸弹”[④]。当然，持平论之，在这场自上而下发动的读报运动中，不少普通群众参与的初衷，恐怕未必与中共的政治设想完全一致，但有一点可以肯定的是，二者至少是不冲突的：对普通群众来说，通过集体读书识字以获取不一样的文化经验，既可以增加自己的见识，又可以从中获取一种从未有过的主人翁式的参与感，这对被欺压已久的老百姓而言，其“诱惑力”不可谓不大；而对中共来说，恐怕没有什么比组织读报这种面对面交流更好的方式，来宣扬自己的意识形态诉求和政党文化——这意味着除其在世俗意义上的先锋队角色之外，更有可能逐渐成为广大群众思想、政治和文化上的引路人。

---

① 详见王烽．回忆山东战邮的几件事［G］//山东省邮电管理局史志办公室．山东战邮回忆资料专辑：第一集．山东省邮电史志编纂委员会办公室，1988：373.

② 党报的发行工作：陈沂同志在省战邮会议上的报告［G］//山东省邮电管理局．华东战时交通通信史料汇编：山东卷．北京：人民邮电出版社，1997：129.

③ 山东战时邮政档案．山东战邮工作建设概况［A］．1945-08，山东省档案馆（馆藏编号G021-01-0019-001）.

④ 赵志刚．山东战邮的创建和发展［G］//山东省邮电管理局史志办公室．山东战邮回忆资料专辑：第一集．山东省邮电史志编纂委员会办公室，1988：7.

事实证明，当群众的利益与党的意志达到共同满足时，其汇集而来的力量几乎无往不利。“创造”出的读者和营造出的空间，不仅让战时邮局得以顺利迈过那“最后一步”，更在无形中实现了党群之间的信息流通，而在这一过程中，最初的读者甚至转化为了作者，他们或成为通信员，或在当地组织出版黑板报，以一种自我动员的方式为自己发声。据史料记载，截至1943年年底，仅《大众日报》一家便已发展了1900多名通信员，且几乎遍布全省各地各系统，单月最高来稿可达1700多篇，特别是当次年毛泽东提出“我们的报纸要靠大家来办，靠全体人民群众来办，靠全党来办”之后，山东根据地的群众办报热情更是达到了顶峰。①

除通信员运动的蓬勃发展之外，山东根据地的黑板报发展也是如火如荼，作为“经济可行、出版简单、受众明确、传播灵活”的基层传播媒介形态，② 黑板报在当时山东战时邮局的革命动员中，也扮演着重要的角色，“黑板报、识字牌在各村也是普遍的……它们很快影响到农村群众，在反对日寇汉奸的斗争中，发挥了作用”③。尽管这一“群众自己的舆论机关”④ 因为形式的特殊性，致使我们无法给出太多详尽的案例予以说明，但从编入当时华北新华书店出版的一本《国语课本》中，便可足见黑板报在群众心目中的分量，“黑板报，我们办，大家编，大家看。人人都要写稿子，人人都是读报员”⑤。显而易见，通俗的语言正体现出黑板报这一扎根于基层群众中的媒介所具有的最大优势——可以有效保证信息“下沉”基层，并让广大群众在不知不觉中，由议程设置的对象，变为设置议程的

---

① 关于山东根据地工农通信运动的发展过程，可详见范晓苹．山东抗日民主根据地（解放区）工农通讯运动研究——以《大众日报》（1943年至1949年）为中心的考察［D］．济南：山东大学，2016.

② 田中初．黑板报：“全党办报、群众办报”的一种实现方式：以中国革命根据地实践为视界［J］．新闻与传播研究，2008，15（4）：38-44.

③ 详情可参见崔介．滨海区抗日民主根据地的文教建设［DB/OL］．烽火HOME革命人物数据库，2018-03-08.

④ 穆欣．晋绥解放区鸟瞰［M］．太原：山西人民出版社，1984：121.

⑤ 详见德俯．国语课本：初级小学试用第三册［M］．平山：华北新华书店印行，1948：37.

主人。

行笔至此，山东战时邮局为解决党报由“入耳”到“入心”的问题，所采取的方法与过程已经逐渐清晰：先是利用新组建的交通发行网，通过组织读报小组（会）的方法，使广大基层群众在同党报的互动过程中，逐渐由自上而下的“被动接受”转为自下而上的“主动吸收”；而当群众在习得新知与获取文化心理上“翻身”后，更开始引导他们以通信员投稿或是出黑板报的形式“积极参与”党的宣教工作。最终，“创造”出来的读者慢慢成了自我“生成”的作者，在渐次实现发报、读报与办报的合奏中，完成了革命动员的最后也是最关键的一步。

当然，就像陈寅恪先生提醒我们注意的那样，站在当代的视角去考察历史，恐怕“言论愈有条理统系，则去古人学说之真相愈远”①。山东战时邮局在进行革命动员时的这段历史的复杂性与真实性，也绝非上文云淡风轻的寥寥几笔就可阐述清楚，想要在敌人的军事压力和一穷二白的基层农村，将广大普通群众塑造成政治文化与情感精神上的双重主体，其难度之大可想而知。正因如此，有研究者曾感叹中共的这些创举“展示了一个伟大民族精神上的坚韧和文化上的顽强，同时也展现了中国共产党在贞下起元之际不同寻常的政治智慧”②。

这里，笔者想补充的一点是，群众路线的思路之所以可以取得成功，固然与卓越的顶层设计有关，但恐怕更离不开每一位基层党员和战邮职工的努力付出，要知道，当面对每日大量的通信来稿时，他们几乎能坚持逐一回信，甚至要求“每篇稿子来了后就是有一句话可以采用的，也把它抽出来，综合成一篇较完整的东西”③。

---

① 陈寅恪．金明馆丛稿二编［M］．南京：译林出版社，2020：280.

② 乔傲龙．《晋绥日报》与边区社会文化动员研究［D］．太原：山西大学，2019：138.

③ 山东战时邮政档案．山东战邮工作建设概况［A］．1945-08，山东省档案馆（馆藏编号G021-01-0019-001）．

第三节 “传邮万里 国脉所系”：指向未来的邮政路线

在战时邮局成立之前，周恩来曾亲笔题词“传邮万里，国脉所系”，以勉励为国共两区通邮而做出重要贡献的国民党邮政官员林卓午。[①] 将传邮比作国脉，足见邮政事业在周恩来心目中的地位非比寻常。事实上，在中共的内部，将交通比作人体的血脉也早已有之，而邮政这一与交通紧密相连的信息传输系统，其重要性自然也不言而喻。[②] 因此，作为抗战时期服务于敌后根据地的中共通信组织，战时邮局所发挥的历史作用和影响其实不只体现在当时的文化传播和革命动员上。虽然抗战胜利后，战时邮局从编制上来说便已不复存在，[③] 但它在具体实践中所形成的优良传统和技术逻辑，却于不知不觉中影响了新中国成立后的“国脉”——邮政建设路线。那么，究竟是哪些优良传统和技术逻辑，通过什么样的方式，又是如何影响了新中国成立后的邮政建设路线？

一、经验的传承：干校、工会与邮政后备军的培养

对在工作生活中长期需要单枪匹马以面对诸多挑战的战邮人员来说，想要把源于实践的种种经验（包括教训）传承下去，恐怕没有什么比组织起来集中学习更适合的方式。事实上，我们在第四章便已看到，曲家屯学

---

① 林卓午时任中华邮政总局第三军邮视察段总视察，曾多次与林伯渠会晤并亲赴延安，为国共两区的正常通邮做出了重要的贡献。

② 1925 年，中共中央组织部曾专门发出了一份名为《关于建立和健全党内交通问题的通告》，强调交通工作堪比“人身上的血脉流滞”，足以影响人的生死。

③ 在抗战胜利后的短暂和平期间，山东省政府曾于 1946 年 3 月 15 日进行了交通机构的重组与调整，决定将邮政、电话、公路、铁路、航运这五项业务统一于交通总局管理，过去的战邮组织因全面抗战结束，“战时”二字取消，与各城镇中华邮局合并，以“中华邮政局”名义出现。但需要注意，随着解放战争的爆发，1946 年 11 月 5 日，山东省邮政管理局成立了军直邮局，主要负责军直属机关的通信联系，承担起类似曾经战时邮局的工作。

习班开展以来，光是山东战邮总局组织的训练班便有6期之多，各地方学习班的开展更是如火如荼。可以说，开办学习班以培养邮政事业的后备军，因为其发挥的显著作用，早已成为山东战时邮局的一项常规工作。然而，随着抗战局势的日益好转，中共山东分局也逐渐意识到，原先小规模培训班的方式，恐将很难满足战争胜利后的邮政工作者缺口，故而山东战邮总局在第6期干部训练班之后，决定将这一短期的训练班模式扩展为长期的邮政干部学校形式，以专门培养“大批建设的邮政干部，为建设新民主主义的邮政事业为宗旨”①。

从这一宗旨中不难发现，山东战邮干校自一开始，便突出了其邮政建设的政治性思路。客观来说，所谓新民主主义的邮政事业，当时可能就连山东战邮总局自己都未必能给出一个具体的内涵和外延，但有一点至少可以肯定，作为在革命烽火中成长起来的战时邮局，它绝不会如中华邮政一般，侧重于“裕国富民”的市场资本逻辑，而源于具体实践经验中的技术与政治的结合，群众路线等理念方法则多半会成为新民主主义邮政事业的主要内容。时任山东邮政干校教导主任兼教员的林恒非，从一个侧面印证了我们的猜测。据他回忆，山东邮政干校于1945年11月7日开学，在初期的教学课程中，多以政治理论课为主，主要教材包括《新民主主义论》《三大纪律八项注意》《论共产党员的修养》《全心全意为人民服务》等，即便到了次年因机构调整，邮政干校划为“山东大学邮政专科”后，政治课所占的时间比重依然达到了30%，业务课（含实习时间）占50%。②

说起业务课的学习，其体现出的实践逻辑与群众路线则更是明显。学员王振玉表示，当时因为战情不断变化，邮政干校的校址流动性较强，所以他们每到一地，“首先是搞好群众关系，帮助老百姓挑水、打扫卫生和种地等农活……业务课讲些邮政通信知识和如何做好军邮通信及怎么通过

① 山东战时邮政档案．山东邮政干部学校招生广告［A］．1945-09，山东省档案馆（馆藏编号G021-01-0025-025）．

② 详见林恒非．山东的邮政干部学校［G］//山东省邮电管理局史志办公室．山东战邮回忆资料专辑：第一集．济南：山东省邮电史志编纂委员会办公室，1988：36-37．

敌人封锁线等。在我们快要结业时，由队长给我们讲了做好人的工作、做好领导工作”①。

由此可见，政治意识、群众路线以及具体实用的通信方法，构成了山东邮政干校的主要培养方向与教学内容。当然，在将邮政干校划归为山东大学邮政专科之后，其教学内容也变得更加丰富和精细，比如，除地理和算术为公修课之外，专业领域的学习内容已经细化为邮政业务、电话机械和工程力学三大类。② 此外，邮政干校还继承了战邮工作中“创模运动”的优良传统，曾于1946年四、五月间开展了“选举模范学员”的活动，从集体动员大会开始，到各班提出候选人名单，再到分别汇报每个候选人的事迹和条件，直至全体动员大会进行选举，共计选出模范学员、学习模范、遵纪模范、劳动模范和勤俭模范51名。③ 据部分邮政干校的师生回忆，通过战邮干校的学习和模范学员的评选等活动，学员们不仅相对系统地掌握了相关业务知识，更在进一步交流彼此经验方法的过程中，增强了对邮政事业的认同感与归属感，而毕业后除部分随军之外，他们中的大多数也被对口分配到山东各交通系统，为抗战乃至新中国成立后全省邮政通信工作的开展奠定了基础。④

如果说邮政干校是培养邮政后备人才的主力军，那么山东省邮务职工抗日救国会（以下简称“邮工会”）则或可称为邮政人员自我教育的先

---

① 详见王振玉．忆在邮干校学习的情景［G］//山东省邮电管理局史志办公室．山东战邮回忆资料专辑：第一集．济南：山东省邮电史志编纂委员会办公室，1988：98.

② 林恒非．山东的邮政干部学校［G］//山东省邮电管理局史志办公室．山东战邮回忆资料专辑：第一集．济南：山东省邮电史志编纂委员会办公室，1988：37.

③ 具体模范学员名单，可详见林恒非．山东的邮政干部学校［G］//山东省邮电管理局史志办公室．山东战邮回忆资料专辑：第一集．济南：山东省邮电史志编纂委员会办公室，1988：37-38.

④ 可参见王承绎．我在山东战邮几件事的回忆［G］//山东省邮电管理局史志办公室．山东战邮回忆资料专辑：第一集．济南：山东省邮电史志编纂委员会办公室，1988：39-47；刘兆全．从邮干校到战邮总局的一段回忆［G］//山东省邮电管理局史志办公室．山东战邮回忆资料专辑：第一集．济南：山东省邮电史志编纂委员会办公室，1988：77-81. 王振玉．忆在邮干校学习的情景［G］//山东省邮电管理局史志办公室．山东战邮回忆资料专辑：第一集．济南：山东省邮电史志编纂委员会办公室，1988：97-99.

锋队。成立于1945年8月1日的邮工会，以谋取职工利益，建设革命邮政，恢复中华邮政主权和争取民族解放、阶级解放为目标，是山东所有邮务工作者，包括战时邮局人员和不愿做“亡国奴”的中华邮局人员所组成的一个抗日群众团体。它在会员的自我教育上，提倡发扬革命英雄主义和忘我的牺牲精神，并要求大量供给带有政治意义的通俗读物，特别是出版山东战邮总局的《战邮职工》专供会员阅读。① 通过这种情感渗透与政治教育相结合的工会形式，战时邮局既增强了自身“又红又专”的技术底色，又吸引了不少中华邮局的职工前来投诚，从而成为旧邮改造工作中的一个“大熔炉”。据史料记载，在抗战后的改造旧邮过程中，山东战邮总局明确要求“接管后应立即进行对旧邮人员的组织教育工作，首先提高他们的政治认识，把工会组织起来……尤其要加强其阶级教育”②，并且反复强调要充分发挥工会的作用，多采取“座谈教育的方式，说明我军之政治主张，打破其正统观念”③。

从曲家屯学习班到山东战邮干校，从最初的交通站到后来的邮工会，山东战时邮局正是通过政治业务学习和情感心理感召双管齐下的形式，将革命实践中所获得的诸多经验教训慢慢传承下去。然后，在战火纷纷的革命岁月，这些“形式”显然“不仅仅只是一个‘技术’问题，而是沉淀着无数的‘意味’，这些意味既是意识形态的，也是个人情感的”④。邮政职工经过这样的形式洗礼，其自身在被塑造为一个政治主体的同时，也被叙述成了一个情感主体。因此，当这些邮政事业的后备军走向全国后，其在革命实践和情感投射中所形成的群众路线、技术政治等根深蒂固的想法

---

① 山东战时邮政档案．关于建立山东省邮务职工抗日救国会的决议［A］．1945-08-01，山东省档案馆（馆藏编号 G021-01-0023-006）．

② 山东战时邮政档案．关于管制旧邮工作的指示［A］．1945-08-20，山东省档案馆（馆藏编号 G021-01-0025-001）．

③ 山东战时邮政档案．关于管制旧邮工作的补充指示［A］．1945-09-07，山东省档案馆（馆藏编号 G021-01-0025-002）．

④ 蔡翔．革命/叙述：中国社会主义文学—文化想象（1949—1966）［M］．北京：北京大学出版社，2010：150.

和理念，自然也会深深影响新中国成立后邮政路线的最后选择。

二、革命的遗产：走向全国的“邮发合一”

除了对邮政后备军的培养和塑造，山东战时邮局还为新中国成立后的全国宣教工作，留下了一笔非常重要的革命遗产——“邮发合一”政策。在以报刊为主要媒介的印刷时代，发行作为传播的最后一环，其重要性不言而喻。新中国成立之前，国民政府统治下的报业发行“一向被城市中的大型私营报纸经销商控制，属于资本主义的原始丛林状态”①。因此，中共在解放进城后即面临着一个传播道路的选择问题，是继续沿袭前制放任发行权于资本逻辑之中，还是将这传播的最后一环收归国有，以保证党和政府的声音能最广泛、最快速的有效落地？对素来将党报新闻事业视为“耳目喉舌”的中共来说，做出什么样的选择并不困难，真正的问题在于，应该设计出一套什么样的解决方案，才能在新政权建立初期，以一种相对平稳的方式，改变过去报贩垄断市场的商业发行体系。

有意思的是，中共似乎没有经过太多的讨论，即决定采用山东战时邮局“邮发合一”的经验作为破局的关键。在 1949 年年底召开的全国报纸经理会议上，新成立的新闻总署便明确指出“报纸发行工作，应学习苏联及我东北、山东的经验，逐步地全部移交邮局办理”②。对此，有研究者十分不解，只能从新中国成立后中共在新闻法规、报刊经营等方面遇到的困难和“邮发合一”的实际作用来反推，认为中共采取这一政策的浅层原因在于“协助公营报纸的生存发展”，深层次的缘由则是“对全面控制全国报业的渴望”。③ 客观来说，叶氏用丰富的史料文献得出的结论，具有一定的合理性与参考价值，但恰如王德威当年“没有晚清，何来五四”的诘

---

① 叶言都．邮发合一：中共建国后报业发行的变局（1949—1954）［J］．台大历史学报，2008（42）：45.

② 杜庆云．中国报刊发行史料［M］．北京：光明日报出版社，1987：8.

③ 叶言都．邮发合一：中共建国后报业发行的变局（1949—1954）［J］．台大历史学报，2008（42）：45-83.

问，在没有对山东经验进行深度挖掘的情况下，叶氏的论断不免有些目的论倾向和过于意识形态化的色彩。

事实上，通过前文的考察我们已经知道，山东战时邮局在抗战期间所采取的“三位一体”政策，不仅在精兵简政的基础上，使得根据地内的交通发行工作取得了长足进步，更在具体的革命实践中推动了群众路线的进一步发展，形成了“军民鱼水一家亲”的共同生活经验和文化体验。从某种程度上而言，战邮发行人员来发放张贴报纸或组织读报，已逐渐成为根据地群众的一种生活仪式。当类似“邮局同志真是好，张贴报纸到处跑”[①] 之类的口号响彻齐鲁大地，这种文化生活上的亲密关系显然不可低估。更重要的是，与过去由报贩、“倒爷”主导的报刊发行模式相比，战时邮局的“邮发合一”政策，通过交通发行员的来回奔波与“穿针引线”，往往使得群众的疾呼与党的声音在发行过程中即可形成对流与回响，这就使得广大工农群众不再束缚于自己的一亩三分地，而是在与党的“代言人”的对话中，完成了自身文化政治与情感认同的国家再造——他们不仅是自己周遭社会的主人，更是整个现实国家的重要一分子。由此可见，“邮发合一”真正想要连接的并非表象上的人与报纸，而是人与人、人与国家的内在关系。这就与新中国成立前固有的发行逐利体系有着本质上的差异。

此外，如果说山东战时邮局的成功经验是新中国成立后采取“邮发合一”的信心来源，那么抗战胜利后其因改组重建而一度采取“邮发分离”的失败教训，则更从反面印证了“邮发合一”的合理性。有研究者考证，《大众日报》在抗战胜利后曾一度放弃了“邮发合一”的政策，转而依靠分销处推销报纸，其结果竟然造成了解放区规模日益扩大，但发行量却大幅下跌的情况，以至于华东局不得不在1947年重新恢复“邮发合一”的

① 赵志刚．山东战邮的创建和发展［G］//山东省邮电管理局史志办公室．山东战邮回忆资料专辑：第一集．济南：山东省邮电史志编纂委员会办公室，1988：7.

政策，并逐渐推广至东北地区，使得当地的发行情况取得了长足进步。[①]由此可见，新中国成立前“邮发合一”与“邮发分离”这“一正一反”的实践经验，加之缓解财政压力与保证党政方针“下沉”基层的实际需要，以及根植于中共文化基因中的群众路线精神，共同促成了“邮发合一”政策由山东走向全国。

当然，想要在全国执行好“邮发合一”的政策，还离不开一支“又红又专”的发行队伍，而经过战时邮务工作洗礼和邮政干校培养的广大邮政员工，恰恰满足了这一需求。从某种意义上而言，这恐怕也是中共在新中国成立之初“一边倒”学习苏联的情况下，没有完全模仿老大哥发行模式的重要原因。当时，苏联虽然也与资本主义市场逻辑下的发行体系大相径庭，却是以政府主导的公营“印刷品联合派送公司”（Soyuzpechat）居间专门负责。[②] 考虑到邮政人员在全国抗战和解放战争中的表现，中共在新中国成立之初面临着千头万绪的工作情况下，确实没有必要“用生不用熟”“为学而学”地去效仿苏联另设发行机构。

由此可见，中共选择山东战时邮局“邮发合一”的政策，作为新中国成立之初报刊发行的路线方针，既是各种内因外因下的必然之选，也是解决时代命题的最优之策。因此，当全国报纸经理会议结束后不久，邮电部与新闻总署即于次年 2 月联合制定了《关于邮电局发行报纸暂行办法》，而《人民日报》带头与邮政总局签订发行协定，标志着“邮发合一”的大幕正式拉开。据时任邮电部部长朱学范的一篇报告表明[③]，“邮发合一”政策在推行一年后，就取得了不俗的成绩，其中较为突出的有以下三点：

1. 报纸种类和发行量大幅提高，由 1950 年 1 月的 78 种报纸 80

① 闵大洪．我国报刊“邮发合一”述略［J］．新闻与传播研究，1991（1）：114-117.

② Soyuzpechat 一词，曾经由李明水翻译为“印刷物派送总局”，参见李明水．世界新闻传播发展史［M］．台北：台北大华晚报社，1985：62；转引自叶言都．邮发合一：中共建国后报业发行的变局（1949—1954）［J］．台大历史学报，2008（42）：69.

③ 邮电部部长朱学范在全国发行工作会议开幕式上的报告（摘要）［M］//杜庆云．中国报刊发行史料．北京：光明日报出版社，1987：150-160.

万份的发行量，增长为140种报纸219万的发行量。

2. 发行速度显著提升，城市报由旧体制下的3小时，压缩到一个半小时，有的甚至40分钟即可发行完毕。

3. 报纸订销点大增，《人民日报》在1950年年底已有2481个可以接受预订。

更值得注意的是，为配合邮局的报刊推广工作，中共还制定了“发行员制度”，以期在工厂、学校、街道等基层社区，依靠发行员们来确保信息下沉无死角，而从发行员们的权利和义务来看，基本也与战邮发行员并无二致，比如，强调发行员既是宣传员也是组织员，要分对象推广相应的报刊，组织读报小组及定期交流经验等。① 此外，类似山东战时邮局“创模运动”的“发行竞赛运动”，也将“邮发合一”政策的实施推向了高潮。在这一热潮下，甚至连中学生都参与其中，他们利用大会、广播、早操等机会，发动班级与班级之间开展订报竞赛，仅北京就涌现出了王淑英和洪慧媛两位典型。②

综上所述，新中国成立后“邮发合一”政策的实施过程与行动逻辑甚至作用效果，都几乎与山东战时邮局当时的创举如出一辙。在这一路线的引领下，中共仅用了5年的时间，就基本将全国的报业发行市场从报贩、“倒爷”手中“夺”了回来。据史料记载，截至1954年，全国邮发报纸种类占全国报纸种类的比例已达94.3%，邮发报纸份数则占全国出版报纸总份数的98.2%，而在1950年，这两个数字仅分别为36.6%和59.9%。③ 从这个意义上来说，报刊发行业在经过5年的社会主义改造后，原来固有的

① 苏幼农．发行员在发行竞赛运动中的工作和任务［M］//杜庆云．中国报刊发行史料．北京：光明日报出版社，1987：313.

② 王淑英在三个月的时间内，就将该校订阅《中国青年报》的数量由最初的两三份提高到了60份以上，洪慧媛更是在10日内就发展了100份报纸。详见苏幼农．发行员在发行竞赛运动中的工作和任务［M］//杜庆云．中国报刊发行史料．北京：光明日报出版社，1987：313-314.

③ 苏幼农．邮电部门的报纸杂志发行工作［M］//杜庆云．中国报刊发行史料．北京：光明日报出版社，1987：317.

资本主义原始丛林状态已基本不复存在，中共在全面掌握报刊发行通路的同时，也于不知不觉中，让"订报纸，去邮局"成为改革开放前，普通老百姓最常见的生活经验与文化体验。

然而，"邮发合一"政策在打开一扇极有意义和价值的历史之门时，也在一定程度上关闭了其他富有意义和价值的历史通道。我们已经看到，作为抗战时期的历史遗产，这一政策在新中国成立之初极端困难的条件下，用极小的财政付出便完成了报刊发行网络在全国范围内的重新架构，进而保证了党政信息的快速落地和军民上下的步调一致。

本章小结

在考察完山东战时邮局的来龙去脉、运行机制以及人员群像之后，本章试图论述山东战时邮局的作用与影响。通过对相关文本的细读和史料的深掘，结合具体史实，我们发现作为以交通和发行为主要业务的组织机构，战时邮局天然便具备传播的功能属性。表面上看，它是中共在山东敌后根据地所独创的一个通信组织，但从某种意义上而言，它更是一种建基于群众政治路线基础上的媒介技术，是人与革命的中介物。在民族救亡的时代潮流中，战时邮局以一种积极互动的"人—物"关系，最大可能地保证了信息在党群之间的对称流动，并于生活方式的共同体验中，将中共的优良品质、文化内核以及革命意识形态的终极需求，于不知不觉中渗透进了山东根据地群众的内心深处。在帮助他们完成一场文化上的"翻心"革命之后，也使得自己独有的红色文化成为当时战乱纷飞中难得一见的旭日朝霞。

在这一过程中，更重要的意义在于，战时邮局还通过交通发行网的组建，重新连接起了一度被日军所分割蚕食的广大农村基层社会，并通过组织读报小组（会）的方法，使广大基层群众在同党报的互动过程中，逐渐由自上而下的“被动接受”转为自下而上的“主动吸收”；而当群众在习得新知与获取文化心理上的“翻身”后，便开始引导他们以通信员投稿或是出黑板报的形式“积极参与”党的宣教工作。最终，“创造”出来的读者慢慢成了自我“生成”的作者，在渐次实现发报、读报与办报的合奏中，圆满完成了革命动员的最后一步。

此外，战时邮局还通过设立邮政干校和组建邮工会的形式，培养了一大批邮政后备军，他们在革命实践和情感投射中所形成的群众路线、技术政治等根深蒂固的想法和理念，也对后来的邮政事业产生了重要影响。而战时邮局“邮发合一”的政策，更成为新中国成立后中共在解决报刊发行业的社会主义改造问题时，所最为仰仗的“武器”：它不仅以一种专业且平稳的方式，让原先报刊发行业的资本主义原始丛林状态成为历史，更在“一边倒”学习苏联模式的时代氛围中，展现出了邮政事业上的中国特色社会主义路线，并深刻影响了一代人的读报习惯与体验。

第六章

结论与讨论：邮路、传播与中国革命

以邮局之名，连接起交通、发行与邮政三大业务，山东战时邮局在既缺少现代化的交通工具与通信设备，又面临着敌人军事分割和蚕食的情况下，通过这一形式，不仅成功组建了新的交通发行网，满足了山东党政军民信息传播与物资运转的实际需求，更在此过程中逐渐成为中共红色文化的传播者与革命动员的宣传兵，且为新中国成立后报刊发行业的社会主义改造提供了一条切实可行的转型之路。如是观之，山东战时邮局的这段经历，其在历史进程中的定位，不是今日邮政史上的编年纪事就可匆匆带过，更不应在新闻史的知识考古中长期黯然失语。

站在新闻传播学的维度，这一个案之所以特殊，乃在于其作为中共革命时期的交通通信组织，是以一种建基于群众政治路线的媒介技术形式，在民族救亡的时代主题下，完成了这种“前现代”技术形式看似不可能完成的“现代化”通信任务，并于这一过程中，展现了中共在面对基层传播问题、技术与政治的关系、文化建设以及民众动员等方面的思考逻辑与治理能力，从而既为我们考察中共早期的新闻传统（观念、方法、思路等）提供了丰沛的历史资源，又为我们从学理的层面，思考邮路这一常被忽视的基础设施性媒介与传播及中国革命的关系，提供了一个可供检视的窗口。具体而言，透过这一窗口，我们可以得出的结论大致有四。

其一，作为媒介技术的邮路系统是传播研究中不可忽视的重要命题。

古今中外，邮路系统素来与国家发展与社会构型密切相关。不论欧美的邮路系统在其资本主义现代化进程和民族国家建设中所发挥的作用，仅就中国本土而言，春秋战国设立专门传递文书的中转站——“邮传”以来，无论王朝如何更替，时代如何变迁，邮驿系统始终为帝王所看重，而“置邮传命”的传统，更成为封建时代中国邮驿系统之于帝国统治的一项政治表征。及至晚清所谓“三千年未有之大变局”时代，中国本土的邮驿系统才开始经历着从“置邮传命”到“裕国富民”的艰难转型，但在内忧外患的情况下，逐渐将邮权拱手让人。虽然民国时期中华邮政的短暂统一，曾一度让邮权收归国有，可好景不长，抗战的爆发迅速打破了这来之不易的向好局面。特别是随着华北中华邮局沦为日军的傀儡，整个华北平原的邮政交通更是直接受制于人。在缺少现代交通工具和通信设施的情况下，邮权的丧失，即意味着物流运转、信息传递、交通建设等诸多命脉，全都系于敌手。从这个意义上而言，周恩来亲笔题词的“传邮万里，国脉所系”，可谓一语道破了邮路系统之于传播的重要性，而山东战时邮局的创立，其实质也是为了解决中共的信息传播问题。

事实上，如我们曾在文中提及的那样，道路交通、邮政系统等物质性中介，作为一种构成媒介技术的巨大推动力，早已在不知不觉中贯穿人类社会的现代化进程。

因此，就笔者而言，或许是因为我们长期对报纸、广播、电视这样的传播“硬物什”过于敏感，所以才会在有意无意间忽视了类似于邮路系统一般的传播“软环境”。然而，这些我们习以为常的传播“软环境”，实则也是传播研究中不可忽视的重要命题，借用当代技术史专家白馥兰的话说，“物质性的外围环境和实践”能够“以多种方式形塑日常经验”，并“参与主体性的构成以及权力关系的编织”。① 更重要的是，通过对这些“软环境”的开掘深挖，还可能为我们在传播研究之外，重新连接起传播学与历史学、地理学、文化人类学、社会学等方面的学科互济，进而使我

① 白馥兰．技术、性别、历史：重新审视帝制中国的大转型［M］．吴秀杰，白岚玲，译．南京：江苏人民出版社，2017：5.

们看到“结构功能主义在传播学的历史发展中，突显和遮蔽了什么，中国传播学如何演变成现在的局面”①。

其二，“技术从未置身于历史与政治之外”，社会主义的媒介技术始终旨在人的连接，关键在于社会与劳动者的政治自觉。

“技术从未置身于历史与政治之外”，恐怕没有其他任何描述，能如理查德·约翰这般一语中的，准确道出技术自主性的实质。在他看来，“我们总有一个坏习惯，就是会忘记机器、技术发明甚至形形色色的传播网络不仅有其发展的历史，而且也拥有由政府机构和公民理念所赋予的行动逻辑”②。就像笔者在文中提到的那样，同样是一种媒介技术，欧美中世纪以来的道路邮政，是一种在现代性精神的指引下，试图以理性塑造资本主义社会“传播构型”的媒介技术；③ 中国封建王朝时期的邮驿系统，是在“置邮传命”的政治使命中，用来维系帝国统一和行政运转的媒介技术；而民国时期“官方正统”的中华邮政，则是为“裕国富民”的市场资本逻辑而服务的媒介技术；但山东战时邮局则显然与之迥异。

事实上，通过本书的考察我们发现，山东战时邮局之所以能以一种“前现代”的媒介技术形式，完成了看似不可能完成的“现代化”通信任务，其关键就在于它始终强调技术与政治的结合，从而在回到人之主体性的解放中，通过组织集体学习班的形式，使得广大战邮人员形成了对战邮工作高度的使命认同和情感依赖，接着又在“革命/情感”的实践过程中，以“创模运动”这种巧妙的动员和群众路线相结合的方式，进一步促进了工作效率的提高。要言之，战时邮局“三位一体”传播机制的实质，在于

① 孙玮，黄旦．超越结构功能主义：中国传播学的前世、今生与未来［J］．新闻大学，2012（2）：2.

② 常江，田浩．理查德·约翰：技术从未置身于历史与政治之外——传播史研究的当代价值［J］．新闻界，2019（11）：6.

③ 阿芒·马特拉认为，“每个历史时期与社会阶段都有自己的传播构型”。所谓“传播构型”是指人类财产、人员、信息交往活动的整体性特征，在马特拉看来，“传播构型的历史既是人类多种相互依赖关系的历史，又是大众管理所需要的控制他们情感与冲动形式的历史”。

形成了一种新的“人—物”关系，这种新的关系通过对战邮情感的认同和主人翁意识的唤醒，逐渐内化为一种看不见的精神，又在看得见的革命救亡实际需求下，最终凝聚成了一股自我实现和民族解放的客观力量，进而加速了革命的进程。①

从这个意义上而言，山东战时邮局的宝贵经验，或许有助于未来想象力的发散。历史已经告诉我们，作为一种经由政治创新而来的媒介技术，山东战时邮局及其“三位一体”的传播机制，真正连接的并非表象上的人与报纸，而是人与人、人与国家的内在关系。对由战时邮局“创造”出来的“读者”而言，当他们在与党报的互动过程中，逐渐由自上而下的“被动接受”转为自下而上的“主动吸收”时，他们不仅经历了文化情感上的“翻心”再造，更是一种政治主体性的历史回归。如同本书在最后所呈现的那样，当创造出来的读者慢慢成为自我生成的作者，山东战时邮局的革命动员路线，也在悄然间由自上而下的“动员读者”，变成了自下而上的“读者动员”。而中国新民主主义革命和社会主义建设的历史实践也早已告诉我们，当这种政治表达转化为政治合力时，其所产生的能量是无与伦比的。

由此可见，真正的技术创新不仅源于政治创新，更指向新的通往政治创新之路。社会主义的媒介技术作为新时期建设中国梦的重要“武器”，始终有其特定的政治性与历史性。至于如何让这“建设的武器”可以真正变为“武器的建设”，无疑需要社会与全体劳动者的政治自觉。毕竟，齐格蒙特·鲍曼（Zygmunt Bauman）最后的忠告言犹在耳，“政治一旦被剥夺了影响和建构未来的权力，往往就会被转换成集体记忆的空间，一种极易被篡改和操控的空间；因为这一原因，给人们提供了一种拥有幸福的无限威力的机会，而这种机会也许已经不可逆转地迷失于现在”②。

---

① 王洪喆．漫长的电子革命：计算机与红色中国的技术政治（1955—1984）［D］．香港：香港中文大学，2014.

② 鲍曼．怀旧的乌托邦［M］．姚伟，等译．北京：中国人民大学出版社，2018：86.

其三，群众路线是解决基层传播问题的根本，关键在于满足群众需求，要点在于维护群众利益。

说到底，山东战时邮局的发行工作，是为了解决当时基层传播的信息迟滞和不对称问题。其中，最关键也是最困难的环节，无疑是怎样才能使党的信息由“入群众耳”到“入群众心”。然而，中共通过战时邮局在文化议程上的诸多设置（“收集—反映”制度、读报小组、通信员运动等），不仅“创造”出了读者并营造出了新的文化环境，更于不知不觉中让根据地的群众“言听计从”，这就不得不引起我们的深思，战时邮局究竟凭借什么力量，可以完成这看似不可能完成的任务。

简单来说，答案好像不言而喻，无非老生常谈的群众路线。然而，我们需要清楚的是，群众路线除包括“从群众中来到群众中去”的工作方法之外，更重要的内涵在于“一切服务群众，一切为了群众”。事实上，从战时邮局的一系列文化设置中不难发现，中共在基层传播的问题上，一度面临的最大困难其实不在于技术设备的落后，也并非文化生态的缺失，而是广大群众的不理解与不期待。通俗地说，就是当时大多数基层群众不知道读书看报对他有什么好处，也并不期待可以通过读书看报改变什么。正因如此，陈沂才会一再强调战邮人员在进行发行工作时，务必要告诉读者“报纸是给他办的，是他们自己的报纸，是替他们说话的”①。

由此可见，山东战时邮局之所以能在那样艰难的条件下，解决当时的基层传播问题，关键就在于其在文化议程上的设置，始终遵循群众路线的准则，事事都以群众利益为先。事实证明，当群众的利益与党的意志达到共同满足时，其汇集而来的力量几乎无往不利。这一朴素却意蕴深远的政治智慧，对当前媒介化时代的网络社会治理，特别是突发公共事件的基层传播而言，恐怕也不无镜鉴之用。如果在传播的过程中，没有以满足群众需求，维护群众利益为先，甚至与人民群众的利益有所龃龉，那么迎接我

① 党报的发行工作——陈沂同志在省战邮会议上的报告［G］//山东省邮电管理局．华东战时交通通信史料汇编：山东卷．北京：人民邮电出版社，1997：130.

们的，可能是舆论失序与社会治理风险。

其四，文化的建设与传播，舆论的动员与引导，从来不是一条单向度的传播射线，而是一个全方位的系统工程。

如本书考察的那样，在山东战时邮局成立之前，甚至在其成立之初，中共在山东的文化传播与革命动员开展得并不顺利。客观来说，这固然与当时的交通封锁、敌人的军事威胁以及所谓正统的国民党文教系统的压制有关，但从根本上而言，还是中共并没有形成一套行之有效的组织系统，特别是在实行“三位一体”的传播机制之前，交通、邮政、发行等部门往往各自为政，致使党报党刊等宣传品往往“过群众家门而不入”，或是“即便入门，也不入心”，部分偏远乡村因为交通不畅，甚至都未能建立起广泛的通信网络。可以说，这一阶段的党群信息流动，恰是对后来全党办报、群众路线的最好反证。直到战时邮局实行邮、交、发“三位一体”的传播机制之后，中共在山东地区的文化传播与舆论动员才真正有了制度化的组织建设。而正是得益于邮政、交通、发行的无缝衔接，山东战时邮局才能在传播的准确性和实效性上，有了质的提高。更重要的是，在战时邮局的带动下，一度被分割蚕食的广大基层社会，因为交通发行网的开辟与建立重新连接了起来，这就为中共红色文化的传播与舆论的动员引导创造了条件。

当然，无论是文化的传播还是革命的动员，它们都不是一条单向度的传播射线，而是裹挟在上下之交流与左右之沟通的复杂系统中，彼此的回应，各自的态度，任何一个环节都足以决定其成效几何。在这样复杂的系统中，想要辨析其真正的因果关系着实不易，更无法比较各环节的孰先孰后，就像我们在考察山东战时邮局的作用与影响时看到的那样，你很难条分缕析地指明读报小组、通信员运动、黑板报、创模运动等环节的具体关系。唯一可以确定的是，它们都是围绕文化传播与革命动员这一目标所展开的不同形式，可谓殊途同归。事实上，除上述与传播、动员直接相关的运动形式之外，当时的大生产运动、整风运动也对其产生了深刻的影响，只是囿于篇幅与主题所限，本书未加细致分析。由此可见，山东战时邮局的传播与动员过程，其实是被编织在政治、经济、文化、军事等无缝之网中的一段经纬，每一个环节都彼此相扣、互为依托，从而在有目的、有规划的顶层设计与具体的、未知的革命实践中，不断发生调整，试图找到最佳的化学反应路径。

时过境迁，当下的传播生态与七十多年前相比，无异于沧海桑田。媒介化时代的网络社会已经崛起，资本平台的技术宰制与全球格局的风云激变，更是加剧了文化传播与舆论引导的复杂性、艰巨性和长期性。因此，山东战时邮局当年在这一领域的成功经验，可能已经不具太多参考价值，但作为一个系统的工程，当下的文化建设，哪些内核得以保留，哪些路径需要调整，无疑需要全面考虑。从这个意义上而言，本书对山东战时邮局的考察，或许有助于我们从历史中找到些许思路，毕竟，“任何一种面向未来的态度，如果完全失去历史的支持，那么，它实现乌托邦的可能性，常常会因此逊色”①。

笔者以极其有限的学术能力与学术劳动所试图呈现的，也恰是在已然的历史中，找到面向希望的未来。

① 蔡翔．革命/叙述：中国社会主义文学—文化想象（1949—1966）［M］．北京：北京大学出版社，2010：79.

参考文献

中文文献

一、著作

［1］阿斯曼．文化记忆：早期高级文化中的文字、回忆和政治身份［M］．金寿福，黄晓晨，译．北京：北京大学出版社，2015.

［2］白馥兰．技术、性别、历史：重新审视帝制中国的大转型［M］．吴秀杰，白岚玲，译．南京：江苏人民出版社，2017.

［3］鲍曼．怀旧的乌托邦［M］．姚伟，等译．北京：中国人民大学出版社，2018.

［4］蔡翔．革命/叙述：中国社会主义文学—文化想象（1949—1966）［M］．北京：北京大学出版社，2010.

［5］曹锦清．如何研究中国［M］．上海：上海人民出版社，2010.

［6］德布雷．普通媒介学教程［M］．陈卫星，王杨，译．北京：清华大学出版社，2014.

［7］德布雷．媒介学宣言［M］．黄春柳，译．南京：南京大学出版社，2016.

［8］丁淦林．中国新闻事业史［M］．修订版．北京：高等教育出版社，2007.

［9］杜庆云．中国报刊发行史料［M］．北京：光明日报出版

社，1987.

[10] 方汉奇. 中国新闻事业通史：第 2 卷 [M]. 北京：中国人民大学出版社，1996.

[11] 复旦大学新闻系新闻史教研室. 中国新闻史文集 [M]. 上海：上海人民出版社，1987.

[12] 戈公振. 中国报学史 [M]. 郑州：河南人民出版社，2018.

[13] 葛兆光. 宅兹中国：重建有关"中国"的历史论述 [M]. 北京：中华书局，2011.

[14] 黄瑚. 中国新闻事业发展史 [M]. 上海：复旦大学出版社，2009.

[15] 基特勒. 留声机电影打字机 [M]. 邢春丽，译. 上海：复旦大学出版社，2017.

[16] 江泰尧. 湘鄂西赤色邮政及其邮品刍议 [M]. 北京：中国集邮出版社，1989.

[17] 交通铁道部交通史编纂委员会. 交通史邮政编：第四册 [M]. 南京：交通铁道部交通史编纂委员会，1930.

[18] 克劳塞维茨. 战争论：第一卷 [M]. 中国人民解放军军事科学院，译. 北京：解放出版社，2005.

[19] 凯瑞. 作为文化的传播："媒介与社会"论文集 [C]. 丁未，译. 北京：华夏出版社，2005.

[20] 拉斯韦尔. 世界大战中的宣传技巧 [M]. 张洁，田青，译. 北京：中国人民大学出版社，2003.

[21] 李彬. 唐代文明与新闻传播 [M]. 北京：中国人民大学出版社，2014.

[22] 李彬. 新中国新闻论 [M]. 北京：北京大学出版社，2015.

[23] 李文. 陕甘宁边区新闻事业 [M]. 北京：人民出版社，2017.

[24] 李金诠. 报人报国：中国新闻史的另一种读法 [M]. 香港：香

港中文大学出版社，2013.

［25］李明水．世界新闻传播发展史［M］．台北：台北大华晚报社，1993.

［26］黎玉．黎玉回忆录［M］．北京：中共党史出版社，1992.

［27］刘家林．中国新闻史［M］．武汉：武汉大学出版社，2012.

［28］刘锦藻．清朝续文献通考［M］．北京：商务印书馆，1955.

［29］刘景范．更加推广劳动英雄和模范工作者的运动［M］//抗日战争时期陕甘宁边区财政经济史料摘编．西安：陕西人民出版社，1981.

［30］楼祖诒．中国邮驿发达史［M］．北京：中华书局，1940.

［31］罗志田．权势转移：近代中国的思想与社会［M］．北京：北京师范大学出版社，2014.

［32］吕新雨．学术、传媒与公共性［M］．上海：华东师范大学出版社，2015.

［33］马士．中华帝国对外关系史［M］．张汇文，等译．北京：生活·读书·新知三联书店，1957.

［34］马特拉．全球传播的起源［M］．朱振明，译．北京：清华大学出版社，2015.

［35］毛泽东．毛泽东选集［M］．北京：人民出版社，1991.

［36］南开大学历史系，中国近现代史教研室．中外学者论抗日根据地：南开大学第二届中国抗日根据地史国际学术讨论会论文集［C］．北京：档案出版社，1993.

［37］史景迁．前朝梦忆：张岱的浮华与苍凉［M］．温洽溢，译．桂林：广西师范大学出版社，2010.

［38］王华．山东解放区新闻史（1937—1949）［M］．北京：人民出版社，2018.

［39］王汎森．思想是生活的一种方式：中国近代思想史的再思考［M］．北京：北京大学出版社，2018.

[40] 汪晖. 别求新声：汪晖访谈录［M］. 北京：北京大学出版社，2010.

[41] 汪晖，王中忱. 区域：总第5辑［M］. 北京：社会科学文献出版社，2016.

[42] 威廉斯. 马克思主义与文学［M］. 王尔勃，周莉，译. 开封：河南大学出版社，2008.

[43] 威廉斯. 文化与社会：1780—1950［M］. 高晓玲，译. 北京：商务印书馆，2018.

[44] 希弗尔布施. 铁道之旅：19世纪空间与时间的工业化［M］. 金毅，译. 上海：上海人民出版社，2018.

[45] 萧华. 艰苦岁月［M］. 上海：上海文艺出版社，1983.

[46] 姜希河. 中国邮政简史［M］. 上海：商务印书馆，1999.

[47] 谢彬. 中国邮电航空史［M］. 上海：上海中华书局，1928.

[48] 徐向前. 历史的回顾：下［M］. 北京：解放军出版社，1987.

[49] 邮电史编辑室. 中国近代邮电史［M］. 北京：人民邮电出版社，1984.

[50] 张樑任. 中国邮政［M］. 北京：商务印书馆，1935.

[51] 赵君豪. 中国近代之报业［M］. 上海：申报馆，1938.

[52] 赵月枝. 传播与社会：政治经济与文化分析［M］. 北京：中国传媒大学出版社，2011.

[53] 郑保卫. 中国共产党新闻思想史［M］. 福州：福建人民出版社，2004.

[54] 郑游. 中国的邮驿与邮政［M］. 北京：人民出版社，1988.

[55] 中国近代经济史资料丛刊编辑委员会. 中国海关与邮政［M］. 北京：中华书局，1983.

[56] 中国社会科学院现代史研究室，中国革命博物馆党史研究室. “一大”前后：二［M］. 北京：人民出版社，1980.

[57] 中国邮政集团公司山东省分公司．山东战邮回忆录［M］．青岛：青岛出版社，2016.

[58] 中共中央马克思恩格斯列宁斯大林著作编译局．马克思恩格斯全集：第6卷［M］．北京：人民出版社，1965.

[59] 中共中央马克思恩格斯列宁斯大林著作编译局．列宁全集：第6卷［M］．北京：人民出版社，1963.

[60] 周永明．路学：道路、空间与文化［M］．重庆：重庆大学出版社，2016.

[61] 周永明．中国网络政治的历史考察：电报与清末时政［M］．北京：商务印书馆，2013.

[62] 朱民．大众日报五十年［M］．济南：大众日报社，1988.

[63]《国邮史记》编辑部．交通史邮政编·略叙［M］．影印本．南京：交通铁道部交通史编纂委员会，2013.

[64]《湘赣革命根据地》党史资料征集协作小组．湘赣革命根据地：上［M］．北京：中共党史资料出版社，1991.

[65]《中国邮票史》编审委员会．中国邮票史：第二卷［M］．上海：商务印书馆，2004.

二、期刊论文

[1] 常江，田浩．理查德·约翰：技术从未置身于历史与政治之外——传播史研究的当代价值［J］．新闻界，2019（11）.

[2] 陈霖．城市认同叙事的展演空间：以苏州博物馆新馆为例［J］．新闻与传播研究，2016，23（8）.

[3] 陈卫星，雷吉斯·德布雷．媒介学：观念与命题——关于媒介学的学术对谈［J］．南京社会科学，2015（4）.

[4] 陈义媛，李永萍．农村妇女骨干的组织化与公共参与：以“美丽家园”建设为例［J］．妇女研究论丛，2020（1）.

[5] 崔波．刍议城市传播研究的空间进路［J］．未来传播，2019，21

(2).

[6] 斯迈思，王洪喆．自行车之后是什么？——技术的政治与意识形态属性 [J]．开放时代，2014 (4).

[7] 董广．影像、性别与政治的三重奏：抗战时期的大后方电影与民众动员 [J]．当代文坛，2019 (4).

[8] 段勃．中国最早研究无产阶级新闻学的社团：从中国新闻学研究会到左翼新闻记者联盟 [J]．编辑之友，2011 (8).

[9] 范连生．论抗战时期山东革命根据地的战邮工作 [J]．抗战史料研究，2014 (2).

[10] 顾亦周．引向城市共同体的标识？——以苏州市民卡为例 [J]．新闻与传播研究，2016，23 (8).

[11] 韩伟．毛泽东与陕甘宁边区劳模运动 [J]．毛泽东思想研究，2019，36 (1).

[12] 胡中升．赤色邮政特征新论 [J]．重庆邮电大学学报（社会科学版），2018，30 (5).

[13] 黄旦．耳目喉舌：旧知识与新交往：基于戊戌变法前后报刊的考察 [J]．学术月刊，2012 (11).

[14] 黄华．技术、组织与“传递”：麦克卢汉与德布雷的媒介思想和时空观念 [J]．新闻与传播研究，2017，24 (12).

[15] 黄润青．“量”“质”合一：中共山东根据地的基层干部队伍建设 [J]．党史研究与教学，2019 (2).

[16] 贾梦梦，周光明．作为话语的“完全党报”：延安《解放日报》改版再解读 [J]．国际新闻界，2020，42 (5).

[17] 蒋含平，梁骏．转身之间：职业期许与救亡图存：1930 年代的左翼记者群体考察 [J]．安徽大学学报（哲学社会科学版），2017，41 (3).

[18] 江沛．技术、政治的合力与五四抗议运动的兴起 [J]．传播研

究与实践，2019（2）.

[19] 金冲及．山东抗日根据地的独特历程［J］．抗日战争研究，2017（1）.

[20] 景跃进．将政党带进来：国家与社会关系范畴的反思与重构［J］．探索与争鸣，2019（8）.

[21] 孔煜也．三八饭店盛开革新花："大跃进"时期的妇女与技术劳动［J］．妇女研究论丛，2019（5）.

[22] 赖晨．论苏区赤色邮政的主要特征［J］．重庆邮电大学学报（社会科学版），2011（4）.

[23] 赖小刚．通向成功的跳板：抗战时期中共在山东的崛起［J］．文化纵横，2005（5）.

[24] 李彬．把"政治"带回来［J］．新闻大学，2017（4）.

[25] 李彬．新闻学若干问题断想［J］．兰州大学学报（社会科学版），2018，46（1）.

[26] 李春来．国外学习型组织研究综述［J］．陕西行政学院学报，2015（4）.

[27] 李海波．党报、列宁主义政党与群众政治参与：延安新闻业群众路线的运作机理分析［J］．国际新闻界，2018，40（3）.

[28] 李海波．延安新闻文化与中国特色新闻学知识拓新：社会文化史视野下的延安新闻学［J］．出版发行研究，2018（5）.

[29] 李海波．"细腻革命"：延安时期通讯员运动的动员技术分析［J］．出版发行研究，2019（4）.

[30] 李海波，虞鑫．"新型记者"：重访群众路线的一段历史现场［J］．新闻与传播评论，2019，72（1）.

[31] 李金铮．读者与报纸、党政军的联动：《晋察冀日报》的阅读史［J］．近代史研究，2018（4）.

[32] 李沛霖．1949—1957年中国邮政网路的发展及其影响的历史考

察［J］. 南京邮电大学学报（社会科学版），2015，17（1）.

［33］李沛霖 . 1958—1965 年中国邮政网路发展及其影响探析［J］. 南京邮电大学学报（社会科学版），2016，18（3）.

［34］李秀云，吴云柯 . 20 世纪三四十年代左翼报人的新闻理论：从《文艺新闻》到《新闻记者》［J］. 学术交流，2016（12）.

［35］李煜 . "媒介融合"：电视开播的技术政治意义［J］. 现代传播（中国传媒大学学报），2019，41（10）.

［36］梁骏 . "聆听低音"：战时报刊舆论动员的另一种可能：以"一二·九"期间《大众生活》"大众信箱"栏目为例［J］. 兰州大学学报（社会科学版），2020（1）.

［37］梁骏 . 我们需要什么样的新闻学？——对"新闻无学"论争的再思考［J］. 编辑之友，2019（2）.

［38］刘海龙 . 中国传播学70 年：知识、技术与学术网络［J］. 广州大学学报（社会科学版），2019，18（5）.

［39］刘海龙 . 中国传播研究的史前史［J］. 新闻与传播研究，2014，21（1）.

［40］刘海龙 . 中国语境下"传播"概念的演变及意义［J］. 新闻与传播研究，2014，21（8）.

［41］刘慧珍 . 对工农通讯员制度的传播学解读：以延安时期革命根据地的实践为视界［J］. 编辑之友，2012（11）.

［42］刘继忠，梁运 . 论延安《解放日报》改版的政治逻辑［J］. 新闻与传播研究，2012，19（2）.

［43］刘晓伟 . 延安时期中国共产党的新闻舆论引导力建构［J］. 编辑之友，2019（5）.

［44］陆杨 . 作为生产的文艺与农民主体的创生：以艾青长诗《吴满有》为中心［J］. 文学评论，2018（6）.

［45］陆杨 . 革命与人情：解放区文艺下乡运动的情感实践［J］. 中

国现代文学研究丛刊，2019（6）.

[46] 罗骞，滕藤．技术政治、承认政治与生命政治：现代主体性解放的三条进路及相应的政治概念 [J]．武汉大学学报（哲学社会科学版），2020，73（1）.

[47] 闵大洪．我国报刊“邮发合一”述略 [J]．新闻与传播研究，1991（1）.

[48] 潘忠党，於红梅．阈限性与城市空间的潜能：一个重新想象传播的维度 [J]．开放时代，2015（3）.

[49] 乔傲龙，岳谦厚．社会动员视域下的大众化传播实践：以革命根据地乡村黑板报为中心的考察 [J]．编辑之友，2018（5）.

[50] 桑蕴涵．“工人阶级”的主体询唤：基于建国初期《解放日报》读报组记录 [J]．新闻传播，2018（22）.

[51] 沙垚．新中国成立之初农村读报组的历史考察：以关中地区为例 [J]．新闻记者，2018（6）.

[52] 史云贵．论中国共产党意识形态建构的政治技术与政治艺术 [J]．探索，2008（2）.

[53] 史泽源，荆蕙兰．晋察冀抗日根据地冬学运动的群众动员经验略论 [J]．广西社会科学，2019（5）.

[54] 孙玮．作为媒介的外滩：上海现代性的发生与成长 [J]．新闻大学，2011（4）.

[55] 孙玮．城市传播的研究进路及理论创新 [J]．现代传播（中国传媒大学学报），2018，40（12）.

[56] 孙玮，黄旦．超越结构功能主义：中国传播学的前世、今生与未来 [J]．新闻大学，2012（2）.

[57] 唐海江，曾君洁．作为方法论的“媒介”：比较视野中麦克卢汉和德布雷的媒介研究 [J]．现代传播（中国传媒大学学报），2019，41（1）.

[58] 唐小兵．战争、苦难与新闻：试论抗战时期民间报刊的舆论动员 [J]．新闻与传播研究，2015，22 (8)．

[59] 唐小兵．“新革命史”语境下思想文化史与社会文化史的学术路径 [J]．中共党史研究，2018 (11)．

[60] 田中初．黑板报：“全党办报、群众办报”的一种实现方式：以中国革命根据地实践为视界 [J]．新闻与传播研究，2008 (4)．

[61] 田中初．知识分子如何与工农群众相结合：以革命根据地时期的工农通讯员为视点 [J]．新闻与传播研究，2011 (3)．

[62] 田中初．鼓励群众成为新闻传播者：革命根据地时期党促进通讯员事业发展的相关实践 [J]．新闻记者，2011 (7)．

[63] 田中初．面向群众传播新闻知识：革命根据地时期工农通讯员期刊扫描 [J]．编辑之友，2011 (7)．

[64] 童兵，徐玲英．从“耳目喉舌”到“新闻信息”：百年来中国新闻理论核心观点演变 [J]．新闻爱好者，2016 (2)．

[65] 王彩霞．延安时期“英雄”角色的置换：陕甘宁边区的文艺与劳模运动 [J]．中国社会科学院研究生院学报，2011 (2)．

[66] 王荟慧．北海银行：战火中的红色金融 [J]．山东档案，2019 (4)．

[67] 王洪喆．从“赤脚电工”到“电子包公”：中国电子信息产业的技术与劳动政治 [J]．开放时代，2015 (3)．

[68] 王克斌，卢胜军．汇聚强军兴军的正能量：专题片《走近王诤》带给我们怎样的思考 [J]．求是，2014 (14)．

[69] 王明生，董颖鑫．陕甘宁边区劳模运动的政治分析 [J]．学海，2010 (5)．

[70] 王庆同．耳目喉舌刍议：学习中国共产党新闻工作文献有关论述的体会 [J]．西北第二民族学院学报（哲学社会科学版），1991 (3)．

[71] 王润泽．重塑党报：《解放日报》改版深层动力之探析 [J]．国

际新闻界，2009（4）.

[72] 王天根．抗战语境中舆论场域重组及其历史省思［J］．史学月刊，2015（10）.

[73] 王士花．抗战时期中共在山东的交通工作［J］．史学月刊，2018（12）.

[74] 王士花．小部队建设与山东抗日根据地的坚持［J］．中共党史研究，2019（7）.

[75] 王社教．作为研究方法的历史地理学［J］．陕西师范大学学报（哲学社会科学版），2010（6）.

[76] 王维佳．新时代的知识挑战：中国新闻传播研究面临的几个历史性问题［J］．新闻与传播评论，2019，72（1）.

[77] 王晓梅．建国初党报领导下的“读报组”发展探析：以建国初《解放日报》“读报组”发展为基本脉络［J］．新闻与传播研究，2010（6）.

[78] 吴廷俊．对“耳目喉舌”论历史的回顾与反思［J］．新闻研究资料，1989（2）.

[79] 吴晓秋．邮驿、王权和道路交通的相互关系：兼论夜郎地区道路交通的开辟和邮亭的始置［J］．贵州社会科学，2007（11）.

[80] 吴昱．“置邮传命”与政治运转：清代“邮政”的传统内涵［J］．广东社会科学，2014（4）.

[81] 武志勇．论“邮发合一”体制的确立［J］．历史档案，2006（3）.

[82] 武志勇．二十世纪及本世纪初中国报刊发行研究文献述略［J］．编辑之友，2011（12）.

[83] 夏春祥．新闻与记忆：传播史研究的文化取径［J］．国际新闻界，2009（4）.

[84] 向芬．理论回响：从“党性与独立性问题”到“党性与人民性

之争”[J]. 新闻与传播研究，2018，25（10）.

[85] 谢保杰．“识字的政治”：略论建国初期的识字运动与社会主义新文化的建构 [J]. 汕头大学学报（人文社会科学版），2012（6）.

[86] 谢保杰．“十七年”时期北京工人写作的历史考察 [J]. 文艺理论与批评，2017（3）.

[87] 谢保杰．“新的文学力量”的培养：以十七年时期草明与鞍山工人作者的成长为例 [J]. 文艺理论与批评，2018（2）.

[88] 薛涵．山东抗日根据地成立初期罗荣桓的补偏救弊 [J]. 泰山学院学报，2018，40（5）.

[89] 颜岩．技术政治与技术文化：凯尔纳资本主义技术批判理论评析 [J]. 哲学动态，2008（8）.

[90] 鄢一龙．既做执政党，又做群众党：关于激活群众路线的思考 [J]. 文化纵横，2016（6）.

[91] 叶言都．邮发合一：中共建国后报业发行的变局（1949—1954）[J]. 台大历史学报，2008（42）.

[92] 易莲媛．“群众科学”与新中国技术政治研究述评 [J]. 开放时代，2019（5）.

[93] 应星．“把革命带回来”：社会学新视野的拓展 [J]. 社会，2016（9）.

[94] 应星．新革命史：问题与方法 [J]. 妇女研究论丛，2017（5）.

[95] 于忠元．土地革命战争时期湖南的赤色邮政 [J]. 株洲师范高等专科学校学报，2007（4）.

[96] 於红梅．数字媒体时代城市文化消费空间及其公共性：以苏州平江路为例 [J]. 新闻与传播研究，2016，23（8）.

[97] 詹佳如．集体读报：新中国成立初期的上海读报组研究 [J]. 新闻与传播研究，2018，25（11）.

[98] 张蓓．论党报在抗战时期的民众动员作用：基于《晋察冀日报》

冬学运动报道的内容分析［J］. 编辑之友，2012（3）.

［99］张根福，李焕．延安时期《解放日报》的民众动员探究［J］. 浙江社会科学，2019（2）.

［100］张金凤．抗战时期《晋察冀日报》在阜平的出版宣传研究［J］. 新闻界，2012（19）.

［101］张荣杰．论华北抗日根据地报刊发行模式［J］. 军事历史研究，2019（1）.

［102］张荣杰．苏区邮政职工群体探析［J］. 党史研究与教学，2012（3）.

［103］张屹，徐家林．从民间文艺到革命号角：中国共产党对乡村艺人的改造（1937—1949）［J］. 中南大学学报（社会科学版），2019，25（4）.

［104］张育仁．《重庆各报联合版》在抗战文化传播史上的意义［J］. 重庆广播电视大学学报，2015（2）.

［105］张燕清．清代福建邮驿制度考略［J］. 福建论坛（人文社会科学版），2001（6）.

［106］张衍霞．山东战时邮政的党报党刊发行［J］. 理论学刊，2008（7）.

［107］张衍霞．抗战时期的山东邮务局长赵志刚［J］. 文史精华，2008（S1）.

［108］张衍霞，丁龙嘉．八路军山东纵队在中国敌后抗战中的历史地位述论［J］. 东岳论丛，2019，40（5）.

［109］赵建荣．山东“战邮”的创建、作用及意义［J］. 青年记者，2018（34）.

［110］赵月枝．全球视野中的中共新闻理论与实践［J］. 新闻记者，2018（4）.

［111］赵云泽．“传播”即“政治”：“政治传播”视角下的中国传

播史研究框架［J］．兰州大学学报（社会科学版），2017，45（4）．

［112］郑保卫．“党性人民性统一论”的理论来源与当代发展［J］．新闻大学，2018（2）．

［113］周峰．新民主主义革命时期中共工农通讯员制度的生成与运作［J］．中共党史研究，2017（1）．

［114］周海燕．意义生产的“圈层共振”：基于建国初期读报小组的研究［J］．现代传播（中国传媒大学学报），2017，39（9）．

［115］周祖文．论全面抗战时期陕甘宁边区基层动员的逻辑［J］．抗日战争研究，2019（3）．

［116］朱从兵．关于抗战时期舆论动员研究的思考［J］．史学月刊，2015（10）．

［117］朱清河．“群众办报”的逻辑起点与未来归宿［J］．新闻与传播研究，2011（3）．

［118］朱清河．延安新闻学研究的现状与可拓展空间［J］．新闻记者，2018（2）．

［119］朱清河，王青．延安时期马克思主义新闻传播范式的变与通［J］．陕西师范大学学报（哲学社会科学版），2018，47（3）．

［120］朱瑞英，郭汇安．山东战邮档案［J］．中国档案，2018（3）．

三、学位论文

［1］程煜祯．兰登·温纳的技术政治性思想研究［D］．南宁：广西大学，2019.

［2］刁非非．延安时期社会新人的塑造：以陕甘宁边区劳模为例［D］．西安：中共陕西省委党校，2015.

［3］范晓芊．山东抗日民主根据地（解放区）工农通讯运动研究：以《大众日报》（1943 年至 1949 年）为中心的考察［D］．济南：山东大学，2016.

［4］顾颉琛．雍正朝公文传播研究［D］．长春：吉林大学，2016.

［5］胡婷．近代中国邮政统一与发展研究（1896—1937）［D］．芜

湖：安徽师范大学，2006.

[6] 李海波．“业余路线”：延安时期新闻大众化运动研究［D］．北京：清华大学，2018.

[7] 李漫．元帝国与传播［D］．北京：清华大学，2010.

[8] 乔傲龙．《晋绥日报》与边区社会文化动员研究［D］．太原：山西大学，2019.

[9] 王冠婷．山东解放区《文化翻身》（1946—1948）研究［D］．济南：山东大学，2019.

[10] 王洪喆．漫长的电子革命：计算机与红色中国的技术政治（1955—1984）［D］．香港：香港中文大学，2014.

[11] 王潇．苏区“扩红”运动中的动员工作研究［D］．北京：中国青年政治学院，2019.

[12] 卫才胜．技术的政治：温纳技术政治哲学思想研究［D］．武汉：华中科技大学，2011.

[13] 徐荣梅．政治传播视阈下的军队马克思主义大众化研究［D］．西安：陕西师范大学，2012.

[14] 张琪．政治动员与文化重建：延安新秧歌运动研究［D］．西安：西北大学，2019.

[15] 曾滩嘉．时空交织下的区域邮政版图再现：近代四川邮政空间复原研究（1891—1945 年）［D］．重庆：西南大学，2016.

[16] 赵尚．我国古代官方信息传播的伦理性特征研究：以信息传播意义上“保”“报”关系为中心的考察［D］．武汉：华中科技大学，2016.

[17] 钟钦武．革命视野下的金融：北海银行研究［D］．济南：山东师范大学，2019.

四、报纸

[1] 毛泽东．组织起来［N］．解放日报，1943-12-02.

五、史料档案

[1] 山东战时邮政档案［A］．济南：山东省档案馆．

六、文献汇编

[1] 八路军山东纵队史编审委员会．八路军山东纵队（综合册）[G]．济南：山东人民出版社，1993.

[2] 江西省邮电管理局邮电史编辑室．苏区邮电史料汇编 [G]．北京：人民邮电出版社，1988.

[3] 江西省邮电管理局．华东战时交通通信史料汇编：中央苏区卷 [G]．北京：人民邮电出版社，1995.

[4] 山东省档案馆，山东社会科学院历史研究所．山东革命历史档案资料选编（第四~十八辑）[G]．济南：山东人民出版社，1981.

[5] 山东省地方史志编纂委员会．山东省志·邮电志 [G]．济南：山东人民出版社，2000.

[6] 山东省邮电管理局史志办公室．山东邮电史稿 [G]．影印本．济南：山东省邮电管理局史志办公室，1982.

[7] 山东省邮电管理局史志办公室．山东战邮专题资料：人物部分 [G]．济南：山东省邮电管理局史志办公室，1988.

[8] 山东省邮电管理局史志办公室．山东战邮回忆资料专辑：第一集 [G]．济南：山东省邮电史志编纂委员会办公室，1988.

[9] 山东省邮电管理局史志办公室．山东战邮回忆资料专辑：第二集 [G]．济南：山东省邮电史志编纂委员会办公室，1990.

[10] 山东省邮电管理局史志办公室．山东战邮回忆资料专辑：第三集 [G]．济南：山东省邮电史志编纂委员会办公室，1991.

[11] 山东省邮电管理局史志办公室．山东省战时邮务大事记 1937—1949（征求意见稿）[G]．影印本．济南：山东省邮电管理局史志办公室，1992.

[12] 山东省邮电管理局．华东战时交通通信史料汇编：山东卷 [G]．北京：人民邮电出版社，1997.

[13] 中国社会科学院新闻研究所．中国共产党新闻工作文件汇编 [G]．北京：新华出版社，1980.

外文部分

一、相关专著

［1］ ANDUAGA A. Wireless and Empire：Geopolitics，Radio Industry，and Ionosphere in the British Empire，1918—1939［M］. Oxford：Oxford University Press，2009.

［2］ FULLER W E. The American Mail：Enlarger of the Common Life［M］. Chicago：University of Chicago Press，1972.

［3］ HENKIN D M. The Postal Age：The Emergence of Modern Communications in Nineteenth-century［M］. Chicago：University of Chicago Press，2006.

［4］ JOHN R R. Postal Systems［M］//WRIGHT J D. International Encyclopedia of the Social & Behavioral Sciences. 2nd edition. Amsterdam：Elsevier，2015.

［5］ JOHN R R. Spreading the News：The American Postal System from Franklin to Morse［M］. Cambridge：Harvard University Press，2015.

［6］ MARX K，ENGELS F，HAYE Y D L. Marx and Engels on the Means of Communication：A Selection of Texts［M］. Bagnolet，France：International Mass Media Research Center，1980.

［7］ MATTELART A. Networking the World：1794—2000［M］. Minneapolis：University of Minnesota Press，2000.

［8］ MEDINA E. Cybernetic Revolutionaries：Technology and Politics in Allende's Chile［M］. Cambridge：MIT Press，2011.

［9］ STRANAHAN P. Molding the Medium：The Chinese Communist Party and the Liberation Daily［M］. Armonk：M. E. Sharpe，2015.

二、期刊论文

［1］ CASE J A. Logistical Media：Fragments from Radar's Prehistory［J］. Canadian Journal of Communication，2013，38（3）.

[2] GOLDIE C T. Radio Campanile: Sixties Modernity, the Post Office Tower and Public Space [J]. Journal of Design History, 2011, 24 (3).

[3] GRIFFIN W J. News and Views of the Postal Service: Trezzvant W. Anderson and Black Labor Journalism in the New Deal Era [J]. Labor Studies in Working-Class History of the Americas, 2018, 15 (1).

[4] JOHN R R. Governmental Institutions as Agents of Change: Rethinking American Political Development in the Early Republic, 1787—1835* [J]. Studies in American Political Development, 1997, 11 (2).

[5] JOHN R R. Taking Sabbatarianism Seriously: The Postal System, the Sabbath, and the Transformation of American Political Culture [J]. Journal of the Early Republic, 1990, 10 (4).

[6] JOHN R R. The Political Economy of Postal Reform in the Victorian Age [J]. Smithsonian Contributions to History and Technology, 2010, 55 (3).

[7] KIELBOWICZ R B. Preserving Universal Postal Service as a Communication Safety Net: A Policy History and Proposal [J]. Seton Hall Legislative Journal, 2006, 30 (2).

[8] KOEHLER K. Thomas Hardy and Victorian Communication: Letters, Telegrams and Postal Systems [J]. Victorian Review, 2017, 43 (2).

[9] SEGAL Z. Communication and State Construction: The Postal Service in German States, 1815—1866 [J]. Journal of Interdisciplinary History, 2014, 44 (4).

[10] WINNER L. Do Artifacts Have Politics? [J]. Daedalus, 1980, 109 (1).

三、学位论文

[1] ANDREWS C. From Post Station to Post Office: Communications in Tokugawa and Early Meiji Japan [D]. Bloomington: Indiana University, 2008.

附录A

山东战邮大事年表

时间	事件
1937 年 7 月	中共山东省委根据党中央的决定，由黎玉担任中共山东省委书记，张霖之任组织部长，林浩任宣传部长，景晓村任秘书长
1937 年 10 月 5 日	日军侵占德州，继占平原、禹城、齐河，陈兵黄河北岸，威逼济南
1937 年 11 月	中共冀鲁边工委发动宁津、乐陵、庆云、盐山、无棣等地人民举行抗日武装起义。起义部队命名为“华北民众抗日救国军”
1937 年 12 月 27 日	日军侵占济南。韩复榘率十万大军不战而逃
1938 年 1 月 15 日	中共中央指示山东省委：“应当与各个区域建立经常的秘密交通联系”
1938 年 6 月	中共苏鲁豫皖边区省委在沂水岸堤创办山东抗日军政干部学校，孙陶林兼校长
1938 年 12 月上旬	中共苏鲁豫皖边区省委改为中共中央山东分局，郭洪涛任书记，张经武、黎玉为委员
1938 年 12 月 27 日	中共中央决定成立八路军山东纵队，张经武任指挥，黎玉任政治委员
1938 年 12 月	山东分局、八路军山东纵队在沂水大王庄成立交通总站
1938 年 12 月	泰山区交通总站正式成立，马子成任总站长；后董圃任总站长
1939 年 1 月 1 日	中共山东分局机关报《大众日报》在沂水创刊
1939 年 5 月	两万日军对我抗日根据地进行大扫荡
1939 年 5 月	丛林同志兼任交通总站站长，军区派郝自强任总站副站长

续表

时间	事件
1939 年 6 月 6 日	山东分局在关于反扫荡工作的指示中要求：各级党政军民的领导机关均须（需）几个同志建立秘密接头地及印刷厂，掩护在民众基础好的地方，准备在任何环境下，上下级随时可以取得联系
1939 年 8 月	山东分局要求推动当地政府或报社成立邮局，以进一步统一山东各级党的交通和发行机关
1939 年 9 月	清河区党委成立侦通站，不久改为交通总站。孙子诚任总站长，巡视员王士林、孙玉伦，曹光任收发。总站下设清中分站、清东分站、清西分站
1939 年 10 月	山东纵队交通总站建立了三条主要干线： 1. 总站至一支站干线，即北干线。由沂南县岸堤—蒙阴桃墟—新泰太公峪—一支站莱芜常庄 2. 总站至抱犊崮干线，即南干线。由岸堤—垛庄—崮子村—徕庄铺—抱犊崮，达三地委住地大炉 3. 总站至滨海干线，即东干线。由岸堤—界湖—河阳—土山—十字路，达滨海区党委 4. 从总站到沂北干线，途经沂水县四区黑碗—沂北 5. 是对第一条干线的调整：费县北部—蒙山南麓—费县西部—蒙阴县蒙山西白马关—新泰—莱芜 本年，各地党委均成立了交通科、交通总站。总站以下设交通分站、交通站，开辟了交通线，已初步建立了抗日初期的党内交通网
1940 年 1 月	中共山东分局、八路军山东纵队交通总站由贾侗任总站长
1940 年 5 月	交通总站划归为大众日报社领导，对内称为大众日报社交通科，对外仍为交通总站
1940 年 8 月 1 日	山东省战时工作推行委员会（简称“战工会”）成立，黎玉为首席代表
1940 年夏	一区党委将大众日报三分社改为鲁南区党委宣传部领导下的发行科，马生山任科长。紧接着大众日报社也决定将三分社改为大众日报社鲁南发行处
1940 年 7—8 月	清河区交通总站举办了一期邮务干部训练班，主要学习邮递手续。同时印发油印版的“五角星”邮票。学员多派往各站任站长，并将“五角星”邮票发各地试贴，以作为战时邮局的标记。10 月在全区内正式发行使用石印版“五角星”邮票共三枚，面值为 1 分、2 分、5 分

续表

时间	事件
1940年12月	山东分局发出《关于交通发行工作的指示与决定》，要求统一山东各级党的交通发行机关，建立公开与秘密的交通发行联系，以切实保证党报党刊及相关机密文件的及时传送
1941年3月	山东地区第一个真正意义上的人民战时邮政总局——“清河区战时邮政总局”宣告成立。局长最初先由孙子诚担任，后由杨华村、曹光担任
1941年4月	泰山区战邮总局成立，董圃为负责人
1941年7月	山东分局、山东省战工会为加强各抗日根据地之间的交通联系，积极开展报刊、书籍的发行工作，决定组建山东战时邮务机构，并指定赵志刚负责筹建
1941年8月	中共山东分局、山东战工会调李旦复协助赵志刚筹建山东战邮组织
1941年9月	山东省战工会在各地行政科长联席会议上研究了各地战邮组织建设问题
1941年10月	山东省战时邮务工作推进委员会成立，并决定将各机关所属的交通机构合并组成统一的战时邮政机构，以加强抗战时期的交通与发行工作
1941年11月	赵志刚赴泰山区检查了解战邮工作情况，为时一个多月 胶东区北海专区战时邮局成立
1941年12月7日	鲁南战时邮局成立，王益新任局长、马英（马生山）任副局长，并拟定《战邮组织机构设置》《战邮守则》《工作细则》
1941年12月	中共胶东区党委、区行署为筹划战邮建设，派行署秘书戴开文组成一个工作组，赴清河学习建邮办法，汇集邮政手续
1942年1月1日	鲁南区战时邮局正式成立，大众日报社鲁南分销处兼《鲁南时报》发行部及交通站正式合并战邮局管理，并开始整理和建立交通路线
1942年1月18日	山东省战工会举行常委会议，讨论了建立战时民邮工作问题： 1. 决定成立民邮工作委员会，公推中共山东分局彭瑞麟、大众日报社仲星帆、前卫报社赫亮及山东纵队通信营代表、《新山东报》代表为委员会委员 2. 决定以后的民邮工作会议，由战工会民邮局长赵志刚负责召集 3. 先将各地区的民邮交通干线建立起来，以奠定建立民邮工作的基础

续表

时间	事件
1942年1月	山东省战工会在第一次行政会议上通过了《山东战邮组织条例》和《建设战邮组织的决议》
1942年2月7日	山东省战工会发出《关于建立战时邮局的决定》，指出建立各级战时邮局的紧迫性与必要性，要求各级政府应将邮务工作列为行政重要工作之一。同日，山东省战时邮务总局正式成立，赵志刚任总局局长。沂蒙区战时邮局同时成立，孙朋任局长，下辖蒙阴、沂中两个县局
1942年2月25日	沂河武装交通队正式成立，以保证鲁中到滨海的交通干线畅通
1942年2月	山东省战工会公布实施《山东战时邮局暂行组织条例》《山东省各级战时邮局营业简则》《战时邮务人员守则》《战时邮务工作大纲》《山东省战时邮务工作推进委员会组织大纲》。 山东战邮总局随中共山东分局、山东省战工会移驻滨海区。为适应大众日报社仍留沂蒙区工作的需要，总局决定成立直属沂蒙一支局，总局邮寄科长兼任局长，负责报纸书籍的发行和运递工作。滨海区战时邮局开始筹建
1942年3月1日	山东省战邮总局发出第一号通告
1942年3月	泰山区成立战时邮务推行委员会
1942年4月1日	《山东战邮》报创刊，报纸为32开面油印版，该报为山东战邮总局机关报
1942年4月16日	山东省战邮总局在滨海第一次召开战邮交通会议
1942年4月20日	滨海区成立战邮推进委员会
1942年4月22日	滨海区战邮管理局召开第一次县局长联席会议，对滨海区的交通及战邮组织机构做了部署
1942年4月	鲁南区战邮局打通至泗北路线，并建立由米龙汪通滨海的武装交通线
1942年5月1日	山东省战工会通知各级政府，迅速健全战邮组织。没有设立机构的，要迅速建立，已经建立的，要充实。健全战时邮局所需干部、递信员，各级政府应尽快予以调配齐全。胶东主署召开党政军民联席会议，统一讨论了建设胶东战邮事宜，成立了"胶东区战时邮务工作推进委员会"
1942年5月5日	山东战邮总局直属沂蒙一支局与沂蒙区战时邮局合并，统一领导整个沂蒙区的战邮工作。贾侗任局长
1942年5月8日	山东省军区决定将各地交通工作与战时邮局协同进行，由战邮局统一领导

续表

时间	事件
1942 年 5 月 10 日	胶东区战时邮务管理局在牙前县迎驾山村正式成立。泰山区战邮总局改为泰山专区战时邮局，同时开始整理各级战时邮局，打通到冀鲁豫的交通线
1942 年 6 月 22 日	山东省战工会通知公布《关于统一战时邮政经费及人员待遇》
1942 年 6 月	清河区战时邮政总局改为清河区战时邮务管理局。清河区成立了清西专区战时邮局和 12 个县邮局。泰山区战时邮局建立了通清河区邮务管理局交通线。胶东区成立东海专区战时邮局。山东战邮总局决定筹办第一期战邮干部训练班，学员从各级党政机关收发人员中抽调
1942 年 7 月 1 日	山东省战工会发出通知，自即日起在鲁中、滨海、鲁南正式使用山东战邮总局发行的第一套邮票。此套邮票为石印版，共五枚。图案和面值分别是山东地图式 1 分，战士冲锋式 2 分，火把式 5 分，时代车轮式 1 角，骑兵式 5 角。票面均加盖“总局之章”四字。山东省战邮总局颁发《战时邮务人员工作须知》
1942 年 7 月 7 日	鲁南区开始建立分区邮务代办所
1942 年 7 月 20 日	山东战邮总局第一期干部训练班在滨海区姚家胡庄正式开学。学员由党政机关收发人员中抽调，共 34 人。主要学习邮政业务常识。9 月 15 日，训练班结业，学员分组到滨海区局邮站实习
1942 年 7 月	确定建立海陆两条交通线，使山东各区与冀鲁边区建立起正常的联系。胶东区建立西海、南海两个转区战时邮局。鲁南区战时邮局派员赴湖西建立通邮关系
1942 年 8 月	山东省战邮总局发出第二号通告，主要公布代收敌占区、大后方邮件和贴用中华邮票的办法
1942 年 8 月 8 日	湖西区正式成立战时邮局，并派员赴鲁南区战邮局联系，建立起小件通邮路线
1942 年 8 月	滨海分区成立随军邮站，与板泉中华邮政局联合通邮。山东省战邮总局发出第三号通告，主要公布接收湖西、冀鲁边等地区的邮件。山东省战邮总局发出第四号通告，公布《公文寄递办法》。山东省战邮总局公布包裹、汇兑简章及收费办法。山东省战邮总局在滨海区战邮局设立中心实验邮站，开始推行正规手续。刘少奇由山东过铁路和微山湖赴晋冀鲁豫边区，鲁南区战邮局派员与沿路交通站协助警卫人员及尼山支队完成了护送任务
1942 年 9 月	沭河武装交通队成立

续表

时间	事件
1942年9月10日	山东省战邮总局发出第五号通告，公布《邮件包扎办法》及《邮票粘贴办法》。开辟山东至华中区海上交通线。山东省战工会召开交通发行会议，决定报社发行（县区级）与战邮局合并
1942年9月11日	山东省战工会发布《关于发行与交通工作的决定》，大众日报社的书报发行系统正式划归战邮局管理。同时提出，以《大众日报》发行工作的好坏，作为检查邮局工作的主要标准
1942年9月12日	山东省战邮总局与滨海区战邮局合并办公，组织形式合一，仍保留滨海区战邮局名义
1942年9月20日	山东抗日军政大学邮站成立
1942年9月27日	鲁中区战时邮务管理局正式成立
1942年9月	山东省军区电告泰山、鲁南、鲁中、胶东、湘西军区，抽调一个排或一个连的兵力，随邮局行动，专门担任护邮工作
1942年10月	山东分局决定分局以下各级党委交通科（股）划归战时邮局统一管理，并且为了便利军事通信，在山东省军区设立随军邮局，直接担任军直机关的邮务工作
1942年11月	中共山东分局交通科白焕文、战邮总局田子瑢赴清河区战邮管理局，宣布了中共山东分局、山东省战工会关于战时邮局、报社发行和党内交通三系统实行归并的指示
1942年12月	赵志刚在鲁中区检查战邮工作的同时，赴泰南地委研究建邮工作，决定成立泰南专区战时邮局。成立滨海通华中的武装交通队
1943年1月5日	开始建立通中共中央北方局直达交通，班期每月1次
1943年1月7日	建立胶东与华中区海上交通线
1943年1月20日	山东战邮总局向北方局报告一年来“邮、交、发”工作和三位一体的组织领导情况
1943年1月27日	胶东主署召开党委、军区、邮局、报社和群团联席会议，讨论建邮的组织机构、交通工具配备、邮局各种制度、邮发合并等工作
1943年1月	在中共山东分局书记朱瑞亲自主持指导下，在莒南县庄召开战邮总局和大众日报社联席会议。朱瑞充分肯定了战时邮局新的组织形式，严肃批评了某些干部的宗派主义
1943年2月20日	山东省战邮总局决定自即日起实行对流邮递制度，以提高邮递速度
1943年2月25日	山东省战邮总局公布《山东战时邮务奖惩条例》

续表

时间	事件
1943 年 2 月	山东省战邮总局特派员王一民到泰山区整理邮务工作，调整机构与各方面的关系。在途经泰南专区局时，传达了总局对战邮工作的主要指示，即反“封锁”，保证区内的干线交通，在任何环境下，保证文件和《大众日报》的传递；开展敌占区报纸发行工作，用报纸去争取敌占区的爱国青年，瓦解敌伪军；交通、发行合并后，加强团结，统一领导。 泰山专区战时邮局成立武装交通队，并开始打通到清河的交通路线
1943 年 3 月 17 日	山东省战邮总局函复华中新四军与淮北区党委，介绍了山东战邮的经验及组织办法等
1943 年 3 月 20 日	中共山东分局要求所有山东根据地内的党政交通、报刊发行工作彻底贯彻“一元化”领导，成立“邮、交、发”三位一体的战时邮政组织
1943 年 3 月 23 日	山东省战工会颁发各级战时邮局的组织机构和人员编制新规定
1943 年 3 月 28 日	清河区建立从广饶通潍北的海上交通线
1943 年 3 月	日军扫荡滨海区，山东省战邮总局原地坚持邮务工作。山东省战邮总局第二期战邮干部训练班正式开学，学员多为收发员与交通员，6 月结业
1943 年 4 月 1 日	冀鲁边区工委交通科，第一次派员与总局直接联系。山东省战邮总局印发《密线交通工作纲要》
1943 年 4 月	滨北专区战时邮局成立
1943 年春	中共山东分局书记朱瑞接见国民党驻板泉镇军邮局长丁原颐，转达了我党中央关于邮务工作的指示，协助和关怀国民党军邮人员的精神
1943 年 5 月	经山东省战工会核准，山东省战邮总局颁发了各级战邮局经费和员工生活标准的新规定
1943 年 6 月 2 日	山东省战邮总局就开展敌区发行工作的意见、组织领导、方法等问题做了全面部署
1943 年 6 月	鲁南区战邮局召开各县局长会议，总结布置战邮工作，并纠正教育在干部中存在的一些思想问题
1943 年 7 月 20 日	鲁南区战时邮局改名为鲁南区战时邮务管理局
1943 年 8 月 1 日	清河区自即日起在全区各局使用省战邮总局发行第一套邮票，同时停用本区发行的“五角星”邮票

续表

时间	事件
1943年秋	滨海军区决定开辟台潍公路以北莒县诸边地区。为沟通联络，上级决定在该地建立秘密联络站
1943年10月	鲁南区战邮管理局召开各县局长会议，总结部署战时邮务工作。沂山专区邮局建立
1943年12月	赵志刚局长赴滨海、鲁南区战邮管理局，帮助整风和总结工作。山东省战邮总局举办第四期干部训练班，学员多是县局长级干部，重点是整风学习。翌年7月结业
1943年12月	山东省战邮总局首版发行了毛泽东肖像邮票一套。共两枚；面值分别为1角（绿色）和5角（棕色）
1944年1月1日	清河行政区主任公署改成山东省渤海区行政公署。不久，清河区战时邮务管理局与冀鲁边交通系统合并为渤海区战时邮务管理局
1944年1月5日	中共山东分局根据“邮、交、发”三位一体执行情况，再次做出决定，要求防止形成多头领导。在总的领导上，由各级党委负责；在工作原则、方针上，由各级政府负责；在业务技术上，由山东省战邮总局垂直领导
1944年1月20日	在根据地内各干线实行昼夜兼程的交通制度，规定递信员的出发及到达时间，以加快邮件报刊的传递速度
1944年1月25日	山东省战邮总局通知各级局站，要重视和爱护《山东战邮》报。《山东战邮》报是总局机关报，邮报的社论、重要论文、总局的通知、决定、指示等，都是针对同一时期的中心任务写出的，各级负责同志要精心阅读和详细研究
1944年1月	滨海通胶东的武交队正式成立
1944年2月7日	山东省战邮总局为庆祝战邮建立二周年，在滨海区召开纪念大会
1944年2月26日	山东省战邮总局通知全省各级战邮局，要多开辟几条副线，继续发展关系，加强与当地党委及军事机关的联系
1944年3月	山东省战邮总局发行毛泽东肖像邮票。全套共三枚，计有5分（深蓝）、1角（绿色）、5角（棕色）。由胶东区战邮管理局在胶东大众报社印刷厂铜板印制。我军解放沂水县城，鲁中区战邮管理局即派董圃到城内中华邮政局去宣传党的方针、政策，团结中华邮工，了解工作情况，观察学习他们的工作制度，共住了10多天
1944年4月18日	山东战邮总局公布读者会简章
1944年4月	滨海区开始改造散布在根据地内的中华邮政代办所

续表

时间	事件
1944 年 6 月	山东战邮总局在莒南县召开第一次全省战邮工作会议，会议持续近两个月。会上，黎玉、赵志刚等主要领导同志对战邮工作做了重要的指导讲话，各地方战邮管理局总结汇报了两年来各地的工作情况，大会最终审议并通过了《战邮工作条例》和《关于建设战邮工作的决议案》
1944 年 7 月	胶东战邮管理局设立营业科，对外称书店。同时在根据地内各县都设立了书店，归县战邮局领导。鲁南、鲁中、滨海等区县亦设立了书店
1944 年 10 月 25 日	山东战邮总局发出紧急备战通知，要求紧急动员起来，尽早妥善做好沿海的准备工作，保证文件的安全。有功者奖，丢失者惩
1944 年 10 月	山东战邮总局开班第五期干部训练班，学员为县局长级干部。翌年 3 月结业。总局发出创模号召和关于召开劳模大会的通知。部分区局、县局之间纷纷下挑战书，掀起创模竞赛热潮。鲁山专区邮局成立
1944 年 11 月	山东战邮总局发行石印版邮票一套两枚，图案、面值为“耕牛式”邮票一枚，面值 1 角；“战斗式”邮票一枚，面值 1 元
1944 年 12 月 24 日	鲁南行署做出《关于战邮工作几个问题》的决定。为适应根据地的扩大、交通线的延长、加强上下级联系的需要，决定：1. 各干线局站一律配备骡马 2~3 头（匹），费用由当地政府补给；2. 各地党政军尽力抽调自行车交战邮局使用，修理费用月辆按 100 元拨给；3. 凡夜间坚持交通工作的，每人发给夜餐粮 1 斤；4. 邮务员细粮各一半，日菜金北币 1 元，鞋子每月 1 双——按北币 50 元发给
1944 年 12 月	《山东战邮》报发表社论《为参加明年“二七”劳动英雄代表大会而努力》。各战邮区开始全面改造中华邮政工作
1945 年 1 月	渤海区战邮管理局在神树坡召开了全区战邮工作会议，根据区划调整了机构和干部；同意了渤海区“邮、交、发”三位一体的战邮组织。各区邮务管理局召开全战略区劳动英雄和模范工作者代表大会，选举产生省战邮劳模代表大会代表
1945 年 2 月 7 日	全省战邮劳模代表大会在莒南县兰墩子村召开。会上选出 33 名全省战邮模范，又从模范中推选出葛春亭、庞耀为全省战邮英雄
1945 年 3 月 10 日	山东战邮总局为使报纸及时送到读者手中，特规定直封、直发办法

续表

时间	事件
1945年4月4日	山东省战时邮务职工会成立。山东省战邮总局成立山东省战时邮务抗日救国职工总会，区管理局成立分会，专区局成立支会，县邮局成立职工会。各级工会有垂直领导关系，与各地同级工会亦可发生直接关系
1945年4月10日	滨海区战时邮局改为滨海区战时邮务管理局，下辖滨海、滨中、滨北三个专区局
1945年5月	山东战邮总局发行铜板刻印毛泽东肖像邮票。全套三枚，面值为5分、1角、5角。由胶东战邮管理局统一印制
1945年6月	全省各抗日根据地内已解放的城镇，全面完成对中华邮政局的改造工作
1945年7月23日	第一次全省战邮职工代表大会召开
1945年7月	山东战邮总局第六期干部训练班开学。干训班改成邮政干部学校，学员由各战略区管理局负责招考。由邮政干部学校集中培训，翌年5月结业
1945年8月1日	山东省邮务职工抗日救国总会正式宣告成立。选举产生正式执委18人，候补执委9人，执委会产生常委7人。大会发出给毛泽东主席的致敬电，向党中央、毛主席报告工作
1945年8月15日	日本政府正式宣布无条件投降。全省各地战时邮局配合大进军，开始接管新解放区城市邮政、电信局
1945年8月17日	为适应军事需要，山东省政府、军区特制定《战时交通军事管制纲要》《对交通邮电员工奖励暂行办法》《战时邮政接管办法》
1945年8月	山东战邮总局、山东省邮务职工抗日救国总会发出《告全体中华邮务员工书》
1945年9月19日	中共中央指示，陈毅、饶漱石到山东工作，罗荣桓到东北工作，华中局北移山东和山东分局合并组成华东局。10月25日正式组成
1945年9月	山东战邮总局随省政府机关进驻临沂。山东战邮总局发行铜板刻印的朱德总司令肖像邮票一套，共5枚，面值分别是5分、1角、5角、1元、3元。由胶东战时邮务管理局统一印制
1945年10月	山东战邮总局抽调秘书科长王一民等赴东北解放区接管旧邮电工作。山东战邮总局决定邮政干部学校招生，委托胶东战时邮务管理局在胶东地区代为招收一批学员
1945年11月5日	山东省邮务抗日救国总会为响应山东省总工会支援淄博10万失业工人的号召，发出《告全省邮务职工书》

续表

时间	事件
1945年11月	山东战邮总局为支援前线，满足前方部队通信、阅报的便利，特派于淳等赴鲁南前线，组织津浦前线随军邮局
1945年12月26日	山东战邮总局宣布自次年1月1日起，实行新的邮政资费标准
1945年12月	山东战邮总局发行抗日战争胜利纪念邮票1套，共4枚，计有1元、5元、10元、20元，胶版套色印刷，由胶东战时邮务管理局印制
1946年1月29日	山东省政府为迎接和平建设，召开第二次委员会，决定增设工商、粮食、交通三局。赵志刚任交通总局局长
1946年1月	山东战邮总局于临沂召开第二次各区战邮管理局局长联席会议
1946年2月7日	山东省交通总局于临沂正式成立
1946年2月8日	山东省政府发布《山东政权组织系统表》，规定山东省交通总局内设有邮政管理局、公路管理局、电话管理局
1946年2月21日	中共华东局及山东省政府决定，党内交通及党报发行工作与邮局正式分开
1946年2月	山东省邮政管理局通令全省各地邮局，准备随时与国民党统治区恢复通邮
1946年3月15日	山东省政府颁布关于交通机构的决定，交通总局包括邮政、电话、公路、铁路、航运五项。过去的战邮组织与各城镇中华邮局合并，以“中华邮政局”名义出现。战时邮局成为历史

附录B

各行政区、专区战时邮局组织机构系统表

B1　鲁南区、专区、县战时邮局机构系统表（1942年1月—1946年3月）

名称	建局时间	备注
鲁南区战时邮局	1942年1月1日	
鲁南区战时邮务管理局	1943年7月	
鲁南区邮政办事处	1946年3月	
临郯费峄四县边联邮局	1942年4月	1943年春更名为赵镈县邮局 1944年称临沂县邮局 1945年又改回赵镈县邮局
临邳边县邮局	1942年8月	1945年8月改称邳县邮局
沛滕峄边县邮局	1942年4月	1945年8月改称临城县邮局
费南县邮局	1942年6月	1943年年底改称费县邮局
滕峄边县邮局	1942年11月	1943年9月改称双山县邮局
费滕边县邮局	1942年11月	1943年4月撤销
滕县邮局	1943年4月	
邹东县邮局	1943年10月	1945年日本投降后改称邹县邮局
温河县邮局	1944年2月	1945年日本投降后改称费县邮局
峄县邮局	1944年6月	
兰陵县邮局	1944年5月	1945年10月合并到峄县邮局
凫山县邮局	1944年6月	1946年初撤销
临西县邮局	1944年5月	1945年并入临沂县邮局
湖东县邮局	1944年5月	

续表

名称	建局时间	备注
曲泗县邮局	1945 年	
运河县邮局	1945 年 4 月	1945 年 4 月改称台儿庄邮局
兖济县邮局	1945 年	
枣庄市邮局	1945 年 8 月	
韩庄邮局	1945 年	
徐州市邮局	1945 年 9 月	
铜山县邮局	1945 年 4 月	

B2 滨海区、专区、县战时邮局机构系统表（1942 年 1 月—1946 年 3 月）

名称	建局时间	备注
滨海区战时邮局	1942 年 3 月	
滨海区战时邮务管理局	1945 年 4 月	
滨海区邮政办事处	1946 年 3 月	
滨北专区战时邮局	1943 年 7 月	也称滨海一专区
滨南专区战时邮局	1945 年 4 月	也称滨海二专区
诸城县邮局	1943 年 7 月	
日北线邮局	1943 年 8 月	1945 年 9 月撤销
莒北县邮局	1943 年 7 月	
藏马县邮局	1944 年 7 月	
胶县邮局	1945 年 3 月	
潍东县邮局	1945 年 2 月	1945 年 8 月撤销
高密县邮局	1945 年 8 月	
诸胶边邮局	1944 年 8 月	1945 年日本投降后撤销
诸莒县邮局	1944 年初	1945 年日本投降后撤销
莒临边县邮局	1942 年 10 月	1945 年日本投降后撤销
郯城县邮局	1942 年 10 月	
临述县邮局	1942 年春	1942 年 4 月由鲁南划滨海

续表

名称	建局时间	备注
东海县邮局	1945年8月	
沭水县邮局	1942年4月	1945年日本投降后撤销
临沂县邮局	1945年9月	
干榆县邮局	1942年4月	1945年11月改为竹庭县邮局
莒南县邮局	1942年4月	
日照县邮局	1942年4月	
海州市邮局	1945年8月	
海陵县邮局	1942年5月	1945年日本投降后撤销
莒中县邮局	1942年4月	后称莒县邮局
公路邮局	1945年8月	不久撤销
路东邮局	1945年8月	

B3 鲁中区、专区、县战时邮局机构系统表（1942年1月—1946年3月）

名称	建局时间	备注
鲁中区战时邮务管理局	1942年9月	
鲁中区邮政办事处	1946年3月	
泰山区战时邮政总局	1941年9月	1942年4月山东省战邮总局正式定名为泰山专区邮局
淄川县邮局	1942年7月	开始由泰山专区兼，1944年3月独立工作
博莱邮局	1942年4月	1944年9月分为博山、莱芜二县邮局
莱北邮局	1942年4月	1945年并入莱芜县邮局
章丘邮局	1942年4月	
历城邮局	1944年7月	
益都邮局	1942年4月	
泰北邮局	1942年4月	1942年10月遭敌破坏，12月重建 1943年冬称泰历县邮局 1945年日本投降后改称泰安县邮局
沂蒙专区邮局	1942年2月	

续表

名称	建局时间	备注
沂中县专区	1942年3月	
蒙阴邮局	1942年3月	
沂临边联邮局	1942年3月	1945年日本投降后撤销
沂南县邮局	1942年9月	
费北县邮局	1942年9月	
沂东县邮局	1943年3月	
费东县邮局	1942年10月	后与费北局合并，成立蒙山局
沂源县邮局	1944年7月	
新蒙县邮局	1942年	1943年9月改称蒙阴县邮局
沂山专区邮局	1943年10月	
沂北县邮局	1942年3月	成立时归沂蒙专区
安邱县邮局	1943年9月	1948年9月分设安邱和邱南两局
昌乐县邮局	1943年11月	
莒沂边邮局	1943年8月	
淮安县邮局	1945年3月	
临朐县邮局	1943年9月	
泰南专区邮局	1942年12月	1945年10月并入沂蒙专区邮局
泰宁县邮局	1942年	泰南专区局兼
泗北县邮局	1942年	1943年春被“蚕食”，同年9月复建
新泰县邮局	1943年9月	
新甫县邮局	1942年	1943年春被“蚕食”，同年9月复建
泰安县邮局	1942年	1943年春被“蚕食”，同年9月复建，此局与泰山专区泰安邮局为两个局
鲁山专区邮局	1944年10月	1945年10月改为淄博特区邮局

B4　清河区战时邮局及其下属机构表（1942年1月—1946年3月）

名称	成立时间	备注
清河区战时邮局	1940年10月	由交通总站改称

续表

名称	成立时间	备注
清河区战时邮政总局	1941年3月	
清河区战时邮务管理局	1942年6月	由省战邮总局定名
清西专区邮局兼邹平县局	1942年11月	1944年改为渤海三专区
清东专区邮局兼寿潍县局	1942年11月	1944年改为渤海四专区
长山县战时邮局	1943年7月	1944年归渤海三专区
高苑县战时邮局	1942年	1944年归渤海三专区
博兴县战时邮局	1942年	1944年归渤海三专区
蒲台县战时邮局	1942年	1944年归渤海四专区
广北县战时邮局	1942年	1944年归渤海四专区
利津县战时邮局	1942年	1944年归渤海四专区
沾化县战时邮局	1942年10月	1944年归渤海四专区
昌邑县战时邮局	1942年	
滨沾利三边县战时邮局	1943年3月	不久改滨北县局
临博县战时邮局	1943年3月	1944年归渤海三专区

B5 渤海区、专区和县局机构系统表（1942年1月—1946年3月）

名称	成立时间	备注
渤海区战时邮务管理局	1944年1月	由清河区与冀鲁边区合并成立
渤海区一专区邮局	1944年	
渤海区二专区邮局	1944年	原归冀鲁边区
渤海区三专区邮局	1942年11月	原为清河区清西专区
寿光县邮局	1943年	
广饶县邮局	1942年	
临淄县邮局	1943年3月	原归清河区清西专区
博兴县邮局	1942年	原归清河区清西专区
高苑县邮局	1942年	原归清河区清西专区
长山县邮局	1943年7月	原归清河区清西专区

续表

名称	成立时间	备注
邹平县邮局	1942 年	原归清河区清西专区
渤海四专区邮局	1944 年	原为清河区清东专区
蒲台县邮局	1942 年	原归清河区清东专区
利津县邮局	1942 年	原归清河区清东专区
垦利县邮局	1942 年 10 月	
沾化县邮局	1945 年 9 月	原归清河区清东专区
阳信县邮局	1945 年 9 月	
惠民县邮局	1945 年 9 月	
无棣县邮局	1945 年 9 月	
滨县邮局	1945 年 9 月	

B6　胶东区、专区和县局机构系统表（1942 年 1 月—1946 年 3 月）

名称	成立时间	备注
胶东区战时邮务管理局	1942 年 5 月	
北海专区邮局	1941 年 11 月	
蓬莱县局	1942 年 6 月	
东栖县局	1942 年 6 月	
西栖县局	1942 年 6 月	
黄县县局	1942 年 6 月	
北招县局	1942 年 11 月	
福山县局	1943 年 7 月	
五龙县局	1944 年 5 月	
长岛县局	1945 年 12 月	
东海专区邮局	1942 年 5 月	
文登县局	1942 年 5 月	
文西县局	1942 年 6 月	
荣成县局	1942 年 5 月	

续表

名称	成立时间	备注
牟平县局	1942 年 6 月	
牟海县局	1942 年 5 月	1945 年日本投降后改为乳山县局
海阳县局	1942 年 6 月	
威海县局	1942 年 11 月	
牙前县局	1944 年 6 月	
石岛县局	1945 年 12 月	
西海专区县局	1942 年 6 月	
莱西县邮局	1942 年 7 月	
莱东县邮局	1942 年 6 月	
平北县邮局	1942 年 7 月	
南招县邮局	1942 年 7 月	
南掖县邮局	1942 年 11 月	
北掖县邮局	1942 年 11 月	
平东县邮局	1943 年	
平西县邮局	1943 年 7 月	1942 年 11 月成立邮站后改为县邮局
昌邑县邮局	1942 年 2 月	成立时归清河区清东专区，1944 年划归胶东区
昌南县邮局	1945 年 8 月	
平度县邮局	1945 年 12 月	
南海专区邮局	1942 年 7 月	
平南县邮局	1943 年 7 月	
胶县邮局	1943 年 7 月	
莱西南邮局	1943 年 7 月	
金口邮局	1945 年 8 月	1946 年 9 月撤销
即西邮局	1945 年 12 月	
胶高邮局	1945 年 10 月	由胶县战时邮局改
烟台市邮局	1945 年 8 月	

后　记

很多看过本书初稿的师友通常都会问我一个问题："你为什么会关注战时邮局这么一个选题?"说起来，最初了解战时邮局，还是源于恩师李彬教授组织的读书沙龙活动。在清华大学新闻与传播学院求学时，李老师组织的读书沙龙每两周都会在宏盟楼304室如期举行，来自不同高校甚至不同学科的硕博士生们或围绕学术问题"针锋相对"，或围绕时事热点"侃侃而谈"。李老师每次都眯着眼耐心地听完大家的争论，然后呷上一口茶，不急不慢地就大家的观点进行点评，往往三言两语，便能让在座的青年学子茅塞顿开。

我还记得那是2018年深秋的一个周末，正当几位同窗热烈地讨论博士论文选题时，李老师突然说："我前两天去山东开会，看到有学者研究战时邮局，梁骏你是历史学科班出身，或许可以考虑做一做这个题。"可能李老师自己都没想到，正是这么一次不经意的谈话，促成了我与山东战时邮局这几年的学术情缘。坦率地说，最初我也并没有对这个选题产生多大的兴趣，甚至觉得这和新闻传播学没什么关系。然而，当我看到已有的研究成果时，我马上意识到，这可能是个富饶且有待开掘的学术宝藏：它既是邮政史上浓墨重彩的一幅壮丽画卷，也是抗战时期我党新闻传播活动的成功实践，更是共产党历史上政治创新的一次有益尝试。

于是，在2019年的暑假，我带着强烈的求知欲和好奇心，来到了位于济南经十路上的山东省档案馆，一头扎进了枯燥的战时邮局档案中。经十路的夏天，没有山阴路八楼唱歌的房间，也看不到热河路上行色匆匆的各色路人，有的只是查不完的档案和看不完的资料。然而，借用已故学者张晖在《无声无光集》的自序中的话说：“正是档案里那些有声有光的人与文，陪我度过了那些无声无光的夜与昼。”在阅读和甄别档案的过程中，我渐渐体会到了战邮战士的艰辛与不易，感受到了战时邮局与中共基层传播、政治创新的密切联系。可以说，全书主题框架的构思正是在山东得以成型。

当然，本书最终得以成稿，还离不开业师李彬教授的悉心指导，以及我的硕导安徽大学蒋含平教授的耐心点拨。此外，清华大学梁君健、虞鑫、王君超、金兼斌，北京大学王维佳、王洪喆、张慧瑜，中国社会科学院向芬、沙垚，山东大学王咏梅、俞凡，华南理工大学郑宇丹，华东师范大学李海波等诸多师长的宝贵建议与勉励，更是令我受益匪浅，激励着我在未来的学术道路上继续前行。

在青春的尾巴遇到一群志同道合的好友，是我开启学术生涯的另一大收获。从线下的“猫头鹰读书会”到线上的“六点吐槽大会”，很庆幸自己能浸润在这样乐观温厚的共同体中。同在北京的大学同窗刘成晓、李娟娟夫妇和郭英杰，时常带我在胡同巷陌中找寻美食，热腾腾的火锅水汽凝结着的是十年不变的友谊。远在安徽老家“桃花岛”的小伙伴们，虽不能时常见面，但微信群里的“插科打诨”处处流露着的是跨越地域的关心与牵挂。

曾随东西南北路，独结冰霜雨雪缘。我还要感谢我的妻子徐炜红，硕士毕业后义无反顾地选择北上，与我一起面对未知的种种挑战。当然，我还要感谢我的父母，感谢你们多年来始终如一的信任与理解，更感谢你们长期以来的包容与支持，让我可以心无旁骛地投入自己喜欢的学习与生活中。

最后，我想把这本书献给所有的战邮英雄。中国人是幸运的，因为我们总是被最勇敢的人保护着。书生报国无其他，唯以此书献给逝者，以寄哀思与敬意。

2024 年春于北京